U0534877

国家社会科学基金一般项目（批准号：16BWW025）
中国博士后科学基金资助（批准号：2018M631388）
河南省哲学社会科学规划项目（批准号：2015BWX011）

唐代试策文化东渐与日本古代对策文研究

孙士超 著

中国社会科学出版社

图书在版编目（CIP）数据

唐代试策文化东渐与日本古代对策文研究 / 孙士超著 . —北京：中国社会科学出版社，2018.8
ISBN 978-7-5203-2962-0

Ⅰ.①唐⋯　Ⅱ.①孙⋯　Ⅲ.①敦煌学—史籍　Ⅳ.①K870.6

中国版本图书馆 CIP 数据核字（2018）第 179015 号

出 版 人	赵剑英
责任编辑	刘　芳
特约编辑	姜晓如
责任校对	赵雪姣
责任印制	李寡寡

出　　版	中国社会科学出版社
社　　址	北京鼓楼西大街甲 158 号
邮　　编	100720
网　　址	http://www.csspw.cn
发 行 部	010-84083685
门 市 部	010-84029450
经　　销	新华书店及其他书店
印　　刷	北京明恒达印务有限公司
装　　订	廊坊市广阳区广增装订厂
版　　次	2018 年 8 月第 1 版
印　　次	2018 年 8 月第 1 次印刷
开　　本	710×1000　1/16
印　　张	16.5
字　　数	245 千字
定　　价	70.00 元

凡购买中国社会科学出版社图书，如有质量问题请与本社营销中心联系调换
电话：010-84083683
版权所有　侵权必究

奈良平安时代对策文与
唐代试策文学（代序）

王晓平

历来研究奈良时代文学的学者关注的主要是《怀风藻》《万叶集》《古事记》和各地的《风土记》，而极少对对策文加以探讨。近现代出版的各种文学史著作和比较文学研究著述，也很少涉及对策文的思想意义和文学价值。这不仅是因为奈良时代的对策文数量很少，而且更因为通行的文学观念将传统的对策文排斥在文学范畴之外。因而，在探讨中日文学关系的时候，也就忽略了这样一个对当时文学和文化发展很有意义的题目。

一 现存的奈良时代的对策文及其研究

日本奈良时代，秀才试方略策，进士试时务策，《令义解》中曾引用唐人魏征《时务策》，都是模仿唐制。《令义解》还引《考课令》说："凡秀才，试方略（谓方，大也；略，要也，大事之要略也）策二条。""凡进士，试时务策（谓时务者，治国之要略也。假如既庶又富，其术如何之类也）二条。"对策文就是在式部省举办的选拔秀才、进士的考试中，应试者为回答考官提出的有关政事、经义等问题而撰写的文章。

现存的奈良时代对策文只见于《经国集》中。《经国集》是平安时代初期的天长四年（827）奉淳和天皇之命编纂的所谓敕撰汉诗文集，全二十卷，现存仅六卷。其中第二十卷收录奈良时代的对策文，由于这一卷一开始便有类名"策下"，推测第十九卷可能是"策上"，其收录的或许有更早、更多的对策文，可惜这一卷早已散佚，自古相传的文献也未见有关记载。根据《经国集·序》说，该书收录从庆云四年到天长四年，即从公元707年到827年的汉诗文，其中对策文是三十八首（《经国集》称"首"，为行文方便，下文多称"篇"），而现存《经国集》二十卷仅二十六首，可以推测卷十九原来当有十二首对策文，今已失传。它们很可能都是奈良时代所作。这里只能就第二十卷所收录的对策文加以分析。①

《经国集》卷二十记载的奈良时代的对策文，没有按照年代顺序排列，下面按照原来顺序，将基本情况列表如下。我国《文选》和《文苑英华》中所收对策文均无题名，而《经国集》等日本总集中所收对策文有题名者居多。题名为原书所有者，在"题名"一项下列出，原书无题名者，笔者根据内容，拟一题名，列在"拟题名"一项之下。详见下表。

时间题记	问文作者	策文作者	题名	拟题名
天平宝字元年（757）	佚名	纪真象	无题名	治御新罗
天平宝字元年（757）	佚名	纪真象	无题名	书契疑奥
延历二十年（801）二月二十五日监试	菅原清房	栗原年足	天地始终	
延历二十年（801）二月二十五日	菅原清房	栗原年足	宗庙禘祫	
延历二十年（801）二月二十六日	菅原清房	道守宫继	调和五行	
延历二十年（801）二月二十六日	菅原清公	道守宫继	治平民富	
不详	佚名	大日奉首名	无题名	文道武略
不详	佚名	大日奉首名	无题名	信义立身
庆云四年（707）九月八日	佚名	百济君倭麻吕	无题名	鉴识才俊

---

① ［日］良岑安世等撰：《经国集》卷20，《日本文学大系》卷24，国民图书株式会社1928年版，第354—392页。

续表

时间题记	问文作者	策文作者	题名	拟题名
庆云四年（707）九月八日	佚名	百济君倭麻吕	无题名	精勤清俭
不详	佚名	刀利宣令	无题名	设官分职
不详	佚名	刀利宣令	无题名	宽猛之要
不详	佚名	主金兰	无题名	孝忠先后
不详	佚名	主金兰	无题名	文质之义
不详	佚名	下毛虫麻吕	无题名	惩治不义
不详	佚名	下毛虫麻吕	无题名	周孔儒释异同
和铜四年（711）三月五日	佚名	葛井诸会	无题名	学习之理
和铜四年（711）三月五日	佚名	葛井诸会	无题名	刑辟之旨
不详	佚名	白猪广成	无题名	礼乐之用
不祥	佚名	白猪广成	无题名	李孔精粗
天平三年（731）五月八日	佚名	船连沙弥麻吕	无题名	赏罚之理
天平三年（731）五月八日	佚名	船连沙弥麻吕	无题名	郊祀时令
天平三年（731）五月九日	佚名	藏伎美麻吕	无题名	郊祀时令
天平三年（731）五月九日	佚名	藏伎美麻吕	无题名	赏罚之理
天平五年（733）七月二十九日	佚名	大神直虫麻吕	无题名	礼法两济
天平五年（733）七月二十九日	佚名	大神直虫麻吕	无题名	劳逸之术

尽管有关考试情况的文献十分有限，但通过上表就可以大体了解当时文章生教育乃至思想文化领域关注的焦点。以儒家教育为中心和主体，同时也关注其与佛教、老庄、五行的关系和异同，是策题内容的基本特点。日本古代文献对对策文的评价标准有明确的记述，那就是"文理兼备"。《考课令》说："文理俱高者，为上上；文高理平、理高文平，为上中；文理俱平，为上下，文理粗通，为中上；文劣理滞，皆为不第。"《令集解》引《古记》对文理具体解释说："问文理，答：文（理），文句也。理，谓义理也。"

中国学者高文汉谈到对策文时说:"对于日本人来说,撰写对策文比其他作品的难度更大些。它不仅需要渊博的汉学知识,而且要具备思维敏捷、长于思辨的素质。面对朝廷有关宇宙社稷、时务方略等策问题,奈良时期的文人基本上已经能从容应对了。"① 可以说,在奈良时代文学中,对策文开日本汉文论述文之先河,是汉文学中与秀才、进士选拔考试相关的文体。

现代日本学者对现存对策文只有零星研究。不仅各种文学史几乎不曾涉及,就算是几种著名的汉文学史也都少有提及。只有小岛宪之在他的《上代日本文学与中国文学——以出典论为中心的比较文学考察》中设专节加以论述,指出这些对策文多引中国经书和类书成篇,并推测其写作受到从中国传入的《籝金》《屑玉》《兔园策府》的影响,而《籝金》和《兔园策府》这两部佚书残卷均见于敦煌佚书。②

另外,柿村重松认为,在上述对策文中,只有纪真象的两首(《治御新罗》和《书契疑奥》)属于方略策,其余都是时务策。小岛宪之也认为,其中时务策占了大半,《治平民富》一首就是典型的时务策,文中多引经史佳句。内野熊一郎在《日本古代经书学研究》中认为,这些对策文可以说是把《学令》中所说的学习经书的成果在其中实际展现了出来。

在中国,从事日本文学、中日比较文学的学者对此罕有专论,仅高文汉的《中日古代文学比较研究》略有述评。对策文研究很少,实际上与近代以来完全以西方文学观念看待中日古代文学文体的思维定势有关。随着这种定势逐渐被打破,中国对唐代试策文学研究的进一步深入,奈良时代对策文在文学史中重新定位的问题,以及围绕试策和试策文学的比较研究,将会逐渐趋向深化。

二 初唐文化策略在奈良对策文中的印记

奈良时代的文学,除去民族诗歌总集《万叶集》之外,几乎所有

---

① 高文汉:《中日古代文学比较研究》,山东教育出版社1999年版,第110页。
② [日]小岛宪之:《上代日本文学与中国文学——以出典论为中心的比较文学考察》(下),塙书房1965年版,第1421—1442页。

的作品都可以归入汉文学的范畴，就是《万叶集》中也有汉诗文插入其中。说奈良时代是汉文学的时代，也大体可以说通。这不仅是因为除《万叶集》以外的主要文学作品都采用了中国古典文学的样式，就连民族诗歌总集——《万叶集》也主要是通过万叶假名，即汉字表音（少数是表义）功能来记录的。那么，当时那些能够用汉字写作的文士是怎样培养出来的？这是文学史上不可回避的问题，这就不能不对其时的教育考试制度，以及这种制度和文学创作的联系作一番考察。

波户冈旭在《上代汉诗文与中国文学》中指出："当时称为'唐风化'的实际状态，远远超出了单纯追随与模仿中国文化的范畴，即对于当时知识分子来说，所谓中国文化不是对中国这一异国性的憧憬，而是意识到作为我国应当迅速具体实现的文化本身来接受的，发展与中国等质的文明这样的唐风化政策，用今天的话来说，可以说是以建立文化国家为目标的国际化政策。"① 意识到自身落后的奈良时代的改革者并不满足于再现秦汉盛世，而是希望与新兴的唐朝同步并进，因而，直接引进唐人制度，看来就是一种超越发展阶段的选择。

这种选择之所以成为可能，也是因为初唐的统治者也正在把统一南北文化、致力思想文化建设摆到了重要位置。这一意图和主导思想，集中表现在唐太宗的《帝范》和武则天的《臣规》两部著述中。这两部著述很快传到日本，并在日本的思想文化方面产生重大影响，对策文中反映的文韬武略观念，正是这种历史机遇下中日两国文化共同性碰撞出火花的标志。

奈良时代那些"建庠序，定五礼，征茂才，兴百度"（《怀风藻序》）之类史无前例的措施，都是对大唐文化的追随和模仿，而策试和对策文不过是其中的一环。

贞观末年，唐太宗作《帝范》，共十二篇，内容系专门讲做皇帝的规范，以赐太子李治（当时为太子，即位后的唐高宗）。《册府元龟》："（贞观）二十二年正月，帝撰《帝范》十二篇，赐皇太子。顾

---

① ［日］波户冈旭：《上代汉诗文与中国文学》，笠间书院1989年版，第2页。

谓王公曰：'饬躬阐政之道，备（备，宽文本作'皆'）在其中。一旦不讳，更无所言矣。'"可见，《帝范》是唐太宗作为治国纲领提出来的。

《帝范》中的《求贤篇》《审官篇》，实为一组。前者谈求贤与治国的关系，后者谈如何因才授予官职，一是广揽人才的问题，二是使用管理人才的问题。两者都与人才制度有关。唐太宗把这两个问题看得十分重大，认为"斯二者，治乱之源也。立国制人，资股肱以合德；宣风导俗，俟贤明而寄心"[①]。把人才问题提高到有关政局稳定和社会风气高度来认识，同时对选才和用才的关系，也精辟地概括为"必须明职审贤，择材分禄。得其人则风行化洽，失其用则亏教伤人"。

下面一篇奈良时代的对策文作于日本庆云四年九月八日。庆云四年，即公元707年，唐景龙元年。其主导思想和《帝范》中的《求贤篇》极为一致，对策文作者是百济君倭麻吕：

> 问：数步之内，空流兰蕙之质；十室之中，独伏骐骥之枥。而羽毛难辨，遂昧楚鸡；玉石易迷，浪珍燕砆。况复颛师恺悌，被轻于鲁公；马氏方圆，见重于魏王。帝难之旨，其斯谓欤？鉴识之方，宜陈指要。
>
> 对：窃以赤帝文明，知人其病；素王天纵，取士其失。然则珍砆不可辨矣，蓬性不可量矣。凤鸡别也，草情岂堪识也。但无求不得，负鼎朝殷；扣角入齐，择必所汰。四凶剪虞，二叔除周。况今道泰隆，雄德盛导焉。岁星可谈，占风雨而仰款；竖亥雨步，尽入提封之垠。遂使少微一星，应多士之位；大云五彩，覆周行之列。巍巍荡荡，合其时欤；不驱愚去，不召贤来。谨对。[②]

---

① 吴云、冀宇校注：《唐太宗全集校注》，天津古籍出版社2004年版，第601—602页。

② ［日］良岑安世等撰：《经国集》卷20，《日本文学大系》卷24，国民图书株式会社1928年版，第370—371页。

在儒家看来，君臣相得才会建立稳固的统治基础，贤明的君主对臣下也有严厉的要求。百济君倭麻吕另一篇对策文，就是就臣下如何做到精勤清俭提出见解：

> 问：伏阁之臣，精勤彻夜；还珠之宰，清俭日新。瞻彼二途，兼之非易。如不得已，何者为先？
>
> 对：臣闻莅百寮而顺二柄，宰九州而班六条。捐金挍玉，虞舜之清俭矣；栉风沐雨，夏禹之精勤矣。加以杨震作守，陈神知于柱道；冯豹为郎，侍天渔于阁前。飞誉目前，扬美身后。但清者禀根自天，勤者劳株由己。又饮水留犊之辈，经疏史少；驾星去虎之徒，古满今多。臣器非宋室，字是燕石，岂堪决前后之源，唯窃折梗概之枝。谨对。①

贤者入朝，接着就是授官的问题。唐太宗在《审官篇》中说："夫设官分职，所以阐化宣风，故明主之任人，如巧匠之制木。直者以为辕，曲者以为轮。长者以为栋梁，短者以为栱桷。无曲直长短，各有所施。"主张因才授官，各得其所。奈良时代刀利宣令接受的策题中有一首专讲"设官分职"问题，连问文中"设官分职"这一关键词，都出自《审官》：

> 问：设官分职，须得其人，而行殊轻重，能有长短。任成责，非当覆餗。授受之略，可得闻乎？
>
> 对：窃以天垂七政，辨星纪于三百；地陈八座，条议式于三千。所以动异东西，调四时于玉烛；治兼刑德，济万机于金镜者也。
>
> 夫百官分职，虞后致肃肃之美；十乱当朝，周王有济济之盛。士会还乡，众盗去于晋郊；大叔为政，群奸聚于郑蒲。轻重

---

① ［日］良岑安世等撰：《经国集》卷20，《日本文学大系》卷24，国民图书株式会社1928年版，第371—372页。

短长，略可言焉。

伏惟皇朝，化平日域，德及天涯。执禹麾而招能，坐尧衢而访贤。逃周避汉之臣，雁行于丹樨；游颖隐箕之夫，鳞次于绛阙。无为轶于观象，有道笼于垂衣。是知钩潢同载，木运祚于七百；捐度成佐，金精灭于二世。得其人，兴画一之歌；非其任，有尸素之讥。

案此而论，粗当分别。但东游天纵，犹迷两儿之对；西蜀含章，莫辨一夫之问。至于授洪务，维帝难之。况乎末学浅志，岂能备述。谨对。①

在经历战争后，文武关系问题是社会转型时期关系全局的极为迫切的问题。从武力征伐转向治国富民，一方面需要确立和提升"文"在社会生活中的地位，另一方面也不能削弱"武"的实力。《帝范》中还有《崇文篇》和《阅武篇》，唐太宗谈到文武的关系时明确指出，战争期间贵干戈而贱庠序，和平时期则轻甲胄而重诗书，然而"文武二途，舍一不可；与时优劣，各有其宜，武士、儒臣，焉可废也？"奈良时代的上层统治者出于在安定的社会环境中建立文化强国的意图，需要通过"文"的力量去改变落后的社会习俗。

"阅文"和"崇文"的思想，也反映在奈良时代策问当中。大日奉首名接受的问题就是："摸阳而立文道，写阴而树武略，所以揖让之君，干戈之帝，是依世革，实用斯绪。康时庇俗，庶听指要。"要求他回答和平时代和战争时代的君王如何根据"世革"，即社会变化而决定文韬武略，而大日奉首名的回答也正是：贤君"以文为道，以武为功"，"文之与武，理同喉舌，故能括囊文华，包综武干"，两者的关系应该是"武不废文，文不偃武"。这些正是《阅武篇》和《崇文篇》的主要精神。

从上述策题中可以看出，对中国文化的全方位学习堪称奈良时代

---

① ［日］良岑安世等撰：《经国集》卷20，《日本文学大系》卷24，国民图书株式会社1928年版，第372—373页。

的时代精神。和铜四年三月五日，一位名叫葛井诸会的考生被要求就"学习"展开论述："仁智信直，必须学习。以屏其蔽，乃显精晖。学为何物，其理既然。迟尔吐实，以正指南。"

从那些问文中可以看出，文章生即未来的国家官员，学习的内容，除了儒家的仁义礼智信等伦理观念、宽猛刑辟等治国之道之外，还要求他们认清这些儒家思想与同时涌入日本思想界的老庄思想、佛教观念的异同，如《天地始终》要求说明儒家和释家的宇宙起源说的优劣异同，下毛虫麻吕被要求就周孔与释老之精粗做出阐释等，都反映着那个时代学习和接受中国思想文化的广泛性和多样性。

除了思想领域的问题之外，对于文字史、文质之辨这样的文化和文学问题，也开始在文章生的学习中占有一席之地。下面是天平宝字元年（757）十一月十日纪真象两篇对策中的一篇，柿村重松认为它属于方略策：

> 问：上古淳朴，唯有结绳；中叶浇醨，始造书契。是知三五六经，由文垂教，未审七十二君，何字刻石？子贯穿坟典，该博古今。既辨三豕之疑，亦探百氏之奥。懋陈精辨，俟祛兹惑。

> 对：臣闻珠联璧合，镜圆盖以垂衣；翠岳玄流，洒方舆以错理。黼藻法之而润色，含章因之以成工。文之时，义其大矣哉！上古道存，不宰德光而孚，縠饮鹑栖，恬然大化；迫于声绩可纪，孝慈著闻，始制书契，遂改绳政。龟浮龙出，伏羲创之于前；类物写迹，仓颉广之于后。指事写形之制，始闢其规；专注假借之流，爰挥其法。皇坟所以大照，帝典由其聿修。若其望绵载以肝衡，傃玄风儿绎恩。万八千岁，盘古之际难详；七十二君，皇极之猷可验。刻石纪号，禅云亭以腾英；展采观风，登嵩岳而传迹。仲父博物，其言匪妄；司迁良史，其书有实。然则施于王猷，用起六羽之后；征于滥觞，理存九翼之前。矧夫威禽呈象，河图负书；文字之兴起，殆均造化。

> 但经典散亡，群言繁乱。万下（"下"字疑为"古"字之讹）之下，难以意推。臣学非稽古，业谢专门。以间阎之小才，

叩明时之贡荐。高问难报，茫然阙对扬之敏；下春易斜，逡巡无厝言之地。谨对。①

奈良时代以这样的文化问题作问文的还不多，到平安时代，精神文化问题更加得到重视。譬如神仙、魂魄、方伎、感应之类的问题和有关治国修身之类的策题同时出现，这表明在继承奈良时代学术实用倾向的同时，日本社会也对精神文化的深层次问题增强了兴趣。

三　奈良时代对策文的体式

关于对策文的体式，陈飞参考白居易《策林》将对策文分为策头、策项、策尾的做法，将问文的结构（环节和要素）也分为问头、问项、问尾。问头发动策问并将话题引向疑问，是策问文的起首（除了策题之外）。问项包括问题的提炼、设计、提出和疑问点的确定等，是策问成其为策问的核心与关键所在。问尾是在收束问题的同时敦促应试者回答问题亦即对策。陈飞根据各部分的组成情况，将问文分为简式、扩展式和繁复式。②白居易对对策文的"三分法"是总结了六朝到唐代许多策对写法提出的，陈飞对问文的分类，也有助于说明问文的表述状态。它们都可以借用来分析奈良时代对策文的体式。

和中国的对策文完全相同的是，奈良时代的对策文每篇问文前，均有一"问"字领起，而对策文前则有一"对"字开头，以"谨对"收尾。下面的《天地始终》，问文作者是菅原清公，文前署"大学少允从六位下兼越前大目菅原朝臣清公"，对策文作者是栗原年足，署"文章生正八位上中臣栗原年足上"，可知考生名字之后，要加一"上"字表敬。此文之后的《宗庙禘祫》末注"延历二十年二月二十五日监试"，据此推断，此文当为公元801年监试的考卷。

下面，对《天地始终》问文和对策文各按以上"三分法"分段，以概览全文结构：

---

① ［日］良岑安世等撰：《经国集》卷20，《日本文学大系》卷24，国民图书株式会社1928年版，第357—358页。
② 陈飞：《唐代试策的表达体式——策问部分考察》，《文学遗产》2008年第1期。

问：

问头：混元肇判，方圆自形；或阳或阴，日高日厚。缛七耀而左旋，较万灵而右辟。斯则千品之源，三才之本者也。

问项：然而递成递坏，释氏之教斯存；有始有终，儒家之风不落。今欲法之释教，彼始自空；寻之儒家风，其终焉在？虽默语别道，辞有颇异，而圣哲同致，何可错？

问尾：子才为世出，识作物表；优劣异同，伫闻芳话。

对：

策头：窃以阳清上动，悬二纪五纬而左旋；阴浊下凝，错丘陵江海以右辟。考形测数，可寓游心之端；推变研神，何得施虑之表。自皇雄画卦，取象于天；高密膺图，求步于地。虽陈数度，莫辨区条。故四术纷纶，异端之论蜂起；三家舛杂，臆断之辞抑扬。言多米盐，事为楚越；累代因袭，指掌未详。岂不以古今措刊错之烦，夷夏之传译之谬矣？

策项：夫以周星陨夕，汉梦发霄，象译之编爰传，龙缄之教遂辟。于是辨虚空之不极，说世界之无穷。接比十万，积累三千。（前疑有脱文，或三千当下属而前有脱文）日月，等渤海之轮回；百亿阎浮，同尘沙之数量。是知章玄死骤，岂尽其边；隶首忽微，何知其算？至若天地终始，国界坏成，始以复终，终以复始；乍空乍住，俱坏俱成。灭则极于十年，增则留于八万。何则住劫云谢，灾难已多。烈火炎炎，洪波淼淼。聚为山岳，散为江河。事隐于玄名，理绝于深迹（"迹"，疑为"赜"字之讹）。然则区区庸陋，不能达其渊源；蠢蠢凡愚，不能详其旨趣。但混家之法，略而可言。天圆而宽，地方而小。形如鸟卵，运似车轮。载水而浮，乘气而立。日月之度，星辰之行。回地而晦明，丽天而旋运。考之实状，不失其宜；施之治方，尤得其理。又其上天下地，有始无终；不易之义攸诠，长存之说斯著。

策尾：是则经典所纬，既有前闻；耳目所安，互无后异。管局之见，独滞儒宗。岂曰谈天，还同测海。谨对。

这一篇是奈良末期的作品，不论是问文还是对策文，结构都算比较复杂的了，可以看作简式向扩展式过渡的作品。从整体来看，奈良时代的对策文以简式为多。仅从问文来说，不仅比《文选》中所收的王元长、任子升的策题要简单得多，而且有的比《文苑英华》所收初唐问文还要简单，可以说是"超简式"，有的连问尾部分也省略了。主金兰两篇对策的问文都很短小，分别只有二十四字和二十八字。

　　问：孝以事亲，忠以奉国。既非贤圣，孰能兼此。必不获已，何后何先？

　　问：彫华绚藻，便贻扰末之愆；破玺焚符，终涉守株之讥。彬彬之义，勿隐指南。

它们的特点就是问头、问项、问尾的区分并不明显，问项极为醒目。这样简短的问文在现存的中国试策文中很难找到。《文苑英华》所载白居易《策林》中多有短篇，但比这些"超简式"的问文还要长些。然而，它们对问题的设计却相当明确，可以看出其对问题难度还是有所追求的。

从提问方式来看，可以分为两难选择式、顺序判断式、优劣比较式、追根溯源式、辨同析异式等。两难选择式，问的是在选择任何一方面都会出现不可避免的负面影响的情况下如何行事。上面两篇，前者定忠孝先后，后者辨文质之义，可谓分别属于顺序判断式和两难选择式。

辨同析异式如："周孔名教，兴邦化俗之规；释老格言，致福消灾之术，为当内外相乖，为复精细一揆。定其同不，核此真伪。"要求考生下毛虫麻吕回答儒道佛三家是否相同。又如："李耳嘉道，以示虚玄之理；宣尼危难，而修仁义之教。或以为精，或以为粗。元理云为，仰听所以。"要求考生白猪广成回答对老子思想和孔子思想的看法。这些都是宏观题目，考生在有限的时间内做出深刻的论述实际上是难以做到的。

像这样的题目恰好反映了中国思想文化进入日本学术界初期的整体把握倾向。随后，平安时代就再也看不到这样抽象的题目了。所以，对策文既是衡量那一时代文学水平的标尺，也是当时学术思想的缩影。

四　奈良对策文与唐代对策研究

傅璇琮先生曾经谈道："对于古代文体的研究，过去一般是不大重视与所谓官方文书有关的文体的。譬如策文，包括朝廷颁布的策问与举子应试的对策，可以说是主要用于科举考试的文体，现在的研究者就不大列于文学概念的范围，这与当时的文学情况就不很切合。"①

陈飞指出，试策是唐代明经各科考试中应用得最为持久、普遍，地位最为巩固，意义最为关键的重要试项，因而，策也是明经各科考试中至关重要的文体。他认为，策作为一种文体，也是唐代明经各科留给唐代文学的唯一作品。②

关于唐代科举与文学的关系，陈飞指出，唐代科举制度作为主要力量和关键因素，直接参与造就了唐代的"文人型态"和"文学型态"。从科举制度的规模、成熟程度和影响深度来说，奈良时代不可与唐代同日而语，然而，奈良时代的学校制度和考试制度，从一开始便力图对唐代的文德政治加以复制，从而建立起来的考试制度，也必然对儒家文学的形成和发展、文人人格的培养和完善产生作用。

奈良时代的试策制度是唐代制度的缩小和变身，但它对于"文人型态"和"文学型态"的影响确是不能否认的。经过几十年文章生试策，培养了一批对儒家经典比较熟悉、对汉文写作比较擅长的新型文人，如果没有他们，就没有平安时代初期汉文学的繁荣，甚至也不会有接受过汉文学滋养的假名文学的繁荣。平安时代保留的对策文更多，也更加成熟，其中不少受到白居易所撰策文的影响，平安时代的文章生们在学习期间，将奈良时代的对策文和中国传来的《籝金》

---

① 陈飞：《唐代试策考述·序》，中华书局2002年版，第4页。
② 陈飞：《唐代试策考述》，中华书局2002年版，第116页。

《兔园策府》等一并置于座右，完全是可以想象的。

平安时代以后，日本明经、文章诸道趋于衰微，试策制度瓦解，对策文也渐销声匿迹。然而，作为一种思想训练和写作训练的方法，却并没有被抱有"文人志向"的学人遗忘。江户时代幕府同样期望将"文德政治"作为武士政治的补充，在以武力治国的同时，也借"文"以饰世。各藩的儒官和在各地藩校任职的儒士，都需要熟读经书，幸运的儒官还多少有些对政治、社会问题陈述意见的权利。

虽然对策文不再是选拔人才的途径，却有可能成为培养读书、思考、写作能力的方法。几百年后的江户时代，古学派创始人伊藤仁斋《古文先生文集》卷五载《私拟策问》多篇。根据伊藤东涯注："自宽文辛丑，至元禄丁丑，凡三十余年，设问策诸生，其间学问早晚之异同，亦可概见矣。"

从公元1661年到1697年的三十余年中，伊藤仁斋都对学生进行了对策文的训练。如宽文七稔在丁未孟夏初五，即公元1667年农历四月初五写的一篇《拟策问》中就如何完善佛教政策提出问题，其中说：

> 盖佛法流传我国，殆千有余岁矣。涂民耳目，移民心志。仰之超神明，敬之过父母。上倚之以为法，下守之以成俗。若遽去之，则如出栏之豚，不可追纵；如解绦之鹰，不可寻求。伦常未修，奸伏先发；教法未立，偷盗并起。如决河之堤，汪汪乎莫之能防；如败军之将，滔滔乎莫之能令。而泛滥崩坏，何所底止。此又所当深虑也。冀诸君第其可去不可去，及既去之后，有害与否，以著之于篇。①

这篇《拟策问》正是伊藤仁斋以策问的形式促使学生思考现实，并学会正确表述自己的主张的文化难题。

---

① ［日］吉川幸次郎、清水茂校注：《伊藤仁斋　伊藤东涯》，岩波书店1971年版，第281—284页。

其实，与唐代试策文学有极深关系的还不只是日本的对策文，在科举制度历史比日本更长的朝鲜和越南，试策文学有更为丰富的内容，如朝鲜《东文选》一百八卷收入李齐贤等人的策题共十八篇①，可见有关试策文学的研究，不仅是唐代文学研究的课题，也是亚洲汉字文化圈文化和文学交流的课题。

五　奈良策文与敦煌类书研究

小岛宪之特别注意到在对策文中提到的有关对策的类书：

> 立身之道，既显之《屑玉》；对策之理，又表之《赢金》。（大日奉首名）
>
> 学谢《赢金》，徒迷同不（否）之义；词暝屑玉，宁述真讹之旨。（下毛虫麻吕）

《赢金》，即《籯金》，刘师培认为该书成书于则天武后改国号为周时（公元690年，相当于日本持统朝）。下毛虫麻吕升为从五位是养老四年，即公元720年以前，所以他的这篇对策文当作于养老之年，由此推断，最迟是第八次遣唐使回日本时（养老二年，公元718年）《籯金》传入日本。《籯金》是唐代私撰通俗备考类书。

小岛宪之还特别提到，敦煌本《兔园策府》也有可能和《籯金》《屑玉》一起传到日本，为奈良时代的学人所利用。当时的学人除了学习经书知识以外，敦煌本残卷类书也成为对策文写作的参考。这从对策文中提到《籯金》等可以得到证实。②

小岛宪之的看法完全是正确的，但是他就此止步，而没有从奈良对策文的作品中找出具体的例证。根据笔者的研究，在那些奈良对策文中，就可以发现具体模仿敦煌残卷类书的实例，特别是《兔园策

---

① ［朝］徐居正等编：《东文选》第4，日本学习院东洋文化研究所1970年刊行，第135—144页。

② ［日］小岛宪之：《上代日本文学与中国文学——以出典论为中心的比较文学考察》（下），塙书房1965年版，第1439—1440页。

府》一书，更可能对奈良学人产生了直接的影响。

《兔园策府》一书，后世亡佚，赖敦煌石室遗书 P. 2573 第四写本得以保存，敦煌本《杂抄》也提及有"《兔园策府》，杜嗣先撰之"，而此书早已传入日本，《日本国见在书目录》"总集类"著录"《兔园策》九卷"，不著撰人。《兔园策》或即《兔园策府》。由于此书是当时用作教导童蒙以备科考的书，从问到答，均模仿正式考试，对应试者来说，可谓样题和标准答案皆备。奈良时代的考试既然模仿唐代，从出题到答案的要求都有很多相似的地方，那么应试的学子对其欢迎的程度就可想而知。如何入题，如何展开，最后策尾如何收结，都有样板可以遵循。其中大量范文，是考生临阵磨枪的有力工具。由于有策头、策项、策尾的固定路数，仿照某些段落，做些变换，然后背熟，考场上插入文中，就可以聊以成篇。特别是策尾那些自谦之词之类的话，用处更多。试看上引刀利宣令关于《设官分职》的对策文中的"策尾"部分：

> 但东游天纵，犹迷两儿之对；西蜀含章，莫辨一夫之问。至于授洪务，维帝难之。况乎末学浅志，岂能备述。谨对。①

这里用了孔子未能圆满回答两小儿关于日远近问话的典故，以及扬雄被问有关天文问题而被难住的典故，表明面对帝王都感到为难的题目，未必能回答周全。据笔者考证，这一段话实际上是《兔园策府》首篇《辨天地》策文"策尾"部分的改头换面：

> 夫以东游天纵，终迷对日之言；西蜀含章，竟诎盖天之论。前贤往哲，犹且为疑，末学庸能，良难备述。谨对。②

可见，虽然刀利宣令把原文中的"对日"改成"两儿""盖天"

---

① ［日］良岑安世等撰：《经国集》卷20，《日本文学大系》卷24，国民图书株式会社1928年版，第372页。
② 郑阿财、朱凤玉：《敦煌蒙书研究》，甘肃教育出版社2002年版，第268页。

改成"一夫",但仍然用的是孔子和扬雄的典故,词句略有改变,而内容不变,后四句自谦之词亦然。

附记

本文发表于2009年《中西文化研究》第16期。孙士超希望将它作为本书的代序。我愿借此机会,说几句话。

从20世纪80年代走上学术道路以来,在前辈学者和域内外同行的激励之下,我逐渐形成自己的学术思路,那就是将中国文学、中国文化研究的视野从纯本土文学、本土文化扩大至汉文化圈,即所谓"一眼看四方",这四方主要指中、日、韩朝、越南,包括历史上吸收汉文化而现在属于不同国度的所有地区。对于个体来说,其中自然有很多自身知识所不能及的部分。但可以相信,通过薪火相传的积累,扎实推进,总会有新的收获。因为这种探索对我们来说,不是标语,不是招牌,而是意味着一个字一个字地认、一句话一句话地读、一个疑问一个疑问地破解。播下一粒种子,就只管浇灌照护。从拙著《亚洲汉文学》开始,一步一步朝这个方向走去。关于试策文学的研究,也曾是其中的一个课题。现在,孙士超在广泛研读日本奈良、平安时代文献基础上完成的这部专著,是他在这一方向上跋涉的心血结晶。今后,对于韩朝、越南试策文学的探讨,也将是有趣的话题。

由于前人对此课题的研究大多比较粗浅,基础性的工作要从头来做,孙士超面临的困难是多方面的,但是通过他的努力,已经为今后研究铺开了道路。这一步走得坚定,走得实在。今后的路当然还很长。"一眼看四方",还意味着要看到汉文化在地球村东西南北各方的命运。这当然是个很难一下子看个明白、说个明白的大题目,然而,"水积涓流,山资累壇"。这样看多了,或许我们就会形成更为开放而坚实的中国文学观和世界文学观。

目　　录

绪论 ·· (1)
　一　日本科举试策文学的研究价值 ································· (1)
　二　中外学者试策文学研究现状及倾向 ··························· (7)
　三　本书的研究角度与范围 ··· (10)

第一章　日本科举试策考论 ·· (14)
　第一节　科举制的产生及其影响 ····································· (14)
　　一　科举产生 ·· (14)
　　二　科举制的发展及其影响 ·· (15)
　第二节　日本贡举制度概述 ··· (18)
　　一　"贡举"名称溯源 ·· (18)
　　二　令制时代早期贡举概况 ·· (20)
　第三节　日本贡举制度的实施 ·· (25)
　　一　令制时期贡举的实施情况 ····································· (25)
　　二　大学寮改革对贡举各科的影响 ······························ (27)
　　三　日本秀才进士科试策与试策文学 ··························· (30)

第二章　日本对策文文献研究 ·· (35)
　第一节　奈良时代的对策文文献 ····································· (35)
　　一　《经国集》与奈良时代对策文 ······························ (36)
　　二　奈良时代对策文概况 ··· (37)

第二节 平安时代的对策文 …………………………………… (41)
      一 平安时代对策文文献特征 ………………………………… (41)
      二 平安时代对策文文献状况 ………………………………… (42)
      三 平安时代的"策判" ……………………………………… (46)
   第三节 《经国集》对策文诸本考说 ……………………………… (51)
      一 《经国集》主要抄本及其在对策文校录中的
         作用 …………………………………………………………… (52)
      二 《经国集》通行本与奈良时代对策文研究 …………… (54)
      三 《经国集》对策文整理例说 …………………………… (56)

第三章 对策文的"文"
   ——对句和声律的研究 …………………………………… (61)
   第一节 上代散文的发展趋势 …………………………………… (61)
      一 近江奈良时期的汉文 …………………………………… (61)
      二 从风土记到对策文——上代散文的展开 …………… (64)
   第二节 奈良时代对策文的对句和声律 ………………………… (72)
      一 对策文的评判标准 ……………………………………… (73)
      二 《杂笔大体》"对句""声律"说 ……………………… (74)
      三 《经国集》对策文的对句与声律 ……………………… (79)
   第三节 平安时代对策文的对句和声律 ………………………… (87)
      一 平安时代的"策判" …………………………………… (88)
      二 平安时代对策文的对句和声律 ………………………… (97)
   第四节 对策文体与唐日骈文风尚 ……………………………… (104)
      一 对策文从奈良到平安时代的文体演变 ……………… (105)
      二 对策文与唐日骈文风尚 ………………………………… (107)

第四章 对策文的"理"
   ——文体结构的研究 …………………………………… (109)
   第一节 对策文的"三段式"结构 ……………………………… (109)

一　平安时代试策特点 …………………………………… (109)
　　　二　平安后期对策文结构的定型化 ……………………… (110)
　　　三　平安前中期对策文结构特征 ………………………… (117)
　　第二节　对策文"征事"结构特征 …………………………… (120)
　　　一　"徵事"与"微事" …………………………………… (120)
　　　二　"征事"的结构特征 ………………………………… (123)
　　第三节　奈良时代对策文的结构特征 ……………………… (127)
　　　一　策问结构特征 ………………………………………… (128)
　　　二　对文结构特征 ………………………………………… (130)

第五章　唐初试策类书与日本对策文研究 ……………………… (133)
　　第一节　佚存日本的《魏征时务策》与《经国集》
　　　　　　对策文 ……………………………………………… (133)
　　　一　魏征与《魏征时务策》 ……………………………… (133)
　　　二　中日典籍中佚存的《魏征时务策》 ………………… (136)
　　　三　《魏征时务策》在《经国集》对策文中的投影 …… (140)
　　　四　魏征文章观与奈良时代的对策文 …………………… (141)
　　第二节　敦煌本《兔园策府》与对策文研究 ……………… (145)
　　　一　《兔园策府》与类书 ………………………………… (146)
　　　二　《兔园策府》的成书及东传 ………………………… (148)
　　　三　《兔园策府》与对策文 ……………………………… (151)
　　小结 …………………………………………………………… (157)

第六章　对策文与早期中国思想文化的摄入 …………………… (158)
　　第一节　忠与孝的阅斗：对策文与奈良时代的忠孝观 …… (158)
　　　一　主金兰对策文的忠与孝 ……………………………… (159)
　　　二　大神直虫麻吕对策文中的忠与孝 …………………… (164)
　　第二节　崇玄与斥老：唐日科举文化中的老子思想 ……… (168)
　　　一　唐代科举中的"崇玄"思想 ………………………… (168)

二　奈良时代对策文与"斥老"思想……………………（170）
　　三　唐日科举文化信仰差异及其社会根源…………（173）
　小结……………………………………………………（175）

结语……………………………………………………（176）

附录……………………………………………………（179）

参考文献………………………………………………（229）

后记……………………………………………………（238）

绪　　论

一　日本科举试策文学的研究价值

（一）科举制的东渐及其历史意义

儒家思想是中国古代社会的主流价值观念，建立在儒家思想基础之上的科举考试制度是儒家思想在中国封建社会得以长期贯彻的最主要手段之一。科举选士制度是中国的一个伟大创举，在世界文化史上具有重大的里程碑意义。作为中国古代最为健全的文官制度，科举制源于汉，始创于隋，确立于唐，完备于宋，兴盛于明、清两代。从隋朝大业元年（605）设立进士科到清光绪三十一年（1905）被废止，科举制度在中国整整走过了1300年的历史。科举制不仅仅在中国具有如此强大的生命力，它还曾东传日本、朝鲜、越南等国，对汉文化在东亚国家的传播及影响发挥了重要作用。对于科举制对世界文化的贡献，胡适曾说，"中国文官制度影响之大，及其价值之被人看重"，"是中国对世界文化贡献的一件可以自夸的事"[①]。

科举制对于世界文化的贡献，除了表现在制度层面，即对世界文官考试制度的确立产生重要影响外，其对于中国古代的主流价值观念——儒家思想在中国乃至在整个东亚文化圈内的传播，也起到了至关重要的作用。有鉴于此，学者们对科举制的关注由来已久，对科举文化的研究成果亦不断问世。20世纪90年代，"科举学"被作为专门学问正式提出，该学科近年来发展十分迅速，乃至形成专门的"科

[①]《胡适文集》第12册，北京大学出版社1998年版，第508页。

举制与科举学"国际学术会议①，其影响和规模越来越大，逐渐成了国内科举研究领域最为重要的学术会议之一。研讨会除了对1300年中国科举史的功过得失进行探讨之外，越来越多的学者开始关注中国本土以外的科举制与科举学，并且取得了卓越的研究成果。随着东亚科举制与科举学一体化学术研究的展开，东亚"科举文化圈"概念呼之欲出，开始受到越来越多学者的关注。

  试律与试策研究在科举制与科举学的研究中具有举足轻重的地位。"试律"，亦称试诗赋、省试诗等，所谓"省试"，是指由尚书省主持的针对乡贡生和国子监、州县学等学校考生的科举考试。开元二十四年（736）以前，省试由尚书省吏部考功员外郎主持，以后则改归尚书省礼部，通常由礼部侍郎负责。省试诗即指在上述场合下产生的诗作。与"试律"相对的便是"试策"。"策"是朝廷用于选贤举能的政论文体。古代皇帝或有司选拔人才、考问士子，将所问内容写于"简策"，应选人解答，这一问一答，通称为"策"。而提问之策称为"策问"，对问之策称为"对策"。古代以策问考试，始于汉文帝，而后世得以沿袭下来。徐师曾《文体明辨》："夫策士之制，始于汉文，晁错所对，蔚为举首。自是而后，天子往往临轩策士，而有司亦以策举人，其制至今用之。"

  对唐代的试律与试策研究和认识上，人们总是有意无意地陷入一个误区：那就是人们总是习惯性地认为在唐代的科举考试中自始至终都是"以诗取士"，很多的研究似乎也都是以此为出发点，但考察唐代的科举制度，实际情况却与此大相径庭，其考试内容不仅不限于诗赋，甚至诗赋从来都没有成为科举考试的稳定试项。对此，陈飞有如下论述，"在唐代科举考试诸试项中，试策才是最重要的试项……有很多科目，在很多时候试策甚至是唯一的试项"，"与其说唐代科举是'以诗取士'，倒不如说是'以策取士'更符合实际情况"②。陈飞的研究对于纠正学界长期以来在唐代科举试律与试策关系问题上的认

---

① "科举制与科举学"国际学术会议成立于科举制在中国被废止100周年的2005年，至今已举办十一届。
② 陈飞：《唐代试策考述》，中华书局2002年版，第3页。

识误区具有积极意义。

　　前面已经提到,科举制确立后,曾一度"出口"到日本、朝鲜、越南等国,为汉文化在这些国家的传播起到了积极作用。关于科举制传入朝鲜、越南的情况,学界目前的研究颇为细致,而对于东亚的另一个重要国家——日本科举制度的关注严重不足。不少学者曾长期认为日本没有实施过科举考试,甚至不少日本学者的看法亦与此相同,把科举和宦官、缠足同视为中国的"三大奇术",而认为日本没有引入这一制度。然而,随着近年来对东亚科举文化研究的不断深入以及对日本奈良平安时代相关科举资料的发掘整理,学界终于在日本曾短暂实施过科举制这一问题上达成了一致意见。

　　日本曾实施科举考试的史实再一次印证了中日文化交流的特殊性。关于中日文化交流,日本学者加藤周一有精辟的论述:"在将近两千年的日中交流关系当中,中国的影响在古代是压倒性的,那以后就一直强劲地波及日本。进入近代以后,虽然从日本到中国的影响有一些回流。但是中国对日本压倒性的文化影响,从文字、从建筑、从法律、从城市规划,在一切方面,都进入到非常深的层次。而这又是不带军事占领的。这样的例子恐怕是再没有的。"① 他还举出罗马帝国来与中华帝国对照,指出古代罗马在征服整个欧洲的时候,就实行了军事占领,甚至连英国也是。由于罗马帝国统治了英国,当然文化上的强大影响也就进来了。就从语言上看,拉丁语进入了英语。然而,中国对于日本,并没有军事占领的企图。② 在整个中日古典型文化交流阶段,中国文化对日本文化的压倒性影响的直接后果就是造就了一种文化的繁荣发展在另一种文化中得到如此多的体现和保存,这在世界文化交流史上也是极其罕见的。而随着律令制度的实施而在日本得以确立的科举选士制度,也是这种文化交流的最重要体现之一,在中日文化交流中发挥了巨大的历史作用,这一点需要我们进一步深入探讨。

---

　　① [日]加藤周一:《日中关系的现状与背景》,王晓平译,《中华读书报》2007年4月18日第18版。
　　② 同上。

（二）日本古代试策文学的研究价值

日本在建立律令制国家的过程中，模仿唐制建立了科举取士制度。日本科举在考试科目、考试试项等方面虽大多取法唐制，但又与唐制不完全相同。日本科举与唐制一样，在各科考试试项中均有"试策"一项，甚至有的科目（如秀才）中试策还是唯一的试项。如前所述，试策包括"策问"和"对策"，关于日本贡举试策文，《本朝文粹》"文体解说"有如下论述：

> 对册，指由大学寮举行的最高课程考试——文章得业生试时所使用的文体，包括"问题文"和"答案文"。"册"一般写作"策"，并且"问题文"一般称作"策问"，"答案文"一般称作"对策"……《文心雕龙》"议对"有"对策为应诏陈政，射策为探事献说"的记载。是就有关政治议题发表意见并上奏的"议"的变体。……策问文一般较短，重点在于发表议论的对策文。……对策文对"文理"、表现性和逻辑性有较高要求。对策文在根据策问文主旨按照古典文理展开议论的同时，行文上多用典故并严格按照隔句对的四、六骈体文形式。《经国集》中所收对策文多为奈良时期的作品。①

从上面的引文不难看出，首先，日本古代科举对策源自中国，开始有"对策、射策"等形式。其次，策文是一种应用文体，包括"策问文"和"对策文"，重点在陈述意见的对策文。因此，除了需要特别指明是"策问文"和"对策文"，本书为了叙述方便，统一称为对策文。最后，对策文在行文上多用典故，并严格按照隔句对的四、六骈体文形式。

本书所要研究的内容包括两方面的含义：一是作为日本科举考试的试策，它与具体的"以策取士"的制度密切相关，也就是说，包

---

① ［日］后藤昭雄：《本朝文粹·文体解说》，《岩波新日本古典文学大系》，岩波书店1987年版，第356页。原文为日文，中文为作者译出。本书所引日文文献的中文译文除特殊注明外，均为本人译出，下同。

含日本的试策制度的内容；一是作为贡举考试"文体"的试策，它与谋士"献策"、文人"著策"既有区别又有联系。本书主要研究日本科举试策制度和试策文体等相关问题。

日本古代对策文作为一种应用考试文体，其重要的学术研究价值主要包括以下方面：

第一，对研究日本的科举制度具有重要的文献价值。我们今天所能见到的奈良时代的对策文文献主要收录在《经国集》卷二十"策下"，计二十六篇。其中散位寮大属正八位上大日奉首名百倭（百济君倭）麻吕的对策时间最早，为庆云四年（707）九月八日。由于《经国集》卷十九"策上"的散佚，我们已经无法得知奈良时代对策文的全貌，但"策下"的二十六篇对策多为进士科时务策，而收录在《本朝文粹》《本朝续文粹》中的平安时代的对策文则几乎全为秀才科方略策。这些对策文文献向我们清楚地展示了日本科举在考试科目上的变迁情况。当然，这仅仅是对策文文献在日本科举制研究中的一个例子。日本史学家岸俊男氏曾感叹：虽然对策文对研究日本贡举制度史是如此重要，但是他却常常因找不到可供参考的注释完整的对策文资料而苦恼。① 可见，对策文在日本科举史研究中的地位是多么重要，加强对策文的基础整理研究对历史学家来说也同样重要。可以说，对策文是研究日本贡举制不可或缺的，有时甚至是独一无二的资料。

第二，对研究日本的社会政治、经济史具有重要的参考价值。一些策问和对策往往触及当时的社会热点问题，记录了当时一些真实的社会状况。比如收录于《经国集》卷二十卷首的对策文为骏河介正六位上纪朝臣真象的"治御新罗"对策文，通过该对策文，我们可以了解当时日本与朝鲜半岛的交通情况。无独有偶，现存敦煌写本知识类蒙书《兔园策府》残卷卷一中也收录了一篇"征东夷"对策文。我们除了可以从比较文学的角度对"治御新罗"和"征东夷"进行比较研究外，这两篇对策文同时也为分析当时中日韩三国国际交通史

---

① ［日］小岛宪之：《国风暗黑时代的文学》（补篇），塙书房2002年版，第315页。

提供了珍贵的文献资料。另外，收录于《本朝文粹》中的"辨散乐"和《本朝续文粹》中的"详和歌"等对策文有别于一般科举试策文，被认为是"仿作"或者"拟作"对策文。前者为了解平安时代的散乐（猿乐）情况提供了宝贵资料，后者则以对策的方式阐述了"和歌"这一日本韵文文体的创作理论问题，对了解日本和歌艺术发展具有重要的参考价值。因此，对策文为我们了解当时日本的社会状况提供了大量的宝贵资料。

第三，对研究中国经学史具有重要参考价值。日本现存的对策文文献可以为我们的经学史研究提供很多有价值的资料。日本奈良时代的策问多就经典记载中的相互矛盾之处发问，如《经国集》卷二十所载主金兰对策文的策问文："孝以事亲，忠以奉国。既非贤圣，孰能兼此。必不获已，何后何先？"另一篇下毛虫麻吕对策的策问文："明主立法，杀人者处死；先王制礼，父仇不同天。因礼复仇，既违国宪；守法忍怨，爰失子道。失子道者不孝，违国宪者不臣。惟法惟礼，何用何舍？臣子之道，两济得无？"这两篇策问文把经典中的"孝以事亲"与"忠以奉国"的矛盾设为论题。其实，我国唐代的科举试策中亦有把类似"全归以为孝"和"杀身以成仁"等命题作为试策题目的对策文（如《文苑英华》卷四七五权德舆《策进士问五道》之第二道）。在我国唐代试策以外的文章中"全归以为孝"和"杀身以成仁"的问题也常被论及（《白氏长庆集》卷四十九《田布赠右仆射制》：朕闻古之臣子有忍死效节为忠者，有不伤发肤全归为孝者）。后来，宋代理学家对这一类问题也持续关注。可见中国经典中的这种以相互悖论命题为论题的做法亦为日本科举试策所吸收，这也是后来宋代经学研究中的常见命题。

第四，可用于考察中国文献中的故事、典故。文体以隔句对的四、六骈体文为主。日本现存对策文文献，无论是《经国集》所收时务策还是《本朝文粹》《本朝续文粹》所收方略策，均具有辞藻华丽、多用典故的特点。除了通过对策取得叙位、走上仕途之外，日本科举区别于唐制的一个显著特征就是它在文学方面的作用，可以说，日本科举试策，一方面是为了寻找官吏，另一方面也是最重要的方面，在于寻找文人，换句话说，日本科举的意义首先不在政治史而在文学史。日本对策文文献为我们提供了了解日本文章史和文体学的宝贵资料。

二　中外学者试策文学研究现状及倾向

（一）国内研究现状

第一，关于中日科举制度的比较研究。以台湾学者高明士的著作《日本古代学制与唐制的比较研究》（台北学海出版社1977年版）、《隋唐贡举制度》（第七章"隋唐贡举制度对日本的影响"，文津出版社1999年版）和论文《日本没有实施过科举吗》（《玄奘人文学报》2004年第3期）等研究成果为代表。近年大陆学者如萧瑞峰《日本有没有实施过科举制度——读日本汉诗献疑》（《文史知识》1995年第7期），刘乃亮《也谈日本的科举制度》（《石油大学学报》1999年第3期），吴光辉《日本科举制的兴亡》（《厦门大学学报》2003年第5期）、《科举考试与日本》（《东南学术》2005年第4期）等论文对中日科举制度进行了比较深入细致的探讨。

第二，关于科举与文学的研究。程千帆的《唐代进士行卷与文学》（上海古籍出版社1980年版）和傅璇琮的《唐代科举与文学》（陕西人民出版社1986年版）都从不同侧面探讨了科举与文学的关系问题。程千帆是第一位通过研究行卷而将科举与文学联系起来进行研究的学者。他肯定了唐代进士科举对于文学发展的有利影响。其结论为："进士科举，则又是唐代科举制度中重要的组成部分。它主要是以文词优劣来决定举子的去取。这样，就不能不直接对文学发生作用……无论是从整个唐代文学发展契机来说，或者是从诗歌、古文、传奇任何一种文学样式来说，都起过一定程度的促进作用。"[①] 傅璇琮将考察的范围进一步扩大到了整个唐代科举，在充分尊重程千帆结论的基础上，对唐代文学的繁荣和发展做出了更进一步的论断："人们往往有一个误解，以为进士既称文学之科，那就是试诗赋，于是就

---

① 程千帆：《唐代进士行卷与文学》，上海古籍出版社1980年版，第88页。

促进了唐代诗歌的繁荣。实际情况恐怕倒是相反。在唐初一个相当长的时期，进士考试与诗赋是无关的。"① 对于进士科试诗赋对文学发展所起的作用，傅璇琮指出："以诗赋作为进士考试的固定的格局，是在唐代立国一百余年以后。而在这以前，唐诗已经经历了婉丽清新、婀娜多姿的初唐阶段，正以璀璨夺目的光彩，步入盛唐的康庄大道……应当说，进士科在八世纪初开始采用考试诗赋的方式，到天宝时以诗赋取士成为固定的格局，正是诗歌的发展繁荣对当时社会生活产生广泛影响的结果。而且，如果我们再作进一步的考察，就会发现，唐代进士科的考试诗赋，还对文学的发展起过一定消极的作用。"②

第三，对于唐代科举试策问题考述最为精当的首推陈飞《唐代试策考述》（中华书局 2002 年版）。该书对唐代科举考试各科科目和考试试项等进行了详尽的考证、梳理，纠正了传统"以诗赋取士"的固有观念。陈飞认为，在唐代科举制度中，试策是唯一的一直被采用的科目。陈飞在同书中介绍了当今唐代试策文学研究的情况："关于唐代科举制度的各种研究中，试策似乎已被'遗忘'，在通行的中国'文学史'里，并没有唐策的位置；学术界对唐策的专题性研究，也近于空白！"③ 陈飞通过对唐代科举史料的梳理，指出试策在唐代科举各时期、各科目中不仅不可或缺，而且还是所有试项中最为重要的试项，甚至是唯一的试项。《科举文体研究》（汪小洋、孔庆茂共著，天津古籍出版社 2005 年版）是第一本专门研究科举文体的著作。他们给唐代试策作了一个很好的总结："唐代的试策大多紧扣社会现实，策语直接大胆，直抒胸臆，具有很强烈的现实性与批判精神。"不过，《科举文体研究》这本书就整体而言，对唐代试策文体的考察只占据了一小部分。在此之前，褚斌杰的《中国古代文体概论》（中国社会科学出版社 1990 年版）对"策"也有介绍。吴承学也曾论述过对策文（《策问与对——对一种考试文体的文学与文化研究》，四川大学

---

① 傅璇琮：《唐代科举与文学》，陕西人民出版社 1986 年版，第 165 页。
② 同上书，第 409 页。
③ 陈飞：《唐代试策考述》，中华书局 2002 年版，第 3 页。

中文系《新国学》1999年第1期），不过这些大都是跨时代的综合性研究。在唐代对策文研究领域，陈飞考察了对策文的形式以及表达体式，发表了以下两篇论文：《唐代试策的形式体制——以制举策文为例》（《文学遗产》2006年第6期），《唐代试策的表达体式——策问部分考察》（《文学遗产》2008年第1期）。

第四，王晓平论文《日本奈良时代对策文与唐代试策文学研究》首次把奈良时代的对策文与唐代试策文学纳入研究视野，从文学、文化交流的角度对二者进行了较为全面的综合考察，但论文没有把平安时代的对策文纳入考察范围之内。

（二）日本学者研究现状

第一，文献的初步辑录、整理。《日本古典全集》第一回和《日本文学大系》第二十四卷，收录了《经国集》卷二十"对策文"。作为奈良时代对策文文献的仅有录本，二者在对策文研究中的文献学价值不言而喻，但是，两书又存在不同程度的误植、错简，需要进一步进行详细的校注、整理。平安时代的对策文文献保存较好，但诸如收录在岩波书店《新日本古典文学大系本朝文粹》中的对策文，也没有进行彻底的校注。

第二，小岛宪之的《上代日本文学と中国文学——出典論を中心とする比較文学的考察》（塙书房1965年版）、《国風暗黒時代の文学（上）》（塙书房1968年版）以及《国風暗黒時代の文学補篇》（塙书房2003年版）不啻为日本对策文研究的嚆矢之作。这些著作均辟专节对奈良时代的部分对策文进行了出典论意义上的考察，指出奈良时代对策文"无韵骈俪文体"的文体特征。日本古典文学大系27《本朝文粹》（岩波书店1992年版）里收录了平安时代对策文的文体解说部分，不过仍然不够详细、全面。

第三，近来，日本发表了三篇平安时期对策文研究论文：《对策考——策判と菅原道真》（《早稻田大学大学院研究科纪要》别册，2001年版）、《逸脱する対策文——〈本朝文粹・散楽策の再検討〉》（《古代中世文学论考》第7集，2002年版）和《平安時代の策問と対策文》（《こころのかたち——东西文献资料に見られる心性の表

象》,庆应大学出版会2005年版)。这三篇论文从不同角度论述了平安时代对策文的文体和格式。另外,伊泽美绪的论文《中日策文比较研究——唐与日本奈良·平安时代》运用统计学的方法,通过对中日两国现存对策文文献的调查、统计,指出日本对策文在接受唐策影响的同时,也进行了某些方面的创新,是首次把中日对策文纳入考察视野的日本学者。

据此,中日两国的研究现状的倾向大致如下:第一,日本学者表现出擅考据,重出典研究的学风,在对策文研究上取得了初步成果。鉴于对策文研究属于尚待开拓的领域,这些基础研究显得弥足珍贵。第二,中国学者的研究主要集中在对科举试策制度的考述方面,对试策文学本身的研究有待进一步深入。而在东亚"汉字文化圈"视域内从中日文学、文化交流的角度对中日试策制度、试策文学进行综合比较研究仍然是中日学术界的空白之处。

三 本书的研究角度与范围

前面已经提到,现存奈良时代的对策文主要保存在《经国集》残卷卷二十"策下",平安时代的对策文主要保存在《本朝文粹》《本朝续文粹》《朝野群载》《都氏文集》《菅家文草》《本朝小序集》以及《本朝文集》等总集或者私家集中,计六十四篇,其中策问文、对策文成对出现的共有五十五组。

目前,中日学界尚无一部全面研究日本科举试策与对策文的专著。

本书的研究角度包括:

第一,对日本的试策制度的考释。试策是日本科举的一个重要试项。近来的研究焦点集中在日本科举制本身,对于科举试策的考述不多。其实,试策制度的研究对考察日本的科举制的意义更为重要。随着文章生试的确立,文章得业生方略试成了日本科举发展的主流。前面已经提到,文章生、文章得业生试的主要目的不在寻找官吏而在寻找文人,可以说,这是科举在日本的最大改变。日本科举在实行一段时间后逐渐开始式微,至11世纪后就不再举行,但科举试策的影响还在，对策文成了日本儒家教育的一环，成了训练思维方式的重要手段。我们对日本科举制度的研究一定不能矫枉过正，应该客观看待日本科举制实施年代问题。

第二，完整的试策文学研究当然包括对策文的整理、研究等各个方面。现有日本对策文文献缺乏有效的整理、考辨，有的甚至存在错简、误植等现象。对策文的整理包括以下三个方面：文字的整理，误植、错简的校正，对策文创作年代的考证等。

首先，文字整理。在利用对策文文献进行研究时，文字问题应该特别引起重视。由于现存对策文文献，如《经国集》的几个通行版本中所录对策文，都没有经过详细的校考，文字讹误十分明显。试举一例，《经国集》卷二十"策下"卷首纪真象对策"治御新罗"的策问部分"倾蕞尔新罗，渐阙藩礼"一句中的"蕞"字，《群书类从》本录作"藜"，国民图书株式会社编辑发行《日本文学大系》第二十四卷《经国集》同样录为"藜"。"藜"乃"叢"的俗字，亦可写作"藪"。但"倾藜尔新罗，渐阙藩礼"的说法语义不通，不可取。实际上，此处的"藜"乃"蕞"的错讹，此处"蕞尔"语义为"小"，为轻蔑说法。原句改为"倾蕞尔新罗，渐阙藩礼"，则语义通顺。像这样因写本中"藜""蕞"字形相近而讹的例子还有很多。再如，同为《经国集》卷二十大神虫麻吕的"礼法两济"对策文起始一句通行诸版本皆作"窃闻孝子不遗，已著六艺之典"，这里的"遗"字，当为"匮"之讹，"孝子不匮"语出《诗·大雅·既醉》："孝子不匮，永锡尔类。"朱熹集传："类善也，……孝子之孝城而不竭，则宜永锡尔以善矣。"类似这样的文字问题在对策文整理中尤其应该特别注意。

其次，误植、错简的校正。误植和错简问题也是日本对策文整理中应该注意的一个问题。在此仅举一例，《经国集》卷二十"策下"船连沙弥麻吕对策二首二十一"赏罚之理"和二十二"郊祀时令"之间混入了白猪广成对策十九"礼乐之用"和二十"李孔精粗"的部分内容，共计二百四十字。无论是《群书类从》还是《日本古典全集》抑或是《日本文学大系》等通行本也都是对误植部分照录不误,不加校改。其他诸如版本间的误植、错简等方面的问题还有很多。显然,像这样的误植、错简等现象会给对策文的理解造成障碍,迫切需要一个权威的版本出现。

最后,对策文创作年代。现存对策文文献中,有的在对策文后注明了试策时间,有的却没有注明试策的时间。对那些没有注明试策时间的对策文,我们根据《类聚符宣抄》《公卿补任》《桂林遗芳抄》《日本三代实录》等的记载对其考证,从而可以得出其大致的创作年代。对于作年不详的对策文,有必要对其进行详细的考证,因为对策文的创作年代对于考察日本的试策制度乃至于分析对策文的文体特征都是十分必要的。

第三,对策文的文体研究。文体研究是日本对策文研究中的重要一环。作为一种科举应用文体,无论是在语言表述,还是在文体结构等方面,对策文都有自己的特色。对策文主要考察汉文知识,中国经集中的故事、典故均是出题范围。在行文上对策文采用华丽的四、六骈俪文体,并多用隔句对的修辞方式。结构方面,对策文也有一定的格式并逐步定型化。文体考察是对策文研究中不可或缺的一部分。

第四,对策文与中日文化的内在关系研究。对策文在形式上模仿唐策,在内容上也多以中国典籍内容为出题依据,因此日本对策文与唐代试策文学关系密切。《魏征时务策》《文选》"天监三年策秀才文"、敦煌知识类蒙书《兔园策府》等都对日本对策文产生了深远影响。日本对策文中的"辨散乐""详和歌"等"拟作"对策文不同于一般的贡举试策,它们以日本民族文化为论题,成为了解当时日本文化的重要史料。通过对这些对策文文献的研究,可以了解中日试策文化方面的异同。

日本试策制度源自中国,但又不完全等同于中国的科举试策。在日本的试策研究中,如何对待中日试策中的"同"与"异"的问题,是必须首先要面对的问题。正如王晓平所说:"在我们研究日本古代文学的时候,细部的'同'比较容易看出来,而发现整体的'异'则更需要眼力。如果只见其'同'而忽略其'异',那就容易误将'他者'视为'自我',或者以'自我'去测度'他者',从而错照了日本文学这面镜子。"① 日本引进科举制的过程，也是一个不断改进，使之进一步适合日本土壤的过程。当然，相比中国1300年科举史，日本仅仅在8至11世纪短暂实施过科举考试，且规模要远远小于中国。我们应当在2000年中日文化交流的大背景中探讨日本科举，才能发现其在日本兴盛与式微的内在根源，才能做到在中日科举研究中既肯定其"同"又发现其"异"。从而避免以"自我"去测度"他者"，而错照了日本科举试策这面"镜子"。

---

① 王晓平：《镜子里的自我和他者》，《中华读书报》2003年9月24日第18版。

第一章 日本科举试策考论

本章重点对日本的科举试策制度进行详细考述。作为科举考试的一个试项，试策当然和科举制度的实施密不可分。因此，对日本科举制度的考察是研究日本试策文学一个绕不开的话题。日本科举制度起于《大宝律令》和《养老律令》，《养老律令》模仿唐之《永徽令》和《开元前令》，这已为学界所共识。《养老律令》之《选叙令》《考课令》《学令》等对日本的科举制作了具体规定。本章拟根据这些律令条文及其注解对日本的科举试策制度进行考察，重点分析试策在日本科举中的地位和作用，为接下来各章的对策文研究提供理论上的支撑。

第一节 科举制的产生及其影响

如果从隋大业元年（605）设立进士科算起，直到清光绪三十一年（1905）被废止，科举在中国整整走过了1300年的历史。若从广义上把汉武帝时期确立的察举制和魏晋南北朝时期的九品中正制也算在内的话（实际上无论是察举制还是九品中正制也都一定程度实行了考试选才办法，详见后述），通过考试选拔人才的制度在中国的历史就更长了。下面，对科举制的产生及其意义做一简单梳理。

一 科举产生

应该说，科举制脱胎于汉武帝时期的察举制。察举制是指地方州郡的长官按照朝廷要求而推举人才的制度，虽然有时候被推举人也要经考试合格才能任官，但是察举制下的考试，其"应诏陈政""求言于吏民"的意味更浓。作为一种人才推举（亦称为选举）制，察举制的先天不足就是缺乏客观人才评价标准，这在一定程度上导致后来东汉后期社会腐败严重，直至魏文帝开创九品中正制，察举制逐渐式微。

九品中正制实际上也是一种人才推荐制度，只不过与察举制相比，推荐者由地方州郡长官变成地方士族官僚。司马懿当政后，任世家豪门为各地中正，评定士人品级只论其门第而不论才能，九品中正制遂成为世族地主控制政权的工具。出现了"上品无寒门，下品无士族"的现象，最终，九品中正制被隋文帝所废止。对于察举制和九品中正制在人才选拔方面的局限性，《科举学导论》指出："中国古代独特的社会结构是家族宗法制，家长统治、任人唯亲、帮派活动、裙带关系皆为家族宗法制的派生物，在重人情与关系的社会文化背景下，若没有可以操作的客观标准，任何立意美妙的选举制度都会被异化为植党营私、任人唯亲的工具，汉代的察举推荐和魏晋南北朝的九品官人制走向求才的死胡同便是明证。"[①] 终于，察举制和九品中正制被隋朝完成全国统一后实行的科举制所取代。

二 科举制的发展及其影响

根据《旧唐书》《通典》《唐摭言》等文献记载，可以推断进士科正式设立于隋大业元年（605），这也是一般认为的科举制始于隋的原因。但实际上隋文帝、隋炀帝时期的科举，大多仍然是察举科目。根据《隋书》记载：

> 开皇帝十八年（598）："秋七月丙子，诏京官五品以上，总管、刺史，以志行修谨、清平干济二科举人。"[②]
>
> 大业三年（607）："夏四月甲午，诏曰：……夫孝悌有闻，

---

① 刘海峰：《科举学导论》，华中师范大学出版社2005年版，第113页。
② 《隋书》卷2，中华书局1973年版，第43页。

人伦之本；德行敦厚，立身之基。或节义可称，或操履清洁。所以邀贫厉俗，有益风化；强毅正直，执宪不挠。学业优敏，文才秀美，并为廊庙之用，实乃瑚琏之资。才堪将略，则拔之以御侮；膂力骁壮，则任之以爪牙。爰及一艺可取，亦宜采录，众善毕举，与时无弃。以此求治，庶几非远。文武有执事者，五品以上，宜依令十科举人。"①

《隋书》的这两段记载，第一段以"志行修谨""清平干济"两科举人。第二段以"孝悌有闻""德行敦厚""节义可称"等十科举人。且规定京官五品以上官员，均应依科"举人"。很显然，这样的规定仍然没有摆脱察举时代的以科目举人的办法。众所周知，察举科目有孝廉、贤良文学、秀才等，这些科目也一直影响到后来，如直到唐代，在"制科"中仍多设"贤良方正"等科。据阎步克考证，隋代的进士科目，虽也有策试，但应试者没有一位是自由报名、"投牒自进"的，因此，尚不能推断隋代废除了推荐制。② 据此，我们似乎还不能认为科举成立于隋代，而只能说隋代是科举的一个过渡，因为，只有到了唐代，才在考试科目、应试资格等方面有了详细规定，科举制才正式确立。

《新唐书·选举制》对科举常科科目作了详细规定：

> 其科之目，有秀才，有明经，有俊士，有进士，有明法，有明字，有明算，有一史，有三史，有开元礼，有道举，有童子。而明经之别，有五经，有三经，有二经，有学穷一经，有三礼，有三传，有史科。此岁举常选也。③

据此，唐代科举在常科科目上已经十分完备。实际上，在这些科

---

① 《隋书》卷3，第67—68页。
② 阎步克：《科举的前夜》，《察举制度变迁史稿》，辽宁大学出版社1997年版，第312—313页。
③ 《新唐书》卷44《选举上》，中华书局1975年标点本，第1159页。

目中，以专业技能为主的明法、明字、明算三科在唐代并未受到重视。秀才科初期虽有实行，但因为参加者少很快也停办了。另外，俊士、童子等科虽被归于常科科目，但并非每年都举办。在唐代的常科科目中，只有明经和进士两科长期举办，其中又以进士科尤其受到重视。

除常科科目外，皇帝还会根据当时实际需要临时开设考试科目，通常被称为"制科"。由于制举根据实际需要设定科目，故科目名类繁多。《唐会要·制科举》中记载为六十三科①，而据陈飞考证②，唐代经确定的制科科目已经达到二百九十四科之多，其中"贤良方正能言极谏"科最多，其次是"博通坟典达于教化"科等。

下面再看唐代科举的应试资格问题。《新唐书·选举制》："由学馆者曰生徒，由州县者曰乡贡，皆升于有司进退之。""每岁仲冬，州、县、馆、监举其成者送之尚书省。而举选不繇馆、学者，谓之乡贡，皆怀牒自列于州、县。试已，长吏以乡饮酒礼。"③据此，唐代科举的应试资格包括：一是官学的"生徒"，即国子监六学的中央学校或地方学校的学生，经过一定年限的学习完成学业者；二是地方考试（乡试或解试）合格者。对于参加乡试的资格，根据许友根研究认为，"怀牒自列于州、县""身家清白""良人"等，包括百姓亦可以参加考试。④可见，唐代科举常科的应试资格规定，明显地放宽了参加者的身份限制，理论上一切人员均可参加。

那么制科的应试资格又是如何呢？唐武德五年（622）《京官及总官刺史举人诏》曰："择善任能，救民之要术；推贤进士，奉上之良规……苟有才艺，所贵适时，皆已登朝，无嫌自进。宜令京官五品以上及诸州总管、刺史各举一人。其有志行可录，才用未申，亦听自举，具陈艺能，当加显擢，授以不次。"可见，参见制举者，除了通过"京官五品以上及诸州总管、刺史各举一人"，应试者还可以按照

---

① 《唐会要》卷76《贡举中·制科举》，中华书局1985年标点本，第1386—1394页。
② 陈飞：《唐代试策考述》，中华书局2002年版，第261页。
③ 《新唐书》卷44《选举上》，中华书局1975年标点本，第1159—1161页。
④ 许友根：《唐代状元研究》，吉林人民出版社2004年版，第317页。

自己的意志"无嫌自进",即自由参加制科考试,包括已经拥有官职或者常科及第者。

上面从唐代文献记载考察了唐代科举在考试科目、应试资格等方面的规定。不难看出,与之前的察举制和九品中正制比较起来,唐代科举考试制度至少在保证"程序的公正"方面具有空前的优越性。当然,人才选拔的理想状态最终是实现"结果的公正",但在"结果的公正"至今仍然没有得以实现之前,最大限度地实现"程序的公正"就显得如此重要。科举制在考试科目、评定标准方面尽量做到了客观。在应试资格方面至少做到了理论上的公正。"古往今来科举考试一再起死回生的历史说明:自古以来,中国就是一个人情社会,人情与关系在社会生活中起着重要的作用,为了防止人情的泛滥,使社会不至于陷入无序的状态,中国人发明了考试,以考试作为维护社会公平和社会秩序的调节阀。悠久的科举历史与普遍的考试现实一再雄辩地证明,考试选才具有恒久的价值。"① 因此,科举制之于中国乃至世界的影响是无法估量的。

第二节 日本贡举制度概述

本节重点探讨有关日本科举的基本问题。首先对科举的名称进行再探讨,明确在科举制成立之初的称名问题。其次探讨日本科举的考试科目、应试资格等有关日本科举的基本问题。

一 "贡举"名称溯源

"科举"一词作为一个特定称谓,特指从隋唐到清代的封建王朝分科考选文武官吏等后备人员的制度。应该明确的是,在隋唐这一制度建立之初,"科举"这一正式称谓尚不存在。② 根据一些文献资料推断,"科举"一词最早也应为宋代以后的称谓。在隋唐时代,对这

---

① 刘海峰:《科举学导论》,华中师范大学出版社2005年版,第136页。
② [日]曾我部静雄:《中国的选举、贡举与科举》,高明士译,载高明士《隋唐贡举制度》,文津出版社1999年版,第402—442页。

一制度的称谓当为"贡举"。《唐律·职制律》"贡举非其人"条《疏》议曰:"依令(按,指选举令),'诸州岁别贡人'。若别敕令举及国子诸馆年常送省者,为举人。"可见,在唐代,贡举有两层含义:一为"贡",二为"举"。凡是由地方诸州、县每年贡送到中央尚书省参加考试的,称"贡人";中央国子监诸馆学生每年通过监试而参加尚书省考试者以及参加由皇帝临时下诏而举行的所谓"制举"考试者,均称为"举人"。也正因为如此,在隋唐时期,"科举"被正式命名之前,这一制度通常被称为"贡举"。

模仿唐《永徽令》和《开元前令》,日本于公元701年颁布《大宝律令》,不久又在《大宝律令》基础上增补成律、令各十卷的《养老律令》(颁布于718年,757年正式实施),这两部法典奠定了日本律令制国家的基础。通过两部法典的注释书《令义解》和《令集解》的诸如《职员令》《选叙令》《考课令》等相关令文和注引,我们大概可以了解日本科举的基本情况。①

首先探讨日本"贡举"的定义。《令集解》卷二十二《考课令》"凡试贡举人"条注引《朱云》问曰:"贡举,一欤?二欤?"引《先云》曰:"一事者,未知。"又曰:"见下条,贡与举各别,又律(按,指前引《唐律·职制律》)二事说。"②这里所谓下条,即"凡试贡举人"条之次款,曰:"凡贡人,皆本部长官贡送太政官……其大学举人,具狀申太政官,与诸国贡人同试。"③另外,《令集解》卷六《职员令》规定"左京职大夫"职掌之一"贡举"项下注引《朱云》曰:"贡举者,贡与举二事也。何者?(养老)《职制律》:'贡举非其人者'云云。"④另外,于《职员令》"孝义田宅"项下又注云:"(养老·职制)律(疏)云:'贡,谓依(选叙)令,诸国贡

---

① 《大宝律令》《养老律令》的原文已经散佚,其注释书《令义解》和《令集解》保留了其中的大部分内容。
② [日]黑板胜美编:《令集解·后篇》卷22《考课令》,《新订增补国史大系》卷24,吉川弘文馆1966年版,第648页。
③ 同上书,第649页。
④ [日]黑板胜美编:《令集解·前篇》卷6《职员令》,《新订增补国史大系》卷23,吉川弘文馆1966年版,第152页。

人；举，谓别敕令举，及大学送官并为举人者。'"① 又《职员令》"摄津职大夫"职掌之一"贡举"项下注引《朱云》曰："贡与举，二事也。何者？（养老）《职制律》：凡贡举'非其人'条《疏》云：'贡者，依（选叙）令，诸国贡人；举者，若别敕令举，及大学送官为举人者'云云。"②

　　以上，反复列举了《大宝律令》《养老律令》诸令文及其注引中关于"贡"与"举"的解释，概括起来，地方诸国所贡送参加科考者叫"贡人"，依据天皇别敕而来应试者以及由大学寮经过寮试后而推荐至太政官者，都叫"举人"。日本的地方诸国，可以理解为唐的地方诸州、县。由此可知，日本《养老律令》对于贡举的定义，完全脱胎于唐制，同《唐律·职制律》的释义并无二致。

二　令制时代早期贡举概况

　　那么，日本律令时代的贡举考试制度具体有哪些详细规定呢？下面结合《大宝律令》《养老律令》的令文对这一时期的贡举制在应试资格、考试科目和及第后的叙位等情况进行考察。前面已经指出，《大宝律令》《养老律令》模仿自唐初《永徽令》和《开元前令》，因此，日本律令制与唐制相同之处颇多，贡举亦不例外。下面对日本贡举的考察中主要在与唐制相关制度的比较基础上进行。先看《养老律令》之《考课令》对贡举制的规定：

> 凡贡举人，皆本部长官，贡送太政官。若无长官，次官贡。其人随朝集使赴集。至日皆引见辨官，即付式部。已经贡送，而有事故不及试者，后年听试。其大学举人，具状申太政官，与诸国贡人同试。试讫得第者，奏闻留式部。不第者，各还本色。③

---

①　[日] 黑板胜美编：《令集解·前篇》卷6《职员令》，《新订增补国史大系》卷23，吉川弘文馆1966年版，第152页。
②　同上书，第156页。
③　[日] 黑板胜美编：《令集解·后篇》卷22《考课令》，《新订增补国史大系》卷24，吉川弘文馆1966年版，第648—650页。

上面为《考课令》对"贡举人"之规定，下面据此令以及它的注引分析日本贡举的参加资格问题。在"凡贡举人，皆本部长官，贡送太政官。若无长官，次官贡"条下，《令集解》注引《穴云》："次官如初条，其判官以下不合贡举……户令解说，此条贡人，谓国举生也。"值得注意的是"此条贡人，谓国举生"的说法，也就是说日本贡举中的地方贡人乃为地方诸国国学的"国举生"。这一点与唐制的地方"贡人"有着显著区别。而对于"举人"的规定，见诸"其大学举人，具状申太政官。与诸国贡人同试"条。《令集解》注引《迹云》："'同试'谓同时试心耳。"又注引《朱云》："'与诸国贡人同试'谓诸国贡人随朝集使十月、十一月至京也。如此，大学举人，十月、十一月可举耳。"又注引《穴云》："'与诸国贡人同试'谓同时试也。假朝集使十一月一日申送也，（大学）寮亦十一月一日申送也，不合申十月也。"从上面的注引来看，日本贡举中的"举人"当指中央大学寮的学生。

从前引《考课令》的规定中可以看出，日本贡举制规定的应试资格中，应当包含两类人：一类人为地方贡人，即地方诸国"国学生"。另一类人为大学举人，也就是中央大学寮举人。这两类应试者大概相当于唐制的"生徒"，也就是国子监六学学生以及地方州县官学学生。

《考课令》中没有规定制科的应试资格问题，我们从当前的文献中也找不到有关日本贡举制科的相关资料。[①] 但是，在日本的贡举中，制科的存在是确认无疑的。虽然现存《养老律令》的相关令文中没有有关制科的记载。但是，《本朝文粹》卷三所收"辨散乐"策以及《本朝续文粹》卷三所收"详和歌"等两篇对策文应该引起特别注意。虽然目前学界大多把它们视作"拟作"抑或是"仿作"对策文，但笔者认为，如果仅仅把这两篇不同于常规的对策文看作所谓对策文制作中的"逸脱"，显然是不够的。诚然，无论是"辨散乐"还是"详和歌"，都有别于其他以讲"中国故事"为主的对策。这两篇以

[①] 高明士在《日本没有实施过科举吗?》（《玄奘人文学报》2004 年第 3 期）一文中指出日本制举应试资格"自亦有特别规定"，但对具体规定语焉不详，亦缺少征引资料。

日本元素为考题的对策文，恰好反映了天皇以特殊手段（制科）选拔特殊人才的意图，它根本上应该归为制科。对于制科的应考资格当然也应当有特殊规定，因为缺乏佐证资料，详细情况我们不得而知。但是，可以肯定的是，制科的应考者也应当为诸国学生和中央大学寮学生中的优秀者，这一点是确定无疑的。

通过以上分析，基本可以断定，日本贡举的应试者基本被限定为地方诸国学生和中央大学寮学生，这一点显著区别于唐制。众所周知，唐制贡举的举送资格，除了中央及地方各级官学的"生徒"，还包括乡试合格者，而乡试的应试资格是相当广泛的，只要"怀牒自列于州、县"，包括"身家清白""良人"，甚至普通百姓等理论上都是可以自由参加的。

可见，日本的贡举制与学制密切相关。在律令国家建立过程中，国家的首要任务是培养汉学，特别是儒学方面的人才。因为在当时的日本，一般人，甚至包括一般贵族都是不具备汉学、儒学教养的。比如，当时担任律令条文制定以及国家体制整备等工作的多是遣唐回国的留学生。在朝廷中从事文书等工作者也大多由归化人系氏族担任。这说明，日本律令制国家虽然依照唐制引入了贡举制度，但是要真正去实施它，他们的首要的任务就是先培养人才。通过地方国学或者大学寮的九年教育，在基本掌握了中国经史等基本典籍知识的基础上，才有可能实施科举选才这一对他们来说极具挑战而又富有吸引力的制度。

下面探讨日本贡举科目问题。《养老律令·选叙令》载：

> 凡秀才，取博学高才者。明经，取学通二经以上者。进士，取明闲事务，并读《文选》《尔雅》者。明法，取通达律令者。皆需方正清循，名行相副。①

据此记载，我们可以断定日本《养老律令》的《选叙令》《考课

---

① ［日］黑板胜美编：《令集解·前篇》卷17《选叙令》，《新订增补国史大系》卷23，吉川弘文馆1966年版，第505页。

令》等规定的基本的贡举科目包括：秀才、明经、进士、明法四科。唐制科举中被设为常科的明书、明算科并不在日本贡举科目之内。在《大宝律令》《养老律令》时期的大学寮学生中，包括明经生和算学生，而书学生隶属于明经科。但是，书学生、算学生只要通过大学寮"寮试"即可出仕任官。因此，不应算作国家考试的科目之内。

另外，《养老令·医疾令》规定了医、针生的科举办法：

<u>医针生，业成送官者，式部覆试</u>。各十二条。医生试《甲乙》四条，《本草》《脉经》各三条。针生试素问四条，《黄帝内经》《明堂》《脉决》各二条。其兼习之业，医针各两条。问答法式，并准大学生例。医生全通，从八位下叙。通八以上，大初位上叙。其针生，降医生一等。不第者，退还本学。经虽不第，而明于诸方，量堪疗病者，仍听补医师。①

引文中的下划线部分，《令义解》注云："谓宫内申官，官下式部。此宫内先已捡练，故云覆试也。"可见，医、针生举送程序与大学寮相似，先经宫内省考试，最后由式部省考试，因此，应被视为国家考试的贡举科目之一。对于医、针科，高明士在与《唐六典》"太医令"的规定进行比较后指出，"将医、针列入贡举科目，若非为《六典》的脱漏，当是日本的新意"②。对于医、针生考试合格后的叙位，据引文可知，医生全通、通八以上叙从八位下和大初位上；针生降医生一等叙位。

下面再依据《养老律令》之《选叙令》的规定分析日本贡举的叙位问题，先看《选叙令》的令文：

凡秀才出身，上上第，正八位上；上中，正八位下。明经上上第，正八位下；上中，从八位上。进士甲第，从八位下；乙第

---

① ［日］黑板胜美编：《令义解》卷8《医疾令》，《新订增补国史大系》卷22，吉川弘文馆1939年版，第282—283页。
② 高明士：《日本没有实施过科举吗？》，《玄奘人文学报》2004年第3期。

及明法甲第，大初位上；乙第，大初位下。其秀才明经得上中以上，有荫及孝悌被表显者，加本荫本第一阶叙。其明经，通二经以外，每一经通，加一等。①

通过《选叙令》的这一规定可以看出，秀才、明经得上上、上中者叙位；进士、明法甲、乙第叙位。从叙位等级来看，秀才最高，为正八位上、正八位下。明经比秀才降一位，为正八位下、从八位上。进士、明法又各降低一位。此外，《考课令》"试讫得第者，奏闻留式部"。下注曰："谓，秀才、明经，得上上、上中者各有叙法。其上下、中上，不在叙位之例。唯留式部，待选乃叙也。"② 据此注文，秀才、明经得上下、中上者被留在式部，等待机会被授予官职。根据上引材料，对日本律令时代的贡举叙位情况见表1-1。

表1-1　　　　　　　　日本律令时代的贡举叙位情况

秀才科	明经科	进士科	明法科	医科	针科	位
上上第						正八位上
上中第	上上第					正八位下
	上中第					从八位上
		甲第		全通		从八位下
		乙第	甲第	通八以上	全通	大初位上
			乙第		通八以上	大初位上
						少初位上
						少初位下

需要指出的是，上表只反映了至8世纪前半期日本贡举的叙位情况，8世纪后半期以后，日本在对包括叙位在内的诸多贡举有关制度进行了一系列改革，关于这一点将在下节中具体分析。

————————
① ［日］黑板胜美编：《令集解·前篇》卷17《选叙令》，《新订增补国史大系》卷23，吉川弘文馆1966年版，第505—509页。
② ［日］黑板胜美编：《令集解·后篇》卷22《考课令》，《新订增补国史大系》卷24，吉川弘文馆1966年版，第650页。

第三节 日本贡举制度的实施

上节在与唐代贡举制进行比较的基础上对 8 世纪中期以前的日本贡举制进行了分析。由于日本贡举模仿唐制，因此从科名到叙位受阶等诸多方面都与唐制有许多相似之处。但是，另外，无论是在经济基础还是社会结构、儒学教养等各个方面，当时的日本都无法与唐朝相提并论，所以，其模仿唐制实行贡举取士的主观"热情"和客观社会历史条件经常难以契合。可以说，贡举制在日本的实施过程也是一个对唐制科举不断改进以使之不断适应本国"国情"的过程。本节重点探讨日本贡举在具体实施过程中出现的问题和采取的一系列改进措施。

一 令制时期贡举的实施情况

在《大宝律令》于公元 701 年公布实施以来，贡举制在日本的实施情况如何呢？从延历二十一年（802）太政官的一篇奏疏中可见一斑："建法（大宝律令）以降，殆向百岁。二色（秀才、明经）出身，未及数十。"① 类似情况在承平五年（935）大江维时、大江朝纲两文章博士为橘直干方略策而上奏的一篇"方略宣旨"中亦有提及："我朝献策者始自庆云（公元 704—708 年）之年，至于承平（公元 931—938 年）之日，都庐六十五人。元庆（公元 877—885 年）以前数十人。"（《类聚符宣抄》卷九）。可见，在贡举实施的前 100 多年间，贡举及第者不过"数十人"而已，也就是说，通过贡举及第出仕任官的例子只占很少的比例。

这种状况的出现，一个最直接的原因在于当时的出仕途径中所存在的不经贡举、以荫位入仕的制度。《大宝律令·军防令》规定，三位以上子与孙；四、五位之子为"荫子孙"，可以直接获得荫位而入仕任官。荫位出仕的位阶也明显高于贡举及第者。《养老律令》之

---

① ［日］黑板胜美编：《令集解·前篇》卷 17《选叙令》，《新订增补国史大系》卷 23，吉川弘文馆 1966 年版，第 506 页。

《选叙令》云：

> 凡五位以上子出身者，一位嫡子，从五位下；庶子，正六位上。二位嫡子，正六位下；庶子及三位嫡子，从六位上；庶子，从六位下。正四位嫡子，正七位下；庶子及从四位嫡子，从七位上；庶子，从七位下。正五位嫡子，正八位下；庶子及从五位嫡子，从八位上；庶子从八位下。三位以上，荫及孙，降子一等。其五位以上，带勋位高者，即依当勋阶，同官位荫。四位降一等。五位降二等。①

《选叙令》的这一规定告诉我们，荫位出身者的叙位要显著高于贡举及第的受阶。据上引资料，荫位从七位庶子的授阶为从七位下。而从前节对日本贡举的授阶分析可知，贡举出身授阶最高的秀才上上第者也不过只授予正八位上，比从四位庶子的荫位授阶还要低一位。加之《选叙令》规定对于具有荫位和贡举两种入仕资格的出身采取"从高叙"办法，也就是若荫位出身者同时参加贡举并及第，授阶按照"就高不就低"的办法执行，如此，对于四位以上荫位出身者来说，参加贡举就没有意义了。虽然对于五位的子弟来说，若得秀才、明经上上第，所授位阶高于荫位，但是得上上第的可能性几乎为零。鉴于如此情况，贡举在施行百年之后，仍然应试者寥寥，"二色出身，只数十人"而已。

为了鼓励贵族特权子弟积极修学，参与贡举，朝廷采取了一些鼓励措施。《日本书纪》庆云三年（706）二月庚寅：

> 准令，籍荫入选。虽有出身之条，未明预选之准令，自今以后，取荫出身，非因贡举及别敕才处分，并不在常选之限。②

---

① ［日］黑板胜美编：《令集解·前篇》卷17《选叙令》，《新订增补国史大系》卷23，吉川弘文馆1966年版，第516—518页。
② ［日］舍人亲王等撰：《日本书纪》卷3，《新订增补国史大系》卷2，吉川弘文馆1966年版，第25页。

也就是说，虽然有荫位，不经贡举亦不在常选之列。可见这一规定对鼓励贵族子弟入学大学寮参与贡举选拔的意图十分明显。同时，对于参加贡举及第的贵族子弟的叙位，《选叙令》还规定："其秀才明经得上中以上，有荫及孝悌被表显者，加本荫本第一阶叙。其明经，通二经以外，每一经通，加一等。"① 虽然对于荫位出身同时参加贡举的贵族子弟的授阶采取"就高不就低"办法，但上面的叙位规定明显对参加贡举者采取优待措施，这一规定对于鼓励贵族子弟参加大学寮学习并积极投身贡举考试具有积极意义。

上面这些措施对于鼓励贵族子弟入学大学寮学习效果明显。实际上，令制时代的大学寮入学者，基本上被限定在五位以上贵族子弟以及经申请获得批准的八位以上子弟和地方国学生。一般庶民入学大学寮在令制初期是不被认可的，但是，这一限制在天平二年（730）被打破，在三月二十七日官奏中有"文章生二十人"之规定，其下注曰："简取杂任及白丁聪慧，不须限年多少者。"可见，730 年的改革中大学寮文章科的入学资格中增加了"杂任及白丁"的规定，同时，为了保证他们的学习也采取了相应措施。《日本书纪》卷十"圣武天皇"条记载："天平二年三月辛亥，太政官奏称：'大学生徒既经岁月，习业庸浅，犹难博达，实是家道困穷，无物资给，虽有好学，不堪遂志……仍赐夏冬服并给料……'诏并许之。"

以上措施的实施，一方面在于努力激发贵族子弟的入学热情，另一方面又要保证一般庶人，即"杂任及白丁"的入学机会。有时候，朝廷在这两者之间又摇摆不定，实际上，大学寮自 730 年设定文章科以后，其向贵族化发展的方向和中间的反复就没有停止过。

二 大学寮改革对贡举各科的影响

藤原明衡（？—1066）编《本朝文粹》卷二"官符"条记载天长四年（827）六月十三日太政官符"应补文章生并得业生复旧例

---

① ［日］黑板胜美编：《令集解·前篇》卷17《选叙令》，《新订增补国史大系》卷23，吉川弘文馆1966年版，第505—509页。

事"。该记载为探讨大学寮改革及其对贡举各科的影响提供了至关重要的资料。兹全文照录如下：

> 右得式部省解偶，大学寮解偶，文章博士正五位下都宿祢腹赤牒偶。天平二年（730）三月廿七日格偶："文章生廿人，简取杂任及白丁聪慧，不须限年多少者。"而省去弘仁十一年（820）十二月八日符偶。太政官去（819）十一月十五日符偶："案唐式，昭文、崇文两馆学生取三品已上子孙，不选凡流。今须文章生者，取良家子弟，寮试诗若赋补之。选生中稍进者，省更覆试，号为俊士，取俊士翘楚者，为秀才生者。"今谓良家，偏据符文，似谓三位已上。纵果如符文，有妨学道。何者？大学尚才之处，养贤之地也。天下之俊咸来，海内之英并萃。游、夏之徒，元非卿之子；杨、马之辈，出自寒素之门。高才未必贵种，贵种未必高才。且夫王者用人，唯才是贵。朝为厮养，夕登公卿。而况区区生徒，何拘门资！窃恐悠悠后进，因此解体。又就中文章生中，置俊士五人、秀才二人。至于后年（822），更有敕旨，虽非良家，听补之俊士者。良家之子，还居下列。立号虽异，课试斯同。徒增节目，无益政途。又依令，有秀才、进士二科，课试之法，难易不同。所以元置文章得业生二人，随才学之浅深，拟二科之贡举。今专曰秀才生，恐应科者稀矣。望请俊士永从停废，秀才生复旧号，选文章生，依天平格。谨请处分。寮依解状申送者。省依解状状请官裁者。正三位行中纳言兼右近卫大将春宫大夫良峰朝臣安世宣。奉敕，依请。①

首先应该引起注意的是据弘仁十年（819）十一月十五日太政官符（引文中下划线部分），式部省于弘仁十一年（820）十二月八日下达给大学寮的有关在文章科内再置俊士、秀才生的所谓"新制"

---

① ［日］大曾根章介、金原理等校注：《本朝文粹》，《新日本古典文学大系》卷27，岩波书店1992年版，第145—146页。

的设置。这一新制规定通过考试选文章生中优秀者五人为"俊士",更选俊士"翘楚"者二人为"秀才生"。根据官符,无论是俊士还是秀才生,均为"良家(三品以上)"子弟。如此规定,无非是保证三品以上贵族子弟(良家)独占秀才科,该"新制"实施的直接后果是造成了大学寮文章科的日趋"贵族化"。

但是这一导致文章科贵族化的"新制"并没有实施太久,天长四年(827)太政官良峰安世依据文章博士都腹赤之牒宣敕下达的这篇官符,其基本意旨就是停止在大学寮文章科内再置俊士、秀才生的所谓"新制"。而其废止新制的理由,一是新制不利于唯才是举,所谓"高才未必贵种,贵种未必高才";二是认为在文章生中设俊士、秀才的做法"立号虽异,科试斯同"从而造成了"徒增节目,无益政途"(引文中波浪线部分)。

既然新制不宜实施,都腹赤此牒主张对贡举做何改进呢?据官符(引文中虚线部分),都腹赤重申了文章得业生制度,"元置文章得业生二人,随才学之浅深,拟二科之贡举","二科之贡举"也即是令制(指《大宝律令》《养老律令》)规定的秀才、进士科贡举办法。都腹赤主张恢复到实施"以天平格"选文章生的制度。大学寮设立文章生、文章得业生的规定,见于天平二年(730)三月二十七日太政官奏文。该奏文见于《令集解》卷三《职员令》"大学寮"条引《释云》:

> 天平二年三月二十七日奏。直讲四人(一人文章博士)。律学博士二人。已上同助教。明法生十人,文章生二十人(简取杂任及白丁聪慧,不须限年多少者)。得业生十人(明经生四人,文章生二人,明法生二人,算生二人,并取生内人性识聪慧艺业优长者)……①

据此奏文,大学寮成立文章科,并"简取杂任及白丁聪慧,不须

---

① [日]黑板胜美编:《令集解·前篇》卷3《职员令》,《新订增补国史大系》卷23,吉川弘文馆1966年版,第80页。

限年多少者"二十人为文章生,同时取文章生内"性识聪慧艺业优长者"二人为文章得业生。

对于天长四年(827)都腹赤在太政官符中所主张的恢复文章得业生制度,久木幸男氏所指,其目的是抵制大学寮日益"贵族化倾向"。桃裕行氏亦指出,恢复文章得业生的旧号,实际上也即是以令制时代的"秀才科"代替弘仁十年(819)十一月十五日太政官符所设置的"新制"中"秀才生"。这样发展的结果,虽然表面上文章得业生二人,可以随"才学之浅深",参加"二科之贡举",但是,由于进士科时务策难度较大且与日本律令社会实施贡举制的本来目的相悖,文章得业生试便逐步被限定为"秀才试"了,这也是日本贡举制发展过程中秀才科一枝独秀,而进士科逐步式微的重要原因之一。

三　日本秀才进士科试策与试策文学

《养老令·考课令》对秀才、进士科的具体考试试项做了以下规定:

> 凡秀才,试方略策二条。文理俱高者,为上上。文高理平、理高文平,为上中。文理俱平,为上下。文理粗通,为中上。文劣理滞,皆为不第。
>
> 凡进士,试时务策二条。帖所读《文选》上帙七帖、《尔雅》三帖。其策文词顺序,义理惬当,并帖过者为通。文义有滞,词句不论,及帖不过者为不。帖策全通,为甲。策通二,帖过六以上,为乙。以外皆为不第。①

上引《考课令》规定了秀才科和进士科的具体试项内容,那就是秀才科试"方略策二条",进士科试"时务策二条"。前面已经指出,就贡举制度而言,秀才、进士两科在唐日的发展并不平衡。具体表现

---

① [日]黑板胜美编:《令集解·后篇》卷22《考课令》,《新订增补国史大系》卷24,吉川弘文馆1966年版,第645—648页。

为进士科在唐朝一枝独秀,而秀才科不盛。日本的情况恰恰相反,以秀才科为盛,进士科逐步式微。之所以表现出这种差异,原因在于唐朝秀才科取人甚为严格,及第者不多(《唐六典》卷二"吏部考功员外郎"条),因此应考秀才科者寥寥。秀才科在日本,考试分量远较唐朝要少(唐试"方略策"五条,日本试"方略策"二条),因此,在日本应考秀才科者众多。久木幸男指出,圣武天皇以来,天皇频频行幸与飨宴,急需培养宫廷诗人和汉文学修养,这直接造成了日本秀才科独盛的局面。①

秀才科试方略策,故又称"方略试"。"方略",《令义解》卷四《考课令》"秀才"条注引《古记》云:"方,大也;略,要也。大事之要略也。"又《令集解》卷二十二《考课令》"秀才"条注引《古记》云:"秀才,谓文章(博)士也。方略,谓无端大事也。多闻博览之士,知无端,故试以无端大事也。假令试问云'何故周代圣多,殷时贤少?'如此事类,二条试问耳。"②据前引都腹赤之牒:"所以元置文章得业生二人,随才学之浅深,拟二科之贡举"的规定可知,文章得业生秀才科试当始于天平二年(730),现知以文章得业生应秀才方略试及第最早的例子为菅原清公[历十七年(798)],此外有春澄善绳(天长七年)、菅原是善(承和六年)、都言道(贞观十一年)、菅原道真(贞观十二年)、藤原佐世(贞观十六年)等。

另外,亦有以文章生举秀才者,最早的例子为纪真象(天平宝字元年,757),对策文见于《经国集》卷二十。此外,还有栗原连年足(延历二十年)、菅原惟肖(贞观末年)等例子。

《经国集》卷二十所载对策文,除了纪真象、栗原连年足等极少数例子外,大多为进士科时务策的例子。《本朝文粹》(收录平安前中期作品)、《本朝续文粹》(收录平安后期作品)卷三所收诸条对策文,当为秀才科"方略试"对策文。其中《本朝文粹》著录十一人

---

① [日] 久木幸男:《日本古代学校的研究》,玉川大学出版部1990年版,第84—86页。
② [日] 黑板胜美编:《令集解·后篇》卷22《考课令》,《新订增补国史大系》卷24,吉川弘文馆1966年版,第648页。

共十三条对策文,《本朝续文粹》著录十人共十二条对策文。关于这些秀才科对策文的详细情况,将在后续章节中详细说明。

在此举《本朝文粹》著录"方略策"之一例,因原文较长,仅择其要。正四位下行式部大辅兼文章博士尾张权守菅原朝臣文时问"寿考":

> 问:春林秋到,桃李岂淹任风之艳乎;朝篱暮来,葵蕾不改向阳之心矣。虽道物之盛衰,节候能和;然而义之根源,缧绁或闇。况乎寿命考老者,耄及之身所惑也。喻常珍而讳老,每称六十九者,是仕谁朝?下兼清而上寿,频言一二三者,亦遇何主?五音四声之相配,犹迷久视于宫商之间;万岁一日之无疆,莫私殊俗于唇吻之内。见真形于曲仁里,则日月照几地之表里;朗妙音于歌父山,亦云雾蔽其龄之短长。余口以期期问矣,子心须一一对之。①

对文作者为文章得业生正六位上行越前大掾大江朝臣匡衡:

> 对:濛鸿滋萌,其灵肇彰一十三头之降迹;溟涬始别,其治是有万八千年之遗名。虽为自然之然,被陶造化之化。于是或耆或耋,寿考之号已传;我父为兄,期颐之称自到。春去秋来之候,星霜几回;月盈日昃之光,昼夜多换。频谢青阳,桃颜之粧渐改;远期玄运,艾发之貌缓成。三老之象三辰也,正直刚柔之意是叶;五更之则五维也,貌言视听之基相苞……②

这篇对策要求就"寿考"问题进行辨析,对策文主要引中国经史典故,行文上则表现为华丽的骈体文风。方略策所出题目基本上属于比较宏观的命题,实际上对策者很难在极短的时间内做出比较具体的

---

① [日]大曾根章介、金原理等校注:《本朝文粹》,《新日本古典文学大系》卷27,岩波书店1992年版,第168页。
② 同上。

回答。

下面再看进士科,虽然在唐人看来进士科较为容易,但对日人来说,时务策则较难(唐试五条,日制为二条)。之所以有这样的差异,应该与两国的社会背景和文化教育水平不同有关。

所谓"时务",《令义解》卷四《考课令》"进士"条注云:"时务者,治国之要务也。假如:'既庶又富,其术如何?'之类也。"又《令集解》卷二十二《考课令》"进士条"注引《释云》:"时务,谓治国之要道耳。《吕氏春秋》,一时之务是。假如:'使无盗贼,其术如何?'之类。"同条引《古记》云:

> 时务,谓当时可行时务是非也,谓试板之名也。案,《魏征时务策》:问:"乡邑何因无孝子、顺孙、义夫、节妇?"答:"九族之说,著在虞书;六顺之言,显于鲁册。故义夫彰于郄缺,节妇美于恭姜,孝子则曾参之徒,顺孙则伯禽之辈。自兹已降,往往间出。石奋父子慈孝著名,姜肱兄弟恩义显誉。当今天地合德,日月齐明,万国会同,八表清谧。然上之化下,下之必从,若影逐标,如水随器。但能导之以德,齐之以礼,教之以义,怀之以仁。则孝子、顺孙同间如市,义夫、节妇联袂成帷。荡荡之化可期,巍巍之风斯在。"①

《古记》所引《魏征时务策》全文已经亡佚,《令集解》保存的《魏征时务策》逸文对于了解《魏征时务策》内容甚为珍贵。有关《魏征时务策》与对策文的影响关系,本书将在第六章做专门讨论。据上面引文可知,所谓"时务",就是治国之要务、要道。"时务策",指治国之要务、要道的对策。与方略策相比,时务策有现实针对性、实用性,而不仅仅是一味的空论。下面再举时务策之一条,以供参考。《经国集》卷二十收录主金兰对策:

---

① [日]黑板胜美编:《令集解·后篇》,《新订增补国史大系》卷24,吉川弘文馆1966年版,第646—647页。

问：孝以事亲，忠以奉国。既非贤圣，孰能兼此。必不获已，何后何先？

臣金兰言：（前略）夫人之生也，必须忠孝。故摩顶问道，负笈从师。然后出则致命，表忠所天之朝；入则竭力，修孝所育之圈。是以参损偏弘孝子之风，政轲犹薀忠臣之操。盖是事亲之道，莫尚于孝；奉国之义，孰贵于忠？资孝以事君，前史之所载；求忠于孝门，旧典之所编。故虽公私不等，忠孝向悬；扬名立身，其揆一也。别有或背亲以殉国，或舍私以济公。故孔丞割妻子之私，申侯推爱敬之重，即是能孝于亲，移忠于君。引古方今，实足为鉴。在父便孝为本，于君仍忠为先。探今日之旨，宜先忠后孝。谨对。①

问文要求主金兰就"忠孝先后"问题进行辨析，对文中大量引用了中国的孝子传说故事以说明对策观点。对文基于《孝经》"忠孝一如"思想进行立论，说明上代律令官人对中国思想文化的态度。

《经国集》卷二十（此卷为"策下"，卷十九"策上"已佚）所录对策文大部分为奈良时代的时务策作品，对策时期大致为八世纪，这一时期正是日本律令制的实施时期，所以对策者大多为无位者。

对日本贡举制度史的考察不是本书的主要目的。在了解了日本的贡举制，乃至于贡举试策制度的大致情况后，本书接下来的章节将对奈良平安时代的对策文进行综合考察。

---

① ［日］良岑安世等撰：《经国集》，参见［日］正宗敦夫等编《日本古典全集》第1回，日本古典全集刊行会1926年版，第188页。

第二章　日本对策文文献研究

文献整理是研究工作的第一步，文献整理的好坏也直接关系到研究工作的成败。从文献整理的意义上说，对原文的整理、批评以及注释是文献学研究的基本阶段。具体地说，包括对文献的诸多存在版本（包括写本）进行搜集、编目，对文献的作者、撰者、成书年代等外部形态进行书志学意义上的考察，同时，在本文批评基础上制定文献的校本和定本，再对文献施之以详尽的注释等，为进一步对文献进行文学、文化意义上的研究打下坚实的基础。本章从文献研究角度，对现存的奈良平安时代的对策文文献进行基本整理分析。

第一节　奈良时代的对策文文献

当前，日本对策文研究方面的成果，主要集中在平安时代方略策研究方面。对于平安时代方略策的制作年代等，进行列表整理的工作已经见诸先行研究成果。[1] 需要指出的是，这些工作均是出于对日本古代学制研究的需要出发而进行的一些片段的局部整理和研究，尚缺乏基于版本基础上的本文批评以及注释等系统整理。因为种种原因，《经国集》卷二十所收录的奈良时代的对策文文献仍然没有被进行系统的梳理，从而给进一步对对策文进行文学、文化研究带来了一定程度的困难。

---

[1]　[日] 桃裕行：《上代学制研究》（修订版），《桃裕行著作集》（1），思文阁出版1994年版。

一　《经国集》与奈良时代对策文

奈良时代始于元明天皇平城京迁都的和铜三年（710），止于桓武天皇长冈京迁都的延历三年（784）。这一时期在日本文学、国语史上一般称为上代。奈良时代是日本古代律令制国家最为繁盛的时期。为了吸收中国文化，奈良朝统治者数次派出遣唐使节出使大唐，积极吸收唐风文化。① 在此背景下，律令制国家迎来了汉风文化极为发达的天平时代（文化史上，奈良时代又被称为天平时代）。

文化的繁荣离不开统治者的文化策略和文化激励措施。《大宝律令》（701）和《养老律令》（718年编纂，757年开始实施）的颁布实施，日本开始模仿唐制实行贡举选士制度。以儒家思想和理念作为核心价值观的贡举选士制度的实施，毫无疑问，在客观上必然会促进儒家思想和观念在日本的传播。日本贡举与学制密不可分，通过大学寮及地方国学教育，律令制国家培养了大批精通汉学、儒学的专门人才。同时，如前章所述，设立大学寮文章科是日本贡举制度的独特发展形式之一。大学寮文章科的设置，客观上促进了这一时期的汉学，尤其是汉诗文的持续繁荣。

贡举制的实施，直至对策文体的确立，是近江奈良时代的汉诗文从发展到成熟的显著标志之一。贡举制对日本古代汉文学发展所起的积极作用，不言而喻。如前所述，贡举制主要以儒家思想为主导，传播儒家理念，因此，作为与贡举考试直接相关的文体——对策文所体现的也主要是儒家的实用主义文学理念。收录奈良时代对策文文献的唯一敕撰总集《经国集》，其书名便直接来源于魏文帝《典论·论文》"文章经国之大业，不朽之盛事"的说法。这一所谓"文章经国"思想也是儒家实用主义文学观的主要体现。作为三大敕撰汉诗文集之一的《凌云集》，其"序"亦以"魏文帝有曰：'文章者经国之

---

① 一般认为在630年至894年的260多年间日本共向中国派出十六次遣唐使，但亦有18次、15次之说。详见[日]木宫泰彦《日华文化交流史》，富山房1955年版；[日]森克礼《遣唐使》，至文堂1955年版；[日]东野治之《遣唐使船》，朝日新闻社1999年版；等等。

大业，不朽之盛事。年寿有时而尽，荣乐止乎其身'"始。可见，《经国集》等收录上代汉诗文为主的敕撰集编撰思想与贡举试策的指导理念已经达到了高度契合。

《经国集》共二十卷。为良岑安世、南渊弘贞、菅原清公、安野文继、安部吉人等奉淳和天皇之命于天长四年（827）编撰而成。据《经国集·序》"自庆云四年，迄于天长四载"之记载，可知该集收录了自庆云四年（707）至淳和天皇天长四年（827）共121年间的汉诗文。据序文记载，《经国集》收录"作者百二十七人"，作品包括"赋十七首，诗九百十七首，序五十一首，对策三十八首"。《经国集》原文大部散佚，现仅存卷第一、第十、第十一、第十三、第十四、第二十等六卷。现存六卷包含九十六人的作品，其中赋十七、诗二百十、对策二十六。从《经国集》所存诗文来看，诗主要以五言、七言为主（五言九十二首，七言七十五首，杂言四十三首）。除了诗赋以外，比较引人注目的是卷二十"策下"（据此判断，散佚的卷十九当为"策上"，收录对策文十二篇）所收的二十六篇对策文，为目前所存的唯一的奈良时代的对策文文献。对于研究奈良时代的贡举试策制度等具有极为重要的文献参考价值。

二 奈良时代对策文概况

奈良时代的对策文①主要收录在《经国集》卷十九、卷二十中，其卷十九当为"策上"，收录对策文十二篇（《经国集》目录称"首"，本书在行文时统称为"篇"），卷二十为"策下"，收入对策文二十六篇。前面已经指出，由于《经国集》卷十九已经散佚，我们现在所能见到的对策文文献仅剩下卷二十所收录的二十六篇对策文。《经国集》卷二十"目录"②列出了这二十六篇对策文的作者等信息，现抄录如下：

---

① 《经国集》所收对策文最早作于庆云四年（707），早于平城京迁都的710年三年，严格意义上说，称"近江奈良时代对策文"更为准确。——作者注。

② 本目录底本据日本古典全集刊行会编辑兼发行《经国集》，载《日本古典全集》第一回，日本古典全集刊行会1926年版，第175—176页。

经国集卷二十目录

策下

骏河介正六位上纪朝臣真象对策文二首

正六位上伊势大掾①栗原连年足对策文二首

正六位上行石见掾道守宫继对策文二首

散位寮大属正八位上勋十二等大日奉舍人连首名对策文二首

百济君倭麻吕对策文二首

刀利宣令对策文二首

主金兰对策文二首

下毛②虫麻吕对策文二首

葛井诸会对策文二首

白猪广成对策文二首

船连沙弥麻吕对策文二首

藏伎美麻吕对策文二首

大神直虫麻吕对策文二首

  在《经国集》卷二十所收对策文中，明确标注对策年月日的有纪真象对策文二首，对策于天平宝字元年（757）十一月十日；栗原连年足对策文二首，对策于延历二十年（801）二月二十五日；道守宫继对策文二首，对策于延历二十年（801）二月二十六日；百济君倭麻吕对策文二首，对策于庆云四年（707）九月八日；葛井诸会对策文二首，对策于和铜四年（711）三月五日；船连沙弥麻吕对策文二首，对策于天平三年（731）五月八日；藏伎美麻吕对策文二首，对策于天平三年（731）五月八日；大神直虫麻吕对策文二首，对策于天平五年（733）七月二十九日；共计十六篇。其中，栗原连年足和道守宫继的对策时间在平安京迁都十余年之后，当属于平安初期作品。因此，本文在统计时，把这四篇对策文归为平安初期的作品。

---

① 底本写作"椽"，当为"掾"之误。掾，《文选》颜延年《祭屈原文》："乃遣户曹掾某，敬祭故才楚三闾大夫屈原之灵"云云。

② 底本目录写作"野"，内文改为"毛"，据内文改之。

除此之外，尚有十篇对策（分别为大日奉首名对策文二首，刀利宣令对策文二首，主金兰对策文二首，下毛虫麻吕对策文二首以及白猪广成对策文二首）的对策时间不明。据小岛宪之氏考证，除了大日奉首名的对策，另外四首的对策时间当在养老年间。①

至此，《经国集》所收对策文中，不能确定对策年代的仅剩下"大日奉首名对策文二首"。小岛宪之氏指出其与栗原连年足和道守宫继对策时间相同，为延历二十年（801）②，但小岛氏之说不知所据。在另一篇文章中，小岛氏又指出：与《本朝文粹》卷三所收对策文一样，平安时代的对策文文献，当保留有策问者姓名、官职以及策试题目等信息。而《经国集》成书于827年，收于集中的奈良时代对策文的策问者姓名、题目等因年代久远已经散佚［平安官人の対策文には、本朝文粋（巻三）所収の例と同じく、策問者の官職姓名と題名とが見える。経国集編纂の際には、奈良朝官人の策問者名・策題は既に失われていたものであろう］。③

实际上，《经国集》卷二十著录对策文的编排顺序，最先纪真象的两首为奈良时期（757），接下来为栗原连年足和道守宫继，对策于平安初期（802），接下来为大日奉首名和百济君倭麻吕的对策，百济君倭麻吕对策于707年。据此，卷二十的作品收录年代形成奈良→平安→奈良……这样一个不按年代顺序的编排模式，略显凌乱。《经国集·序》云："人以爵分，文以类聚。然年代远近，人文存亡，搜而未尽，阙而俟后。"可见，编撰之初，《经国集》的编撰者们似乎已经忽略了所收作品的年代顺序问题。这样的编排顺序与其他各卷所收诗文多不按年代排序一样，并非为卷二十的特例。从这一意义上说，所谓由于策问者信息散佚而造成不按年代顺序编排的观点似乎也并不完全准确。

但是，我们仍然可以根据所存的有关对策者的叙位等信息推断出

---

① ［日］小岛宪之：《上代日本文学与中国文学——以出典论为中心的比较文学考察》（下），墙书房1965年版，第1423页。

② 同上。

③ ［日］小岛宪之：《国风暗黑时代的文学》（上），墙书房1968年版，第230页。

大日奉首名对策的大概时间。首先,根据小岛氏的推断,从无策问者信息和题目来看,当属奈良时期的作品无疑。其次,从目录"散位寮大属正八位上勋十二等大日奉舍人连首名"这一对策者的位阶看,与757年对策的纪真象类似,而区别于集中所收其他奈良时代的对策文作品。因此,大日奉首名的对策时间当与纪真象对策时间相当,至迟不会晚于纪真象对策时间。据此,可以推断大日奉首名的对策时间大概在757年至奈良末期。

根据以上对各对策时间的推定,对保存在《经国集》残卷卷二十"策下"中的对策文文献以对策先后顺序进行列表整理(见表2-1)。《经国集》收录对策文除了栗原连年足和道守宫继的四首平安时代的对策文,均无策题。为了统一,本书采用了王晓平为它们拟定的题目。①

关于日本贡举的试策科目,《考课令》规定,秀才试"方略策二条",进士试"时务策二条"。《经国集》所收对策文,究竟属于时务策还是方略策,历来说法不一②,故列表时省去此项,对此本书将在其他章节详作讨论。另外,表2-1中所列第一条、第二条的顺序,以《经国集》著录的先后顺序为准。

表2-1　　　　《经国集》所收奈良时代的对策文

对策（年月日）		策文作者		对策题目		典据资料
阳历	年号	对策者	问头	第一条	第二条	
707	庆云四年九月八日	百济君倭麻吕	不详	鉴识才俊	精勤清简	《经国集》卷二十
711	和铜四年三月五日	葛井诸会	不详	学习之理	刑辟之旨	《经国集》卷二十

---

① 王晓平:《日本奈良时代对策文与唐代试策文学研究》,《中西文化研究》2009年第16期,第84页。

② 柿村重松认为,除了纪真象对策二首,其他均为时务策。小岛宪之氏反认为柿村说不确,据小岛说,纪真象对策二首当属时务策,而白猪广成对策则应属于方略策。详见([日]柿村重松《上代日本汉文学史》,日本书院1947年版)第二篇第十章;小岛宪之《上代日本文学与中国文学——以出典论为中心的比较文学考察》(下),塙书房1965年版,第1422—1423页。

续表

对策（年月日）		策文作者		对策题目		典据资料
阳历	年号	对策者	问头	第一条	第二条	
717—723	养老年间	刀利宣令	不详	设官分职	宽猛之要	《经国集》卷二十 小岛宪之《上代日本文学与中国文学》（下）
		主金兰	不详	孝忠先后	文质之义	
		下毛虫麻吕	不详	惩治不义	周孔儒释异同	
		白猪广成	不详	礼乐之用	李孔精粗	
731	天平三年五月八日	船连沙弥麻吕	不详	赏罚之理	郊祀时令	《经国集》卷二十
	天平三年五月九日	藏伎美麻吕	不详	郊祀时令	赏罚之理	
733	天平五年七月二十九日	大虫直神麻吕	不详	礼法两济	劳逸之术	《经国集》卷二十
757	天平宝字元年十一月十日	纪真象	不详	制御新罗	书契疑奥	《经国集》卷二十
	奈良时代后期	大日奉首名	不详	文道武略	信义立身	据本文考证

第二节　平安时代的对策文

一　平安时代对策文文献特征

与奈良时代相比，平安时代的对策文文献保存相对完整，主要表现在：第一，平安时代的对策文完整地保存了对策者和问头博士等相关信息。不同于收录在《经国集》中的奈良时代的对策文，无论是收录在《本朝文粹》中的平安前、中期对策文还是收录在《本朝续文粹》中的平安时代后期对策文，都很好地保存了问头博士和对策者的信息，包括位阶信息，这为今天的对策文研究提供了诸多可资参考的资料。第二，平安时代对策文的对策年月都可以通过现存的文献资料进行查询。尽管通行的《本朝文粹》《本朝续文粹》等的各版本在收录对策文时大多不标注对策的具体年月日，但是，我们仍然可以通过记录当时贡举试策情况的文献资料，如《类聚符宣抄》《三代实录》《桂林遗芳抄》《公卿补任》等文献中有关贡举的记载中了解对策文的详细对策年月等信息。第三，收录平安时代对策文的总集、私家集等诸多文献，无论是在版本还是在文献的校录整理上，都显著优于《经国集》。例如，《本朝文粹》所收对策文，先后有柿村重松①、大曾根章介②等的注释、校录本。尤其是柿村重松氏的《本朝文粹注释》，对所收平安前中期13篇对策文进行了较为详细的注释，对研究平安前中期的对策文具有较高的参考价值。大曾根章介等的校录本吸收诸家之长，到目前为止，该本为《本朝文粹》较为详尽的校录本。

平安时代的对策文除了收录于《本朝文粹》《本朝续文粹》《都氏文集》《菅家文草》等总集或私家集，还有一些对策文，虽然文献没有保存下来，但是我们可以通过一些记录当时试策情况的文献得知包括对策年月和策题等在内的相关信息，这也是平安时代对策文在文献方面不同于奈良时代对策文的一个重要方面。虽然这些对策文没有保存下来，但是，我们可以根据记录当时试策情况的文献以及保留下来的策题等相关信息，并结合现存的对策文文献，对平安时代的试策情况进行更加详细系统的研究，因此，对这一类对策文的整理也是十分必要的（如表2-2所示）。

平安时代对策文文献的另一个特点是一些"策判""改判"等申文文献的存在。《都氏文集》《朝野群载》中保留了都良香等人的"策判""改判"等有关试策的文献。这些文献对于研究平安时代贡举制度的实施及变革情况以及对于考察平安时代对策文的文体特征等提供了宝贵的参考资料，因此有必要对这一部分文献进行整理和研究。

二 平安时代对策文文献状况

前面已经提到，平安时代的对策文文献保存相对较为完整。除了《经国集》所收栗原连年足、道守宫继四篇外，还包括《都氏文集》

---

① ［日］柿村重松注：《本朝文粹注释》，内外出版1922年版。
② ［日］大曾根章介、金原理等校注：《本朝文粹》，《新日本古典文学大系》卷27，岩波书店1992年版。

卷五（策问八条、对策二条），《菅家文草》（策问八条、对策二条），《本朝文粹》卷三（策问、对策各十三条），《本朝续文粹》卷三（策问、对策各十二条），《朝野群载》卷十三（策问、对策各三条，其中一条与《本朝续文粹》重复）。另外，由于对策及第与否的判定标准是以两条试策综合考量的，因此，两条对策文完全保全下来的文献尤其重要。考察平安时代的对策，两条对策文完全保全的分别为：菅原清房问、栗原连年足对"天地始终""宗庙禘祫"；菅原清公问、道守宫继对"调和五行""治平民富"；春澄善绳问、都言道对"神仙""漏克"；都良香问、菅原道真对"明氏族""辨地震"；菅原辅正问、大江举周对"辨耆儒""详循吏"；藤原实范问、菅原清房对"辨牛马""详琴酒"；藤原明衡问、藤原有信对"明城市""辨舆辇"；藤原敦光问、菅原宣忠对"通书信""得宝珠"等共计八例十六条对策文。下面对平安时代的对策文文献进行列表整理，确定对策年月所据资料以"典据资料"列出。

表 2-2　　　　　　　　平安时代对策文

对策（时间）		策文作者		对策题目		典据资料（备注）
阳历	年号	对策者	问头	第一条	第二条	
801	延历二十年	栗原连年足	菅原清房	天地始终	宗庙禘祫	《经国集》卷二十
801	延历二十年	道守宫继	菅原清房	调和五行	治平民富	《经国集》卷二十
869	贞观十一年	都言道	春澄善绳	神仙	漏克	《桂林遗芳抄》等
870	贞观十二年	菅原道真	都良香	明氏族	辨地震	《菅家文草》卷八
873	贞观十五年		都良香	僧尼戒律	文武材用	《类聚符宣抄》
874	贞观十六年		都良香	决群忌	辨异物	《类聚符宣抄》
	贞观年间		都良香	分别死生	辨论文章	《都氏文集》卷五
881	元庆五年		菅原道真	音韵清浊	方伎短长	《公卿补任》
883	元庆七年		菅原道真	叙浇淳	证魂魄	《外记补任》
883	元庆七年		菅原道真	通风俗	分感应	《三代实录》
886	仁和二年	藤原春梅	三善清行	立神祠		《类聚符宣抄》

续表

对策（时间）		策文作者		对策题目		典据资料（备注）
阳历	年号	对策者	问头	第一条	第二条	
892	宽平四年		菅原道真	明仁孝	辨和同	《菅家文草》卷八
908	延喜八年	菅原淳茂	三统理平		鸟兽言语	《类聚符宣抄》
922	延喜二十二年	大江朝纲	藤原博文		论运命	《公卿补任》
949	天历三年	大江澄明	橘直干		辨山水	《类聚符宣抄》
963	应和三年	秦氏安	村上天皇		辨散乐	《本朝文粹》
979	天元二年	大江匡衡	菅原文时	寿考		《江吏部集》
978—979	天元年间	纪齐名	播磨淑信	陈德行		《朝野群载》
		弓削以言	藤原惟贞	详春秋		《朝野群载》
998	长德四年	藤原广业	弓削以言	松竹		《公卿补任》
1001	长保三年	大江举周	菅原辅正	辨耆儒	详循吏	《本朝文粹》
1032	长元五年	藤原明衡	藤原国成	辨贤佐		《桂林遗芳抄》
1035	长元八年	藤原正家	藤原明衡	辨关塞		《本朝续文粹》
1035	长元八年	菅原清房	藤原实范	辨牛马	详琴酒	《本朝续文粹》
1057	天喜五年	菅原是纲	藤原明衡	江湖胜趣		《本朝续文粹》
1063	康平六年	藤原有信	藤原明衡	明城市	辨舆辇	《朝野群载》
1079	承历三年	藤原广纲	藤原敦基		辨论渔猎	《本朝续文粹》
1090	宽治四年	藤原友实	菅原在良		野泽佳趣	《中右记》
1094	嘉保元年	大江匡时	菅原在良		述行旅	《本朝续文粹》
	天永二年前	纪贯成	花园赤恒	详和歌		据本人考证
1114	永久二年	藤原资光	藤原敦光	乡国土俗		《朝野群载》
1130	大治五年	菅原宣忠	藤原敦光	通书信	得宝珠	《中右记》

由表2-2可知，现存的平安时代的对策文共四十七条，除去其中仅存有策问文的十三条，策问文和对策文同时存在的为三十四条，可以说在数量上并不算多。

有文献可考的平安时代的试策始于延历十七年（798），止于嘉应二年（1170）。《续日本后纪》承和九年十月十七日条和《公卿补任》正治二年条分别提到了这两次试策情况，由于策问文和对策文均不存，有关这两次试策对策文的详细情况我们不得而知。可以推断的是，在798年至1170年这372年里，所进行的试策要远远多于今天我们能够看到的对策文数量。除了表2-2列出的，大量的对策文文献已经散佚。

虽然对策已经失传，但是我们仍然能够根据一些文献记载，了解一些当时的试策情况。表2-3根据文献整理出了平安时代试策中存目的一些对策文情况，为了解当时的试策情况提供参考。

表2-3　　　　　　　　平安时代存目的对策文

对策（时间）		策文作者		对策题目		典据资料（备注）
阳历	年号	对策者	问头	第一条	第二条	
845	承和十二年	大江音人		三玄同异	五禽导引	《公卿补任》
860	贞观二年	御船助道	大江音人	辨星辰	通变化	《二中历》"方略"
948	天历二年	矢田部陈义	橘直干	辨廉清	详群□	《贞信公记抄》《桂林遗芳抄》等
949	天历三年	大江澄明	橘直干	明史官		《日本纪略》
1005	宽弘二年	藤原资业		君臣好文	野乐业	《公卿补任》
1075	承保二年	大江通国	藤原正家	叙风云	论笔砚	《朝野群载》卷十三
1107	嘉承二年	藤原伊通	藤原敦宗	才子论说	妓女美貌	《朝野群载》卷五
1111	天永二年	藤原有业	藤原敦光	施惠	养性	《中右记》
1114	永久二年	菅原清能	藤原永实	详庖厨	叙仓库	《中右记》
1118	元永元年	藤原国能	藤原敦光	论华实	辨试听	《中右记》
1118	元永元年	大江匡周	菅原时登	评文字	叙射法	《朝野群载》卷十三
1130	大治五年	藤原范兼	藤原宗光	褒扬明时	以序贤才	《长秋记》
1139	保延五年	藤原俊经	藤原茂明	备贡策	酬恩德	《公卿补任》
1144	康治三年	藤原俊宪	藤原茂明	晓夜景色	邻里土俗	《公卿补任》

从表2-3可以看出，在已经散佚的平安时代的对策文文献中，可以通过《公卿补任》《二中历》《贞信公记抄》《中右记》等确定"策题"的对策文共有二十七条。其中天历三年（949）橘直干问、大江澄明对"明史官"对策文与《本朝文粹》卷三所收"辨山水"策共同构成大江澄明试策的两条对策文之一。另外，值得注意的是，

在存目的十四条对策当中,策题内容可谓广泛,从"详庖厨""叙仓库"到"才子论说""妓女美貌"等都在试策的出题范围之内。这也从另一方面说明了平安时代,尤其是到了平安时代后期,日本的贡举试策已经偏离了其本来的"轨道",开始越来越靠近"文学",当然,这与平安后期贡举制的"形骸化"也是一脉相承的。

三　平安时代的"策判"

日本贡举制试策"二条"的规定,已经见诸前文,而对于两条试策及第与否的判定基准,《养老律令·考课令》中亦有详细的规定,兹录于下:

> 文理俱高者,为上上。文高理平、理高文平,为上中。文理俱平,为上下。文理粗通,为中上。文劣理滞,皆为不第。①

可见,对试策的判定是以"文""理"的优劣为基准的,根据文理的优劣划定了上上、上中、上下、中上、不第五个等级,两条综合评定得"中上"以上者为及第。

在现存的平安时代的有关对策文文献中,《都氏文集》卷五和《朝野群载》卷十三分别收入了三条,合计共六条"策判",其中《都氏文集》所收"评定荫子从八位上长统朝臣贞行时务策文第事 化俗 教民"为仅存的时务策的策判,为我们了解进士科时务策提供了宝贵的信息。而另外五条秀才科方略策的判例,则为我们提供了策判从"文""理"两方面进行及第判定的详细标准。需要指出的是,这五条策判均判定所评对策文为"中上",也即是及第。实际上,虽然《考课令》规定了"中上"以上尚存"上上""上中""上下"三级,但是从保存下来的策判分析,得上上、上中,甚至上下的例子几乎没有,试策评判标准之严格,由此可见一斑。另外,除了告诉我们当时

---

① [日] 黑板胜美编:《令集解·后篇》卷22《考课令》,《新订增补国史大系》卷24,吉川弘文馆1966年版,第645页。

试策评定的相关信息,"策判"对于考察平安时代对策文的文体特征也具有极高的参考价值。下面把《都氏文集》卷五和《朝野群载》卷十三所收策判集录如下:

评定文章得业生正六位下行下野权掾菅原对文事

明氏族　辨地震

今挍所对,初条云:"余是荆安之族,源出由余;余则颍川之人,说通应劭。"案《姓氏谱》云:"余氏者夏少康之苗裔。越王勾践子聚,为顾余侯。其后子孙相分,或为顾氏,或为余氏,余氏宗族多在汝南。历代以来,文字讹谬。在北正存余氏,向南误为余氏。"而对文偏寻秦卿由余之本,未辨夏胤变余之疑。遂分余余之一枝,误为疏隔之二族。又云:"射鸿胪之后,出自汉季而育三辅;谢灵运之先,出陈留而流千载。"案《三辅决录》注:"射援扶风人,其先本姓,与北地谢同族。世祖谢服为将军出征,天子以谢服非令名,改为射,子孙氏焉。"遂有前谢后射,然则谢服射援,其族同,故别以前后。至于谢咸灵运,其定既殊,谁疑其同异?读问置对,岂如此乎?又水龚当作耷,鸣铲亦为胪。凡词人之用思也,必须前后相承,定其区致。若理失通允之次,则文无依托之方。至如后条所引,"时岂泰而安之哉?计不可以得已也"之句,可谓客居一处,不得其偶者也。又寓言海水,难得游氘之谈;探迹幽荒,未能枭禽之怒。理窟难究,空疲五大山之往还;思风妄吹,徒苦六万岁之交戴。又所引念佛三昧经及大智论,只举六踊六使之体征,不分各六合三之姻缘。又问头之中,脱落名字。况亦病累频发,乖违格律。然而但识词章,其体可观。准之令条文乎(为"文"之误,与下文"理"接)。理粗通,仍置之中上。①

---

① [日]中村璋八、大塚雅司校注:《都氏文集全释》,汲古书院1988年版,第196—198页。

这条策判为都良香评定菅原道真"明氏族""辨地震"的判文，作为两条从策判到策问文、对策文均存的对策文献之一，其为考察平安时代的方略策在策题、对策和评价等方面提供了宝贵资料。《都氏文集》所收另一条策判为"评定文章生从七位上菅野朝臣惟肖对策文第事"，为都良香评定菅野惟肖"分别生死""辨论文章"对策文等第的判策：

> 评定文章生从七位上菅野朝臣惟肖对策文第事
> 　　　分别生死　辨论文章
> 　　今挍所对，颇有疏谬。问云："去无之有，假何物以为基桢？"对云："精媾阴阳，非无往诰。"今案对文，虽知男女阴阳之感，不详父母基桢之说。又问云："自有还无，指何处以为桑梓？"对云："魂归泰狱，自有前言。"今案张华说，泰山者知命长短，召其魂灵。未闻人之始生从泰山来，已非其所来，何知其还？案人之死也，化穷数尽，反素复始。孟坚复宜之谈，近是得之。今若所对，宁以泰山为故乡乎？泰山之府非故乡。又对云："有无之辨，孔父秘而罕言。"今案此文，甚非通允。何者？孔子雅命于天，不言所由。但若死生之说，有无之辨，说之详矣。而今称孔父秘而不言，非夫子之本意。又周礼之教，唯发化者去衡尽之谈，不论死生轮回之理。故邢邵云："人死还生，恐为蛇画足。"而对云："昔识尚存，后身可托。"既谬其对，亦非其理。又云："今欲不建丘陇，不设奠祭。"而对文徒论祭祀明验之由，不辨丘陇追思之地。又问云："两班文学之苑，一种共春。"对云："班彪著书之业，班固继而易成。"今案刘勰云"旧说以为固为优彪"，然则两班词采，既有先谈。而对文妄引修史之事实，失所问之旨。又案《北齐书》，邢子才与温子升，为文士之冠。世论谓之温邢。又案《隋书·史论》"庐思道居薛道衡之右"。而今对文，温邢庐薛，无所升降。又玄猿漏卮之文，先贤呼为名作；白鸥水砲之词，往彦未有推论。而对文混为一类，不分清浊。又对云："江南河朔，轻重系乎时"，比挍下句，时上脱字。

又枚马之枚，误作牧字。又宫商误为商商。凡作文之体，自有定准。其开发端绪，陈置大纲。必须豫论物理，暗合题意。起文于此，会理于彼。取上事以证下事，论后义以足前义。若失比例，体势差爽。而第一策文，发音首词，叙事缀虑，不依题意。虽辛苦于翰墨，而寂寥于事由。作者之病，可谓弥留。亦言贵在约，文不敢多。善合者为难，过繁者为易。而今自谦之词，极为冗长。加之两条之中，闻辞重生。骈枝有损于翰林，附隶不除于文体。况亦病累相仍乖调律。总而论之，二条之中，十六征（原文作微）事，其通着多，其略者少。长短相辅，文理粗通。仍准令条，处之中上。①

值得注意的是，《都氏文集》卷五所收"评定荫子从八位上长统朝臣贞行时务策文第事 化俗 教民"的策判，据笔者管见，此为仅存的时务策的策判，为我们了解进士科时务策提供了宝贵的信息：

评定荫子从八位上长统朝臣贞行时务策文第事
化俗　教民

今按所对，导齐桓于淳源，参汉文于霸道。又问头之中，变诸作论。如此之类，可谓纰缪。例之虽教民之宜，颇得其术。而化俗之理，既违其方。准之令条，当为不第。谨案国家之制，文章得业生。及至于进士，独设二科。因兹倾年者，此业者徒有点额之愁，未见奋鳍之势。今贞行之对，推之甲乙，险而难登；设有丙丁，跂而可及。②

《朝野群载》卷十三收录策判三条。这三条策判为平安后期的判例，与都良香策判不同的是，这三条策判虽然也都从"文""理"两方面出发，对对策文进行评价，但要比都良香策判简略得多。其第一

---

① ［日］中村璋八、大塚雅司校注：《都氏文集全释》，汲古书院1988年版，第203—207页。
② 同上书，第211—212页。

条为元永元年（1118）菅原时登评大江匡周"评文字""叙射法"策判：

  评文章得业生正六位行能登大掾大江朝臣
   匡周对策文事 合二条
    评文字 叙射法
  今评件策，多达问意，偏对浮词。上条鸡凤比譬之士仅通。姓犹暗名。衣裙数行之文。不答今，亦非古。况亦胡昭揩摸，王平识量。无分其主，不明其业。下条河鱼为桥，野草立崖之句。指学海而难究，涉书林而远通。汉天燕雀，便是云表之飞雁也；魏朝两狐，岂方山之胜形哉？徒称管见，而迷氛蒙。空振华词而忘义实，博辨之士岂如斯乎？然而继祖业兮及十代，答征（原作"微"）事兮通半分。缀文之体，家训有踪。准之令条，粗得义理。仍处丁科。①

第二条为永久二年（1114）藤原敦光评藤原资光"乡国土俗""镜扇资用"策判：

  评文章得业生正六位上行能登少掾
   藤原朝臣资光策文事 合二条
    乡国土俗 镜扇资用
  今评件策，颇乖问意。虽述乡国，土俗之义惟疏。虽辨镜扇，资用之理犹少。加以音韵错乱，点画不正。但谓父祖之儒业，既奕四代。通十六征（原作"微"）事，今及半分。缀文之体，词华可观。仍处于丁科。②

第三条为康平六年（1063）藤原明衡评藤原有信"明城市""辨

---

① ［日］近藤瓶城编：《朝野群载》，《改定史籍集览》第18册，临川书店1959年版，第289页。
② 同上书，第290页。

舆辇"策判：

> 评文章得业生正六位上丹波大掾
> 藤原朝臣有信对策文事　合二条
> 　　　明城市　辨舆辇
> 　今评件策，应对之旨，多违问意。徒饰烟霞之词，不陈罗缕之义。博学之人，岂如斯乎？但病累虽痊，难忘越人□鍼（鍼音"针"）之术；文章可睹，颇惯蜀女织锦之功。征（原作"微"）事十六，已通半分。准之甲令，可为丁科。①

以上，列出了平安时代的策判。在这些策判中，有三条都提到了"征事"且原文中均写作"微事"，据先行研究可知，此处的"微"当作"征"，盖为形近而讹（"徵""微"形似）的一个用例。关于对策文"征事"的说法，因与本书第四章"对策文的文体结构"相关，在此仅作问题提出，详细讨论参阅第四章。

另外需要特别指出的是，这里仅将"策判"作为策文判定的文献资料集录于此，对于其内容的探讨以及在考察对策文文体方面的作用将在以后章节中陆续进行。

第三节　《经国集》对策文诸本考说

现存对策文文献中，平安时代的对策文，无论是在文献整理还是在学术研究方面都要明显优于奈良时代的对策文。收录平安时代对策文的两部主要文学总集《本朝文粹》和《本朝续文粹》，都有较好的整理本，尤其是《本朝文粹》，不仅有较完备的整理本，详尽的注释本也早已问世。② 在试策研究方面，平安时代的试策研究同样先于奈良时代，已经取得了相当丰硕的成果。

---

① ［日］近藤瓶城编：《朝野群载》，《改定史籍集览》第18册，临川书店1959年版，第291页。
② ［日］柿村重松注：《本朝文粹注释》，内外出版1922年版。

试策研究需要有连贯性、整体性，从这一意义来说，当前加强对奈良时代对策文的整理与研究显得尤为重要。本节首先对收录奈良时代对策文的《经国集》的诸版本加以考说，接下来，就奈良时代对策文文献考释中的相关问题进行例说，以期为进一步的对策文研究打下扎实的文献基础。

一 《经国集》主要抄本及其在对策文校录中的作用

对于《经国集》，本章第一节已经做了概说。这里需要重申的是，作为保存奈良时代对策文的唯一版本，其在奈良时代试策研究中的文献价值是极为重要的。《经国集》（卷二十，"策下"）收录奈良时代共十三人对策文二十六篇，其中策问二十四篇（藏伎美麻吕与船连沙弥麻吕对策的策问相同），对策文二十六篇。前文已经指出，由于《经国集》卷十九的散佚，另外十二篇（假如《经国集》序"收录对策文三十八条"之说正确的话）对策文的原貌今天已无从知晓，因此《经国集》残卷卷二十"策下"所收作品成了我们今天研究奈良时代试策文学唯一可资参考的文献，尤显珍贵。

现存《经国集》的诸多版本中，写本众多，其中重要的写本有：京都上贺茂神社三手文库本、内阁文库庆长御本、静嘉堂文库胁版本三种，其中，京都上贺茂神社三手文库本（图2-1）内容最善，不失为《经国集》校勘中的一个善本。该本卷二十题跋曰："一校了，康永第二之历夷则初七之夕也。"卷一末亦附有"此书莲华王院宝藏之本也"以及契冲"元禄十一年四月十七日此卷写竟……"之跋文，书末更附有"同年八月十六日以契冲阇梨之本写校并讫 摄之江南住 岑栢"等记载，该本为据松下见林本所抄写，并与原文处加点，与另外两个抄本：内阁文库庆长御本、静嘉堂文库胁版本基本属于同一系统。

前面已经提到，三手文库本为现存的《经国集》的少数善本之一，其在奈良时代对策文文献的校雠整理中具有极高的参考价值。下面从三个方面分别举例说明：首先，三手本在纠正其他版本的错字等方面可以提供参考。天平三年（731）五月八日船连沙弥麻吕"赏罚之理"对策文中"虞舜征用，举元凯而窜四凶；姬旦摄机，封毕邵

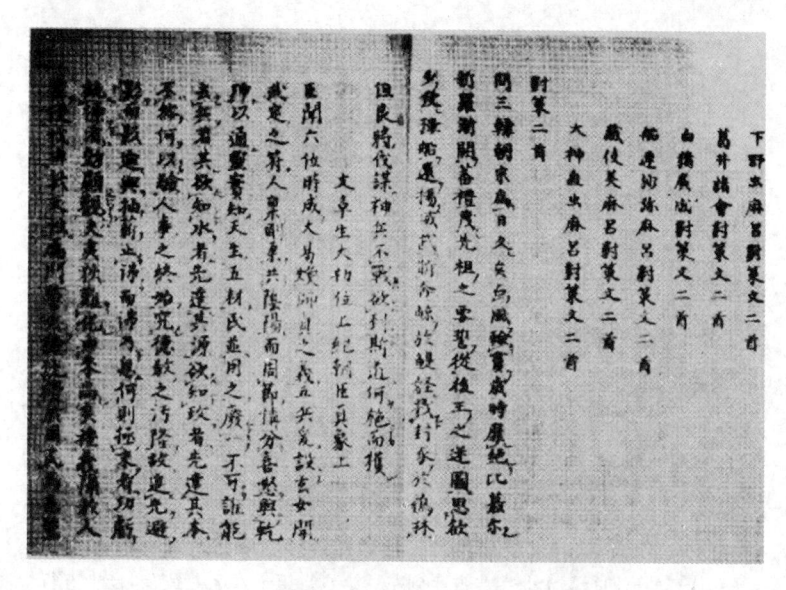

图 2-1　京都三手文库本《经国集》卷首

而讨二叔"一句中的"征"字，古典全集本和群书类从本作"微"。原文中的"毕"字，无论是群书类从本、古典全集本还是文学大系本均作"皋"，根据文义，"微"和"皋"显然不正确，属于写本校雠中常见的"形近而讹"（"征""毕"的繁体字"徵""畢"与"微""皋"字形相近）的例子。但是这两个字在三手本（包括三手本同系的内阁文库本）中则书写正确。类似的例子还有很多，可以说三手本在校勘上明显要优于以群书类从本为代表的所谓通行本。其次，通行本中的一些漏字亦可以通过三手本进行补正。同为船连沙弥麻吕"赏罚之理"对策文的策问文中"或有辜而可赏者，或有功而可辜也"的第二个"而"字为根据三手本所补，通行的三个版本均阙此字。根据对策文对偶的原则，阙"而"字显然不确，文意亦不通。最后，在校正通行本的错简、误植等方面，三手本同样可兹参校。仍以船连沙弥麻吕"赏罚之理"对策文为例，群书类从本在"举元凯而窜四凶"的"元""凯"之间混入了十五行（图2-2）白猪广成的对策文，古典全集本和校注日本文学大系本对于群书类从本的混入不作改正，原样照录。

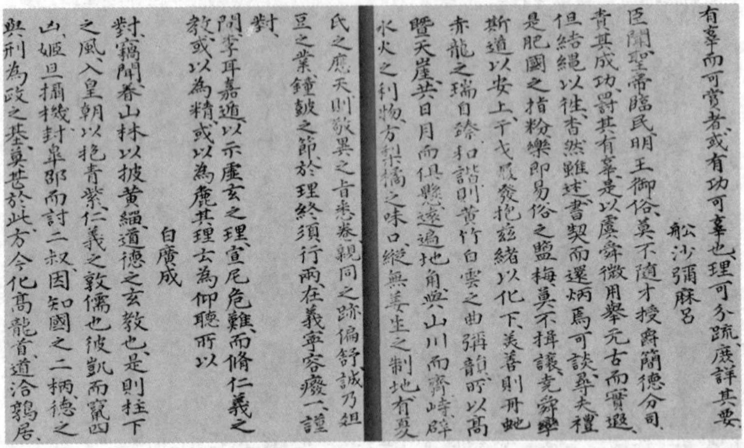
有辜而可賞者、或有功可辜也、理可分疏、庶詳其要、
舩沙彌麻呂
臣聞、聖帝臨民、明王御俗、莫不隨才授爵、簡德分司、
責其成功、罰其有辜、是以虞舜徽用、舉元古而實遐、
但結繩以往、杳然難述、書契而還、炳焉可談、尋夫禮
是肥國之指、粉樂即易俗之鹽梅、莫不揖讓、堯舜舉
斯道以安上、干戈發抱、茲緒以化下、美善則冊虵
赤龍之瑞、自餘和諧、則黄竹白雲之曲、彌韻、所以高
暨天崖、共日月而俱懸、遠過地角、與山川而齊峙、辟
水火之利物、方梨橘之味口、縱無養生之制、地有奚
氏之應天、則敬異之旨、悉卷親同之跡、偏舒、誠乃俎
豆之業、鍾鼓之節、於理終須行兩、在義寧容廢一、謹
對、
問、李耳嘉道、以示虛玄之理、宣尼危難、而脩仁義之
教、或以為精、或以為麁、其理去為、仰聽所以
白廣成
對、竊聞、眷山林以披黄緇、道德之玄教也、是則柱下
之風、入皇朝以抱青紫、仁義之敦、儒也、彼凱而竄四
山、姬旦摘機、封阜邵而討二叔、因知國之二柄、德之
與刑、為政之基、莫甚於此、方今化髙龍首、道洽鵜居、

图 2-2 《群书类从》所收船连沙弥麻吕对策文

（注：从右页第四行第十七字“古”到左页第八行第十六字“彼”，计十五行为混入的白猪广成对策文）

通过以上分析可知，在诸多《经国集》的抄本中，京都三手文库本在奈良时代对策文文献的整理中具有极高的参考价值。小岛宪之在《上代日本文学与中国文学》（下）“对策文”中指出，三手文库本的原文为诸本之善，在通行本原文校订方面具有重要的参考价值。①

二 《经国集》通行本与奈良时代对策文研究

除了以上三个重要的写本外，塙保己一编撰的古文献丛书《群书类从》（图 2-3）卷百二十五亦收录《经国集》残卷共六卷。由于《群书类从》收集古文献全面，分神祇、帝王等 25 个部类，易于查找，在日本古文献保存方面具有重要的意义。小岛宪之在引用上代散文包括对策文时，多以其为底本。但是《群书类从》所收对策文，如前文所述，对于原文的许多错讹之处并没有校订，令人遗憾之处颇多。

---

① ［日］小岛宪之：《上代日本文学与中国文学——以出典论为中心的比较文学考察》（下），塙书房 1965 年版，第 1441 页。

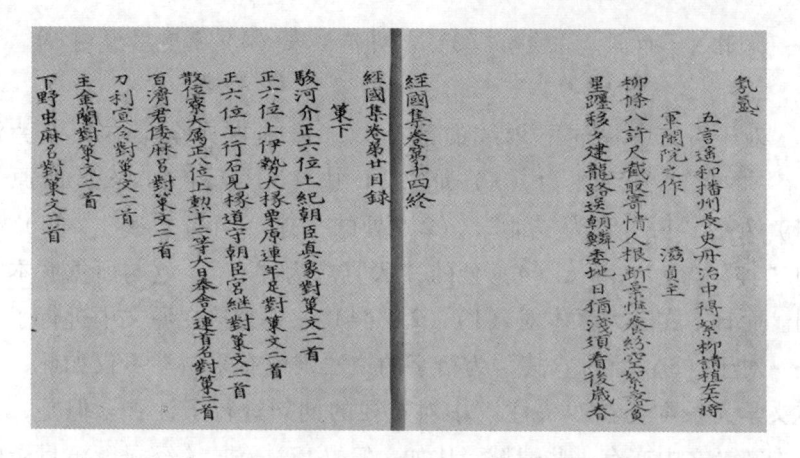

图 2-3 明治八年版《群书类从》所收《经国集》卷第二十目录

另外两部通行的《经国集》版本一为与谢野宽、正宗敦夫等编纂，日本古典全集刊行会于大正十五年（1926）刊行的《日本古典全集》第一回刊行本，其中收录了《怀风藻》《凌云集》《文华秀丽集》《经国集》以及《本朝丽藻》等五部平安时代初期编撰的汉诗文总集。据集前"解题"可知，该书以"群书类从本"为底本进行编撰，并申明"标注'ィ'者为塙保己一附注的直接引用"，标"云云"者为编者的"补注"，等等。尽管编者声明加入了"补注"部分，但是考诸原文，实际上，至少卷二十对策文部分并没有加入编者的"补注"部分，基本可视为据群书类从本的原文照录。

在日本古典全集本出版不久，国民图书株式会社于昭和二年（1927）编辑发行了《日本文学大系》第二十四卷，该书同样收录《经国集》卷二十中的对策文。虽然同样以群书类从本为底本，但与古典全集本不同的是，文学大系本除了在原文中直接征引塙保己一的附注，亦对其中的疏漏之处进行了改定。兹引下毛虫麻吕对策文（开头部分）予以说明：

对：窃闻砂石化为珠玉，良难可以疗饥；仓囷实其（1）<u>拒</u>京，唯易（2）<u>迷</u>以济命。是知写图而前，犹事血饮；调律而后，谁不食谷。自太公开九府之制，管父通万锺之式。龙文错于郭里，龙册入于币间。白金驰（3）其奸情，朱（4）仄竞其滥制。①

对于引文中标注下划线的部分，"日本古典全集本"以旁注"イ"的形式分别注为（1）址（2）逮（3）无（4）亥，即原文（1）处的"拑"当为"址"，（2）处的"迷"当为"逮"，（3）处的"其"当为"衍"，（4）处的"仄"应为"亥"。这与所据底本相同。而日本文学大系本对（1）（2）（4）三处直接在原文中进行了订正，对于（3）处的"其"为衍字的说法则没有采纳。不仅如此，日本文学大系本还在"头注"中对重要的词句进行了注释。但是，大系本在录文中亦有一些遗憾，比如，第（17）（据《经国集》目录顺序，笔者注）葛井诸会对策的策问中"以屏其晖"的"晖"错录为"弊"字，应当是受到下句"乃显精晖"的影响，从而造成错录。

作为重要的"流布本"，可以说这三个版本成为今天欣赏、研究奈良时代对策文的重要参考文献。但正如前文所示，三个通行本同属一个系统，以群书类从本为重要参考的古典全集本和文学大系本，虽然力图对底本原文进行校订，但是不同程度地存在一定的疏漏之处。因此，要整理出一个经国集对策文的定本，仅靠这三个版本是远远不够的，还必须参校以其他版本。

三 《经国集》对策文整理例说

下面以大神虫麻吕的对策文的考订为例，说明《经国集》诸本在奈良时代对策文整理中的作用等相关问题。原文以古典全集本为底本，同时参校内阁文库庆长本、静嘉堂文库本、三手文库本三个写本以及通行本群书类从本和文学大系本等。所录原文为订正过后的文本，对于文中的俗体、古体、异体字等，均改为了通行字体，文中不再一一标注。先看第一段：

---

① ［日］良岑安世等撰：《经国集》，载［日］正宗敦夫等编《日本古典全集》第1回，日本古典全集刊行会1926年版，第189页。

对：窃以遐览玄风，遐观列辟。结绳以往，洪荒之世难知；刻石而还，步骤之踪可述。至于根英易代，金石变声。咸以事蔼芸缥，义彰华篆。焕焉在眼，若秋旻之披密云；粲然可观，似春日之望花苑。①

首先，发句"窃以遐览玄风，遐观列辟"底本阙"遐"字，据三手文库本补。这里"遐览玄风，遐观列辟"构成单句对。考诸汉籍，"遐览……""遐观……"的句式随处可见，如初唐骆宾王《对策文》三道"遐观素论，眇观玄风"等。《怀风藻·序》"遐听前修，遐观载藉"以及"遐听列辟，略阅缥绀"（清原夏野《上令义解表》）等上代文献中亦不乏其例。均受到《文选·序》"式观元始，眇睹玄风"类句的影响。接下来"结绳……""刻石……"构成偶对，古代七十二君泰山封禅刻石的故事见《艺文类聚》"封禅"和《北堂书钞》"封禅"条。"步骤之踪可述"意为诸帝王的事迹（踪迹）可循。"述"底本作"迷"，根据对句语义相对原则，不确。据神宫文库本改。"根英易代"云云，意为帝王易代之事均载之于书籍，示之于金石。"根英"见《艺文类聚》"总载帝王"条"礼斗威仪曰：'帝者得其根核，王者得其英华'"。"事"与"义"的对比见《文选·序》"事出于沉思，义归乎翰藻"。"若秋旻之披密云"中的"旻"字，底本录作"昊"，通行本的全集本和文学大系均从群书类从本。而三手文库本系统诸本均作"旻"。那么，究竟应当为"秋旻"还是"秋昊"呢？《初学记·岁时部·夏》："梁元帝《纂要》曰：'天曰昊天'。"可见《初学记》中"昊天"是作"夏天的天空"解的。案，此处当作"旻"，旻，意为"天空。秋天的天空"之意。《尔雅·释天》："秋为旻天。"小岛氏引仲雄王《重阳节神泉苑赋秋可哀应制》："高旻凄兮林蔼变，厚壤肃兮山发黄"诗指出，"高旻""秋旻"的用法未见于六朝、唐诗。据此判断"秋旻""高旻"均应

---

① ［日］良岑安世等撰：《经国集》，载［日］正宗敦夫等编《日本古典全集》第1回，日本古典全集刊行会1926年版，第196页。

为当时日本的"造语"(《国风暗黑时代的文学补篇》,第 479 页)。
这一说法应当不确,如陶渊明《自祭文》"茫茫大地,悠悠高旻"诗
句中已经出现了"高旻"的用语。敦煌本《兔园策府》之《辨天地》
"对宵景以驰芳,概秋旻而发誉"一句中亦使用了"秋旻"一词。接
下来的一段与中国古代明君对比,赞美本朝帝王之盛世:

> 当今握褒御俗,履翼司辰。风清执象之君,声轶绕枢之后。
> 设禹麾而待士,坐尧衢以求贤。鼓腹击壤之民,抃舞于紫陌;负
> 鼎钓璜之佐,接武乎丹墀。方欲穷姬文日昃之劳,明虞舜垂拱之
> 逸。驱风帝王之代,驾俗仁寿之乡。博埰荛词,侧访幽介。①

前两句,"握褒"据帝舜的故事,《艺文类聚·帝王部》"帝舜有
虞氏":"《孝经·援神契》曰:'舜龙颜重瞳大口,手握褒(手中有
褒字,喻从劳苦起,受褒饰,致大位也)。'""履翼"据周后稷的故
事:后稷之母踩巨人迹而孕生后稷,以为不祥而欲弃之,有飞鸟以翼
覆之,从而改回养育成人。

接下来,"风清执象之君,声轶绕枢之后"意为当今天皇的风声
比之执天象的中国明君亦清正无比,皇帝有熊氏亦无法与之相比。
"绕枢"指皇帝有熊氏的故事。见《初学记·帝王部》"总叙帝王":
"皇帝有熊氏,《帝王世纪》曰:'皇帝少典之子,姬姓也。母曰附
宝,见大电光绕北斗枢星照野,感附宝而生皇帝与寿丘。'"

接下来两句,"麾"字,底本及文学全集、文学大系本均作
"虞"。小岛氏认为作"虞"时"禹虞"当解作"帝夏禹"和"帝尧
有虞氏"的连语而与前面的"设"不通。故应从神宫文库本作
"麾",故此处的"麾(指挥旗)"正确。小岛氏的见解完全正确,但
他并未有找出"禹麾"一词的出典依据。实际上,"禹麾"一词也确
实不见于《文选》等典籍。敦煌本《兔园策府·序》中出现了"执

---

① [日] 良岑安世等撰:《经国集》,载 [日] 正宗敦夫等编《日本古典全集》第 1
回,日本古典全集刊行会 1926 年版,第 196 页。

禹麾而进善，坐尧衢以访贤"的对句用法，可以校正通行本的讹误。

接下来，"鼓腹击壤之民，抃舞于紫陌；负鼎钓璜之佐，接武乎丹墀"两句构成隔句对，"抃"，底本阙，据三手文库本、神宫文库本补。"武"，《尔雅·释训》："武，迹也。"三手文库训作"アト"，文学全集本从之。《文选》卷三十五《七命八首》："车骑竞骛，骈武齐辙。"李善注曰："毛苌《诗传》曰：'武，迹也。'""乎"，群书类从本、文学大系本作"平"。据三手文库本、神宫文库本及文学全集本改。丹墀：墀，群书类从本作"悴"，当为"墀"的形近而讹。"丹墀"，宫殿的赤色台阶或地面。《文选》卷二张平子《西京赋》："右平左城，青琐丹墀。"李善注曰："汉官典职曰：'丹，漆地，故称丹墀。'""鼓腹击壤"，《初学记·总叙帝王》"事对"曰："史曰：'尧时有老父者，击壤而嬉于路，言曰：我凿井而饮，耕田而食，帝力何有于我哉？'庄子曰：'赫胥氏时人，居不知所为，行不知所之，含哺而嬉，鼓腹而游。'""负鼎"，指伊尹以烹饪之法说汤王行王道的故事。见《史记·殷本纪》："负鼎俎，以滋味说汤，致于王道。""钓璜"，指太公望渭水垂钓得璜而辅佐文王的故事。见《艺文类聚·玉》："尚书中侯曰：'文王至磻溪，吕尚钓，王趋称曰：望公七年，今见光景。答曰：望钓得玉璜。刻曰：姬受命，吕佐捡。'"两句意为比之于尧时，人民击掌歌舞于巷陌；赞之于殷代，伊尹太公之臣往来于宫廷。

接下来的"姬文日昃""虞舜垂拱"，据《汉书》卷五十六《董仲舒传》武帝与董仲舒"制对"，其制曰："盖闻，虞舜之时，游于严廊之上，垂拱无为，而天下太平。周文王至于日昃不暇食，而宇内亦治，夫帝王之道，岂不同条共贯欤，何逸劳之殊也。"最后两句言当今圣上驱风于古代中国古代帝王之世，向往"仁"和"寿"的境地。采纳地位低下者之言，倾听卑微孤苦之士的声音。其中"驾俗仁寿之乡"，类句见于《文选》王元长《永明十一年策秀才文》"跻俗于仁寿之乡"。

在对《经国集》对策文进行整理过程中，首先，写本，尤其是三手文库本、神宫文库本，乃至于敦煌写本《兔园策府》残卷等在文字校勘中具有至关重要的作用,可以用来校勘通行本中的诸多错误,用例已见诸上文。其次,除了利用诸多参校本外,根据对句以及语义的正确理解同样具有不可忽视的作用,上文中对"昊"与"旻"的辨析很好地说明了这一问题。

第三章 对策文的"文"
——对句和声律的研究

本章主要探讨对策文的文体特征。作为一种独特的应用文体，对策文具有与其他上代散文文体不同的语言风格，是上代散文文体逐步走向成熟的标志。本章通过对对策文的对句和声律的考察，分析对策文自奈良时代至平安时代的文体流变规律以及与唐日骈文风尚之间的关系。

第一节 上代散文的发展趋势

本节重点考察对策文与上代各散文文体之间的关系。近江奈良时代，散文文体种类已经达到了三十七种，几乎后来所有的文体形式在这一时期均已形成。对策文作为这一时期的重要文体形式之一，与其他各文体之间有着密切的联系。

一 近江奈良时期的汉文

这里，首先对上代散文的整体状况做一概述。近江奈良时期，可谓是文章大家辈出，各种文体也陆续出现。同时，网罗各种文体的"敕撰集"等也得以编撰。通过收录在这些诸如"记、纪"和一些敕撰总集中的文章，我们可以大概了解当时的文体情况。如收录在《日本书纪》《续日本纪》中的诏敕奉疏类，收录在《怀风藻》中的诗序小传类，收录在《万叶集》中的歌序书牒类，收录在《经国集》中的对策、赋等文体种类在近江奈良时代就已经大量出现。除此之外，

《类聚三代格》《政事要略》《朝野群载》《东大寺要录》等也都陆续编撰成书，在收录文体方面可以对以上所举总集进行补充。

江户时代水户彰考馆编撰了一部八十卷的《本朝文集》（本文八十卷，目录两册）。该集收录了上讫神武天皇《郊祀诏》，下至后西院天皇御宇大江典《答林整宇书》的历代散文作品。收录涵盖诸如诏、敕、牒、表、对策、愿文、讽诵文、奏状、诗序、歌序、书序、记、传、铭、祭文等各文体作品计约三千余篇。编排体例仿照《文选》，以历代天皇及作者顺序收录作品。《本朝文集》采录《六国史》《经国集》《菅家文草》《本朝文粹》以下各总集文章的同时，也收录了许多不见于这些总集中的文章。因此，《本朝文集》对于了解各个时期的文体情况具有重要的文献参考价值。

首先，以《本朝文集》所收作品为主，同时参照《正仓院文书》《藤原家传》《怀风藻》《正续古京遗文》《正续古经题跋》等可对《本朝文集》文体进行补遗的文集，对近江奈良时代的文体状况进行列表统计（参见表3-1）。

表3-1　　　　近江奈良时代的各文体及篇数一览

文体	篇数	文体	篇数	文体	篇数	文体	篇数
诏	172	表	12	歌序	19	祭文	1*
敕	192	奏	12	书牍	6	哀文	1
制	24	疏	7	记	2*	愿文	7#
诏敕	5	状	2	传	9#	条式	1
敕报	1	奏状	1	碑	9*	作式	1
敕书	6	封事	2	碑序	2*	跋	23#
玺书	7	对策	22	墓志	8*	书后	1
令旨	3	牒	1	墓版	1*		
议	1	书序	2	赋	2		
启	1	诗序	8	铭	6#		
				合计	37种		580篇

如表3-1所列的近江奈良时期的三十七种文体中，《本朝文集》

收录三十一种，另外六种（表中标注＊号者）文体中的"记""碑""碑序""墓志""墓版"出自《正续古京遗文》，"祭文"出自《藤原家传》。另外，标注"#"号的《本朝文集》所收文体中，作为补遗的其他文集亦有收录，其中"传"《怀风藻》收录八篇，"铭"《正续古京遗文》收录五篇，"愿文"《正仓院文书》收录三篇，"跋"《正仓院文书》收录五篇，《正续古京遗文》收录一篇，《怀风藻》收录十三篇。

在表3-1所统计的近江奈良时期的三十七种文体共五百八十篇作品中，对策文二十二篇（数字不包含"策问"部分），这二十二篇对策文均出自《经国集》。在这二十二篇对策文中，成立年代最早的是百济君倭麻吕的对策文（据《经国集》卷二十该对策文后"庆云四年九月八日"的记载，这两篇对策文成立于707年，为现存最早的对策文文献）。二十二篇对策文占全部近江奈良时期散文总量的比例为百分之三点八，虽然比例不大，但是，考虑到《经国集》卷二十所收的对策文仅为"策下"部分，据《经国集·序》"对策三十八首"之记载，完整收录在《经国集》中的对策文应为三十八篇，也即是说卷十九"策上"尚收录对策文十二篇，只是由于今天保存下来的阙目录《经国集》仅剩卷一、卷十、卷十一、卷十三（阙目录）、卷十四（阙目录）、卷二十六卷，卷十九的另外十二篇对策文散佚，但仅就收录在《经国集》中的对策文来看，三十八篇对策文在近江奈良时代全部五百八十篇散文中所占比例也是不少的。

在近江奈良时期，各文体的完备程度已见诸表3-1。可以说，与其后平安时代第一次汉文学高峰相比，几乎所有的文体形式在近江奈良时期就已经出现，与之前直至大化改新时期仅有的"诏敕国书上奏碑文铭辞"等五六种文体比较起来，可谓是巨大的进步。

由表3-1可知，上代汉文文体的另一个显著特征为公用文书性质。无论是"诏""敕""制""诏敕""敕报""诏书""玺书"等天皇向臣下百官所下的诏谕和通往外国的国书，还是"表""奏""疏""状""奏状""对策""封事""牒"等下对上的上奏等都属于公文书的范畴。这些公文，也就是我们今天所说的应用文体占到了近江奈良时期所有散文文体的百分之九十以上。同时，如日记体、传记体、缘起体等新的文体形式也在这一时期出现。可以说，在近江奈良时期，从散文文体类型来看，已经基本上达到了相当完备的程度。

上代散文应用文体的大量出现，与当时律令制国家的建设密不可分。日本统治者于大宝元年（702）、养老元年（718）分别颁布实施了《大宝律令》和《养老律令》，模仿唐制建立律令制国家。律令国家法律令条的制定和颁布自然需要大量的汉文人才，这在客观上促进了公文等应用文体的产生和发展。随着律令国家"以策取士"考试制度的实施，对策文的产生并获得巨大发展自然是题中应有之义。

二　从风土记到对策文——上代散文的展开

前面探讨了上代散文各文体情况。这些散文文体当中，对策文作为一种科举选士应用文体，明显具有公文书的性质，为上代诸多应用文体的一种。需要指出的是，对策文尽管在语言风格方面独具特色，但其与上代其他散文文体之间并非毫无联系、孤立存在的。本节首先以《风土记》《万叶集》和《家传类》等总集中所收汉文体为代表，分析上代散文文体的语言特色，揭示上代散文文体的发展趋势，为进一步分析对策文的文体特征提供理论依据。

上代散文的语言表现形式，基本上包含三个层次：和文、和汉混交文和汉文。这三种表现形式在不同的散文文体当中的运用也千差万别，有的以一种表现为主，有的则是三种形式交替运用。同时，各表现形式在对句、韵律等修辞手法的运用方面也各具特色。下面以《风土记》《万叶集》以及《藤原家传》为例，考察上代汉文在语言表达方面的特色。先看《常陆国风土记》的引文：

（一）古老曰："昔神祖尊，巡行诸神之处。到骏河国福慈岳，卒遇日暮，请欲遇宿。此时，福慈神答曰：'新粟初尝，家内讳忌。今日之间，冀许不堪。'于是，神祖尊恨泣詈告曰：'即汝亲，何不欲宿？汝所居山，生涯之极，冬夏雪霜，冷寒重袭。

人民不登，饮食勿奠'者。更登筑波岳，亦请容止。此时，筑波神答曰：'今夜虽新粟尝，不敢不奉遵旨。'爰设饮食，敬拜祇承。于是，神祖尊欢然歌曰：'<u>爰乎我胤，巍乎神宫。天地并齐，日月共同。人民集贺，饮食富丰。代代无绝，日日弥荣。千秋万岁，游乐不穷</u>'者。是以福慈岳常雪，不得登临。其筑波岳，往集歌舞饮啜，至于今不绝也。"（筑波郡）①

（二）俗曰："美麻贵天皇之世，大坂山乃顶尔，白细乃大御服服坐而，白桙御杖取坐，识赐命者，'我前乎治奉者，汝闻看食国乎，大国小国，事依给。'等识赐歧。于时，追集八十之伴绪，举此事而访问。于是大中臣神闻胜命答曰：'大八岛国，汝所知食国止。事向赐之，香岛国坐，天津大御神乃举教者。'天皇闻诸即恐惊，奉纳前件币帛于神宫也。"（香岛郡）②

（三）<u>停舆徘徊，举目骋望</u>。山阿海曲，参差委蛇。<u>峰头浮云，溪腹拥雾。无色可怜，乡体甚爱</u>。（行方郡）③

（四）<u>神社周匝，卜氏居所。地体高敞，东西临海。峰谷犬牙，邑里交错。山木野草，自屏内庭之藩篱；涧流涯泉，亦涌朝夕之汲流。岭头构舍，松竹卫于垣外；溪腰掘井，薜萝荫于壁上。春经其村者，百草□花；秋过其路者，千树锦叶。可谓神仙幽居之境，灵异化诞之地</u>。佳丽之丰，不可悉记。（香岛郡）④

上引四段文字均出自《常陆国风土记》。引文（一）是关于福慈岳和筑波岳的一段传说，全段为以四字句为主的汉文体。值得注意的是文中下划线部分，这些整齐的四字对偶句为当时歌谣的汉译，把日本歌谣汉译为四字句且对偶的形式足以说明《常陆国风土记》的作者对于四字对偶句的重视程度。当然，（一）段中也并非都是整体划一的纯粹汉文。诸如"请欲遇宿""冀许不堪""虽新粟尝"等充满

---

① 《古风土记》（下卷），《日本古典全集》，日本古典全集刊行会1928年版，第3页。
② 同上书，第17页。
③ 同上书，第8页。
④ 同上书，第19页。

"和习"趣味的变体汉文表现形式虽然在本段中不占主流，但也不时夹杂其中。这也从另一方面证明了作者对于四字对偶句的"情有独钟"。

与以四字汉文句式为主的（一）段不同，（二）段明显地以"和文"为主要表现形式。在《常陆国风土记》的整体语言形式当中，间有夹杂这种和文体的情况，但这并不影响其整体的汉文体特征。下面的（三）和（四）段引文更充分地说明了这一点。尤其是（四）段引文，全段由四、六字，四、七字隔句对以及五字、四字单句对构成。四、六字隔句对的运用，是风土记在文体上的重要特色，在上代散文文体发展史上具有里程碑意义。

除了《常陆国风土记》，其他诸如《肥前国风土记》，这种四字汉文为主的语言形式同样十分突出。比如"此川之源，出郡西南讬罗之峰。东流入海，朝满之时，逆流沂洄，流势太高，因曰潮高满川。今讹谓盐田川，川源有渊，深二许丈。石壁险峻，周匝如垣，年鱼多在。东边有温泉，能愈人病"一段，从语言特色看，其尽量运用四字句的意图亦十分明显。

下面再对《万叶集》中所收汉文进行考察。《万叶集》中的汉文主要是指一些和歌前面的"题词""左注"以及收录在卷五和卷十七中的汉文作品。可以说这些作品具有极高的思想性和艺术性，与收录在其中的著名"和歌"比较起来也无丝毫损色之处。就语言表现形式而论，不同的作品由于其所依据的汉文典籍不同而有所差别。先看《游松浦河序》：

余以暂住松浦之县逍遥，聊临玉岛之潭游览。忽值钓鱼女子等也。花容无双，光仪无匹。开柳叶于眉中，发桃花于颊上。意气凌云，风流绝世。仆问曰："谁乡谁家儿等，若疑神仙者乎？"娘等皆笑答曰："儿等者，渔夫之舍儿，草庵之微者。无乡无家，何足称云。唯性便水，复心乐山。或临洛浦而徒羡玉鱼，乍卧巫峡以空望烟霞。今以邂逅相遇贵客，不胜感应。辄陈唉曲，而今而后，岂可非偕老哉！"下官对曰："唯唯，敬奉芳名。"于时，

日落西山，骊马将去。遂申怀抱，因赠咏歌曰……①

《游松浦河序》无论是在内容上还是在语言上均受我国唐代小说《游仙窟》的影响。关于这一点，已有先著可供参考②。对于《游仙窟》的文体，刘开荣提出了"变文体格"的说法③，实际上反映了初唐对六朝骈体文风的推崇和继承。《游松浦河序》存在叙述文和会话文两部分，也即是刘开荣所谓的"变文体格"，并且这两部分在语言风格上是不同的，但其以四字句为主，且多用对偶句（引文下划线部分）的特点，与前面所举《风土记》的语言形式是一致的。下面是《万叶集》卷五"梅花歌三十二首"的歌序：

天平二年正月十三日，萃于帅老之宅，申宴会也。
于时初春令月，气淑风和。<u>梅披镜前之粉，兰薫珮后之香。加以曙岭移云，松挂罗而倾盖；夕岫结雾，鸟封谷而迷林。庭舞新蝶，空归故鸟。</u>于是<u>盖天坐地，促膝飞觞。忘言一室之里，开衿烟霞之外。淡然自放，快然自足。</u>若非翰苑，何以抒情？请纪落梅之篇，古今夫何异矣。宜赋园梅，聊城短咏。④

从这篇歌序中可以看到王羲之《兰亭集序》以及初唐王勃"诗序"的影子。全篇以四、四对，六、六对的单句对为主（四、四对三组，六、六对两组），同时运用了四、六字隔句对一组。在对句运用方面，与游仙窟情调的《游松浦河序》如出一辙，但在隔句对的运用上比《游松浦河序》更进了一步。下面两段引文为大伴家持与大伴池主的赠答"词书"：

---

① ［日］小岛宪之、木下正俊等校注：《万叶集》第2册，《新编日本古典文学全集》第7辑，小学馆1995年版，第51页。
② ［日］小岛宪之：《上代日本文学与中国文学——以出典论为中心的比较文学考察》（下），塙书房1965年版，第162页。
③ 刘开荣：《唐代小说研究》，商务印书馆1955年版，第165页。
④ ［日］小岛宪之、木下正俊等校注：《万叶集》第2册，《新编日本古典文学全集》第7辑，小学馆1995年版，第40页。

（一）忽沈柱疾，累旬痛苦。祷恃百神，且得消损。而由身体疼羸，筋力怯软。未堪展谢，系恋弥深。方今春朝春花，流馥于春苑；春暮春鹦，啭声于春林。对此节候，琴罇可玩矣！虽有乘兴之感，不耐策杖之劳。独卧帷幄之里，聊作寸分之歌。轻奉机下，犯解玉颐，其词曰……

（二）忽辱芳音，翰苑凌云；兼垂倭诗，词林舒锦。以吟以咏，能蠲恋绪。春可乐，暮春风景，最可怜。红桃灼灼，戏蝶回花舞；翠柳依依，娇鹦隐叶歌。可乐哉！谈交促席，得意忘言。乐矣美矣，幽襟足赏哉！岂虑乎兰蕙隔聚，琴罇无用。空过令节，物色轻人乎？所怨有此，不能默止，俗语云"以藤续锦，聊拟谈笑耳"。

这两篇书简在语言风格上具有相同的特征，那就是以四字句为中心，同时多用对句如四、四对，四、五对，四、六对等修辞手法。在隔句对的运用上也更富于变化，分别运用了四、四对，四、五对，四、六对等多种形式的隔句对。需要指出的是，上代散文的对句，除了极个别例子（如大伴池主的书函）外一般是不考虑平仄的。

下面再来分析上代散文中的"传记类"文体的语言特征。首先以《群书类从》所收《家传》（上）（又称《镰足传》《大织冠传》等）藤原镰足传记为例。《镰足传》撰者为藤原仲麻吕，为藤原镰足之孙左大臣武智麻吕的第二子，天平宝字四年（760）任太政大臣。由于《镰足传》采用了《日本书纪》的部分内容，其表达形式与《日本书纪》的"皇极纪""齐明纪""天智纪"等多有类似之处，但其在《日本书纪》基础上进行了诸多改进，尤其是多用四字句的意图十分明显。把"皇极纪四年"中有关中大兄谋略的记述"谓仓山田麻吕臣曰：'三韩进调之日，必将使卿读唱其表。'遂陈欲斩入鹿之谋，麻吕臣奉许焉"与《镰足传上》中相同内容"于是谓山田臣曰：'三韩表文，使公读白，乘其不意，拟杀入鹿'山田臣许之，策既定矣"进行对照不难发现，《镰足传》在行文上与《日本书纪》的最大不同就在于四字句的使用。除了多用四字句，在对偶等修辞手法的运用方面,《镰足传》也明显不同于《日本书纪》。如"天智纪八年"条中镰足对于"行幸诏"所陈之言,《日本书纪》的表述为:对曰:"臣既不敏,当复何言?但其葬事,宜用轻易:生则无务于军国,死则何敢重难。"同样的内容,《镰足传》则表述为:大臣对曰:"臣既不敏,敢当何言?但其葬事,愿用轻易:生则无益于军国,死何有劳于百姓?"在四字句的运用方面二者并无二致,但是对比曲线部分,《天智纪》为七言、六言形式,而《镰足传》则运用了整齐的七、七言对句形式。

上面对比了《家传》(上)与"书纪"在语言风格上的差别,考察《家传》(上)的整体语言表述可知,即使是记述《日本书纪》中没有的内容,《家传》(上)在行文上多用四字句的意图也十分明显。下面是中大兄与镰足、山田臣有关"对入鹿策"的一部分:

> 中大兄怒武藏之无礼,将行刑戮,大臣谏曰:"既定天下之大事,何怨家中之小过?"中大兄即止矣。然后大臣徐说山田臣曰:"大郎暴逆,人神咸怨,若同恶相济者,必有夷宗之祸,公慎察之。"山田臣曰:"吾亦思之,敬从命焉!"遂共定策,即欲举兵。中大兄曰:"欲以情告,恐计不成,不告将默。又虑惊帝,臣子之理,何合于义?群公等为吾陈说。"大臣对曰:"臣子之行,惟忠与孝,忠孝之道,全国与宗。纵使皇纲紊绝,洪基颓坏,不孝不忠,莫过于此。"中大兄曰:"吾成败在汝,汝宜努力!"大臣于是荐佐伯连古麻吕、稚犬养连纲田曰:"武勇强断,臂力扛鼎。须豫大事,但二人尔。"中大兄从之。①

从语言风格的角度,以整炼的四字句(四字句二十七句,七字句二句,六字句二句)为主的表述特点尤其突出。这也是《家传》(上)的整体语言特征。

---

① 《家传》(上),《群书类从》第四辑卷64,经济杂志社1959年版,第347—348页。

同为《群书类从》所收的《家传》（下）为武智麻吕传记。虽然藤原仲麻吕为自己的先人写了《镰足传》，却没有为自己的父亲立传。其父亲的传记由"学问僧"延庆所作。① 这部传记与《镰足传》不同，在行文上已经完全脱离了《日本书纪》的影响。下面为其中的一段：

> 近江国者，宇宙有名之地也。地广人众，国富家给。东交不破，北接鹤鹿，南通山背，至此京邑。<u>水海清而广，山木繁而长</u>。<u>其壤黑□，其田上上</u>。<u>虽有水旱之灾，曾无不获之恤</u>。故昔<u>圣主贤臣，迁都此地；乡童野老，共称无为</u>。携手巡行，游歌大路。时人咸曰："太平之代，此公私往来之道，<u>东西二陆之喉也</u>。"<u>其治急则□□而遁窜，其治缓则嫚侮而侵凌</u>。<u>公导之以德，齐之以礼</u>。<u>赦小过而演化，行宽政而容众</u>。入于闾阎，敬访父老。<u>蠲百姓之所苦，改国内之恶政</u>。劝催农桑，使之以时，至有差课。<u>先富饶与多丁，后贫穷与单弱</u>。贵老惠小，令得其所。国人悦曰："<u>贵人临境，百姓得苏</u>。"其被人贵仰，大略如斯也。②

《家传》（下）与前面《镰足传》在语言风格方面有相似之处，那就是以四字句为中心的对偶句式的使用。如上面引文中的对句包括四、四单对五组，四、四隔句对一组，六、六单对五组，九、九单对一组，这说明《家传》（下）在对句的运用方面与《镰足传》相比，有了进一步的发展。

上面以"记、纪""万叶集"和"传记类"等不同文体的上代散文作品为代表，考察了其语言风格特征。尽管不同文体类型之间由于其所据资料存在差异，在行文中对和文、和汉混交文和汉文的使用比例存在差异，但至少在汉文部分，以整炼的四字句、六字句为主的对

---

① 参考《群书类从》"解题四上"。该解题认为延庆为藤原家的"家僧"，仲麻吕在成为太政大臣的天平宝字四年（760）左右让延庆写作父亲的传记为《家传》（下）。

② 《家传》（上），《群书类从》第四辑卷64，经济杂志社1959年版，第354—355页。

句，也即是对偶句的使用上呈现出逐步增多的趋势。

对于一千三百多年以前的日本古代贵族知识分子来说，以汉文训读杂以音读的方式来写作属于外国文学的四、六骈体文，其难度之大可想而知。但是，无论是在句式的规整程度方面，还是在修辞手法的运用方面，他们都在不断地训练中逐步掌握了其创作技巧。正是有了从"记、纪"到"风土记"，从"歌序"到"传记"等这些不同散文文体的创作积累，为日本上代贵族官人的骈文写作打下了基础。等到律令制国家引入贡举试策制度，上代散文终于以试策文学的形式在文体上完成了到骈体文的过渡。

下面以收录在《经国集》卷二十中的白猪广成的一篇对策文为例做进一步说明。引文中的对句部分以数字标出，并据《作文大体·杂笔大体》"可调平他声"（"他"指仄声字）原则在句末以"平""仄"形式标注（关于《作文大体》的对句及声律将在下节详细讨论）。

对：臣闻①三才始辟仄，礼旨爰兴平；六情渐萌平，乐趣亦动仄。固知②阴礼之作基平，绵代而自远仄；阳乐之开肇仄，逐古而实遐平。但③结绳以往，杳然难述仄；书契而还，炳焉可谈平。寻夫④礼是肥国之脂粉平，乐即易俗之盐梅平。莫不⑤揖让尧舜仄，率斯道以安上仄；干戈屡发仄，抱兹绪以化下。⑥美善则丹蛇赤龙之瑞自臻平，和谐则黄竹白云之曲弥韵。所以⑦高及天涯平，共日月而俱悬平；远遍地角仄，与山川而齐峙。⑧辟水火之利物仄，方梨橘之味口。纵⑨无姜生之制地仄，有夏氏之应天平。则⑩敬异之旨悉卷仄，亲同之迹偏舒平。诚乃⑪俎豆之业仄，钟鼓之节。⑫于理终须行两仄，在义宁容废一仄。谨对。①

白猪广成的对策文除了开头套语"对"以及结尾套语"谨对"和一些连词之外，均构成对句。关于对句，《文镜秘府论·东卷》

---

① ［日］良岑安世等撰：《经国集》，载［日］正宗敦夫等编《日本古典全集》第1回，日本古典全集刊行会1926年版，第191—192页。

"论对"以及《作文大体·杂笔大体》均作了详细说明。从大处说，他们都把对句分为单句对和隔句对两种。其中单句对分别为④⑥⑧⑨⑩⑪⑫共七组，隔句对分别为①②③⑤⑦共五组。在总共十二组对句当中，以四字句、六字句为主的对句共有九组，占百分之七十五，具有绝对优势。

其实，不仅是白猪广成的对策文，考察《经国集》所收奈良时代其他对策文，基本上具有共同的语言风格。可以说，以整炼的四、六字句为主的对句结构是对策文文体的主要语言特征之一。

再来看对策文在声律方面的特点。《作文大体·杂笔大体》"可调平他声"认为，单对句末为"一平一仄"或者"一仄一平"的情况为合声律，而隔句对句末平仄表现为"平—仄—仄—平"或者"仄—平—平—仄"的情况为合声律。照此原则，仍以上面白猪广成的对策文为例，据引文所标注的"平""他"声可知，①②⑥⑨⑩五组对句合声律，约占全部十二组对句的百分之四十，也就是说，破格率接近百分之六十。当然，我们不能仅凭白猪广成一篇对策文的声律情况来为整个上代对策文的破格情况下结论。小岛宪之在指出上代对策文的对句特征的同时，指出奈良平安时代的对策文大多具有不合声律的特点。[①] 对于这一结论，我们将在下节做进一步详细探讨。

通过上面对白猪广成对策文的分析，可以说在语言风格上白猪广成对策文表现出相当成熟的骈体文特征。

第二节　奈良时代对策文的对句和声律

前面一节分析了上代主要散文文体的语言特征。上代散文各文体存在着共同的倾向，那就是以整炼的四六字对句为主要表现形式的骈俪文句式使用频率的不断增加。随着对策文的产生和不断发展，骈文体在日本继续得以完善，逐步走向成熟。本节结合令条所规定的对策

[①] ［日］小岛宪之：《上代日本文学与中国文学——以出典论为中心的比较文学考察》（下），塙书房1965年版，第1421—1442页；《国风暗黑时代的文学》，塙书房2003年版，第220—229页。

评判标准，在《作文大体·杂笔大体》关于"杂笔"——散文的对句和声律说的基础上，对《经国集》所收奈良时代对策文的"文"的特征进行整体考察。

一 对策文的评判标准

作为一种考试应用文体，对策的最重要作用当然在于选拔人才。那么，如何来评判对策者的水平高低以确定其及第等级呢？《令集解·考课令》对此做了较为详细的规定：

> 文、理俱高者为上上。文高理平、理高文平为上中。文、理俱平为上下。文、理粗通为中上。文劣理滞，皆为不第。[①]

根据上面所引令文的评判标准，除了"文劣理滞"的"不第"之规定，对于对策文的及第的评定分为五个层级，兹分别整理如下：

文理俱高……上上（甲科）……及第

文高理平……上中（乙科）……及第

理高文平……上中（乙科）……及第

文理俱平……上下（丙科）……及第

文理粗通……中上（丁科）……及第

文劣理滞……………………不第

需要指出的是，《考课令》确定的这一评判标准与《唐六典》之规定完全一致，可视为对《唐六典》的继承。

从上面的五级评判标准可以看出，令文规定的对策文评定是从"文"和"理"两方面出发进行综合评判的。对于令文所规定的"文""理"标准，《令义解》注云："文，辞也。理，义也。"《令集解》对此亦有注曰："《古记》云：'问文理，答，文，文句也。理，谓义理也。'"由此可知，对策文评判标准的出发点在"文辞、文句"和

[①] ［日］黑板胜美编：《令集解·后篇》卷22《考课令》，《新订增补国史大系》卷24，吉川弘文馆1966年版，第645页。

"义、义理"两个方面。用现代文学研究概念来说，"文"属于语法、修辞等语言表达方面的特征，而"理"则重在对策文的"述理"功能。关于"理"将在下章探讨，本章重点探讨对策文的"文"。

虽然令条规定了"文"的及第等级从"高""平""粗通"等方面进行判断，但是对于什么样的"文"为"高"，什么样的"文"为"平"，乃至于什么样的"文"为"粗通"等，令文并没有详细规定。通过对现存的平安时代的策判的分析（详见后述），我们可以明确的是，在对策文的"文"的判定标准中，句式的整炼程度、声律的和谐与否是两个最为重要的标准。虽然现存奈良时代的试策资料中，没有诸如平安时代"策判"一样的资料可兹参考，但在"文"的评判中，对对句和声律的评判也应该是奈良时代对策文评判的两个重要因素。

对于骈文文体的研究，已经有诸多成果可资参考[①]。铃木虎雄《骈文史序说》指出的骈文特征包括以下五个方面：（一）句式整炼；（二）对偶精巧；（三）声律谐调；（四）多用典故；（五）修辞华丽。大曾根章介氏对日本汉文学中的骈文作品，主要以句式和声律两个方面为出发点进行探讨[②]。前面已经指出，"策判"关于对策文的"文"的评判中对句和声律为两个重要标准。对偶等修辞手法是句式整炼与否的重要参考指标之一。下面结合《作文大体》的对句和声律说，首先分析奈良时代对策文的语言特征。

二 《杂笔大体》"对句""声律"说

《群书类从》所收《作文大体·杂笔大体》在一开始就对汉文散文的十三种句式做了说明：

[①] 日本研究如铃木虎雄：《骈文史序说》，京都大学文学部研究室1936年油印版；福井佳夫：《六朝美文学序说》，汲古书院1998年版。中国方面研究如王力：《古代汉语》，中华书局1981年版；褚斌杰：《中国古代文体概论》（增订本），北京大学出版社1990年版；于景祥：《唐宋骈文史》，辽宁人民出版社1991年版等。

[②] 参见大曾根章介《平安时代的骈俪文——以〈本朝文粹〉为中心》，《中央大学文学部纪要71》，1974年版，后收入大曾根章介《日本汉文学论集》第1卷，汲古书院2008年版。

发句。壮句。紧句。长句。旁句。隔句。此内有六隔句。谓轻句。重句。疏句。密句。平句。杂句（以上外二句在之）。漫句。送句焉。已上十三句。杂笔之大概也。赋是杂云。古诗体也。其玉章皆纳此中。更无别大体。颇以愚意不可推量。必可问先达。定有口传欤。杂序。愿文。奏状。敕诏。敕答。表白。（以下杂笔，悉纳此体）。①

根据上面的引文，《杂笔大体》规定的散文句式共有十三种，其中单句七种，分别为：发句、壮句、紧句、长句、旁句、漫句、送句。隔句六种，分别为：轻句、重句、疏句、密句、平句、杂句。这十三种句式不仅囊括了"赋"的所有句式（赋是杂云。古诗体也。其玉章皆纳此中。更无别大体），其他诸如"杂序、愿文、奏状、敕诏、敕答、表白"等亦纳入此体。虽然原文中没有提到对策文，但据"以下杂笔，悉纳此体"的注文，对策文当亦被包括在内。

另《杂笔大体》在"发句"下注曰："施头。又有施中。"如"夫，夫以，夫惟，窃以……"之类。在"旁句"下注曰："相似发句。"在"漫句"下注曰："不对合。不调平他声。或四五字。或十余字也。或施头。或施尾。或代送句。"在"送句"下注曰："施尾。一二三。无对。"

从对句的角度看，除了上面发句、旁句、漫句和送句四种无对句且"不调平他声"，《杂笔大体》在"壮句"下注曰："三字。有对。发句之次用之。随行可调平他声。上三下三壮句云。""万国会，百工休。""夜苦长，昼乐短。"在"紧句"下注曰："四字，有对。或施胸或施腰。可调平他声。""四海交会，六府孔修。"在"长句"下注曰："从五字至九字或十余字。有对。可调平他声也。""石以表其贞，变以彰其异。"据此可知，壮句、紧句、长句为单句对，且"可调评他声"。

至于另外的六种隔句对，《作文大体》"隔句"条云："有六种

---

① 《作文大体》，《群书类丛》第 6 辑卷第 137，经济新闻社 1898 年翻刻，第 1016 页。

体。谓轻重疏密平杂也。轻重为最。疏密为次。平杂又为次。六体同调平他声也。"据此可知，轻句、重句、疏句、密句、平句、杂句分别为轻隔句、重隔句、疏隔句、密隔句、平隔句、杂隔句。除了有对，六种隔句对均"可调平他声"。至此，可将十三种句式分类如下：

无对，不调平他声：发句、旁句、漫句、送句共四种。

单对，可调平他声：壮句、紧句、长句共三种。

隔句对，可调平他声：轻句、重句、疏句、密句、平句、杂句共六种。

对于以上的十三种对句，主要以每句字数进行分类。根据前引《作文大体》注释，单对的壮句为三字，紧句为四字，长句稍复杂，为"从五字至九字或十余字"不等。

对于隔句对的分类，现根据群书类从本《作文大体》的注释，整理如下：

轻隔句：上四下六。

重隔句：上六下四。

疏隔句：上三下一。多少不定。

密隔句：上五以上，下六以上。多少不定，下三有对。

平隔句：上下或四或五或六。

杂隔句：上四下五或七八，或下四上五七八。又上九十下七八。或上四下九十十一二三也。或上六下五。

需要指出的是，群书类从本和观智院本存在差异，最大的出入在于对"杂隔句"字数的规定，观智院本作"或上四下五七八。或下四上六五七八"。把二者进行对照，可以起到互为补充的关系。这也间接证明了《作文大体》自成立后经多人加笔的可能性。其中群书类从本下划线部分明显与"密隔句"重合，可略去。另外，群书类从本的"或下四上七八"疑"七"前面"五"字脱落，可据观智院本补之。同时，类从本波浪线亦可补观智院本之不足。据此，杂隔句的字数当为"上四下五或七八。或下四上（五）七八。或上六下五"。

又《作文大体》"隔对"条云："有六种体。谓轻重疏密平杂也。轻重为最。疏密为次。平杂又为次。六体同调平他声也。"由此可知，在六种隔句对当中，轻隔句和重隔句最为重要，而疏密平杂则次之。这是因为骈体文主要构成要素为四、六句，因此，《作文大体》对四、六句构成的隔句对的评价最高。

接下来讨论《作文大体》中有关声律问题的论述。《杂笔大体》对于"可调平他声"的规定是以对句尾字的"平""他"（与"仄"同，下面的探讨遵照《作文大体》均称作"他"）来判断的。《作文大体》在单对"紧句"下举例如"四海交会$_{他}$，六府孔修$_{平}$。""东郊驰车$_{平}$，南郊鞭马$_{他}$。"在隔句对"轻隔句"下举例如"器壮道志$_{他}$，五色发以成文$_{平}$；仁尽欢心$_{平}$，百兽舞以调曲$_{他}$"。"瓢箪屡空$_{平}$，草滋颜渊之苍$_{他}$；藜藿深锁$_{他}$，雨湿原宪之枢$_{平}$。"以上即所谓《杂笔大体》的"可调平他声"，也就是和声律的情况。用图示的方法（以尾字"□"符为平声，以尾字"■"符为仄，即他声）隔对可以表示为：

甲　□□□□，□□□■
乙　□□□■，□□□□

即单对尾字的平他声为"—平—他"或者"—他—平"为合声律。同样的办法隔句对的情况为：

甲　□□□■，□□□□□
　　□□□□，□□□□□■
乙　□□□□，□□□□□■
　　□□□■，□□□□□

即隔对尾字评他声为"他—平—平—他"或者"平—他—他—平"为合声律。

需要指出的是，铃木虎雄在《骈文史序说》中对于骈文的声律的解说与《作文大体》的这种"可调评他声"的方法一样。大曾根章介氏在分析平安时代的骈文时更是直接采用了《作文大体》的对句与调声说。概括起来，《杂笔大体》的"可调平他声"主要以对句尾字的声韵来判断，对于尾字以外的声韵则不予关注。这也是日本研究者关于骈文声律说的主要观点。

与日本学者不同，中国学者关于骈文声律的探讨要复杂得多。如褚斌杰在《中国古代文体概论》中在概述骈文的"音韵声律"时，导入了节奏点的声律问题：

> 骈体文运用平仄的规律，跟"律诗"中的律句大致相同，即要求在一句之中，平节和仄节交替。四字句式，第二个字、第四个字是节奏点；六字句式如果是二四式，则第二、第四、第六为节奏点；如果是三三式，则第三、第六为节奏点，节奏点的平仄是最严格的。而骈文中的上、下两联之间，则要求平节与仄节相反，即以平对仄，以仄对平。①

对照《作文大体》的"调声"说与褚斌杰氏的观点，在尾字平仄相反的意见上二者是一致的。不同在于褚氏观点引入了"节奏点"概念，且认为节奏点的平仄是"最严格的"。以六字句三三式为例，褚氏引王勃《滕王阁序》"俨骖騑_平于上路_仄，访风景_仄于崇阿_平；临帝子_仄之长洲_平，得天人_平之旧馆_仄"。用○表平字，●表仄字。则上例上下联四句的平仄为：

(1) □□○□□●　—平—仄
(2) □□●□□○　—仄—平
(3) □□●□□○　—仄—平
(4) □□○□□●　—平—仄

上例清楚表明，这种六字句三三式结构的骈文其一句内节奏点上的平仄是相反的。而句与句之间的平仄则近似于律诗"律句"的平仄结构。若抛开句中节奏点的平仄，只看句尾平仄，则为"仄—平—平—仄"的形式。不光是三三式，即使是二四式，也仍然不影响句尾的平仄结构。这与《作文大体》的"可调平他声"一致。

---

① 褚斌杰：《中国古代文体概论》（增订本），北京大学出版社1990年版，第176—177页。

反之，若以《作文大体》所举例句为例，导入褚氏所主张的节奏点，结果会如何呢？以平隔句的例句，"燕姬之袖暂收，猜缭乱于旧柏；周郎之簪频动，顾间关于新花"为例，根据节奏点观点，一三句当为二四式，二四句为三三式。各节奏点平仄图示如下：

(1) □○□●□○ ——平—仄—平
(2) □□●□□● ——仄——仄
(3) □○□○□● ——平—平—仄
(4) □□○□□○ ——平——平

显然，二四句不合声律。第三句的第二节奏点也不合声律。在骈文中，这种节奏点的韵声律是十分复杂的。尤其是在隔句对当中，要保持节奏点间平仄相对又要保持句末字的声律协调，在创作起来要求极高。正是基于这一点，《作文大体》的"可调平他声"说只以句尾字的平他声为准，这一方法是极其实用的，无论是铃木虎雄的《骈文史序说》还是大曾根章介的骈文研究，均采用了这一"调声"说。

三 《经国集》对策文的对句与声律

上面详细介绍了《作文大体·杂笔大体》中关于对句与声律的问题。《作文大体》起源于10世记中叶以后，后历经增补和改编。现存的群书类从本被认为离原本较远，而作为保存下来的最早的写本，观智院本则被认为是诸本的源流，较好地保存了原本的风貌。① 关于这一点，前面在对杂隔句的校订中，已经有所论述。

作为指导汉诗汉文创作的具有便览性质的工具书，在了解奈良平安时代的汉诗汉文创作方面，《作文大体》所提供的资料更为真实。甚至可以说，它比《文镜秘府论》更具有参考价值。正因为如此，无论是铃木虎雄还是大曾根章介在探讨日本骈文时，均以《作文大体》作为重要依据。下面对《经国集》对策文的对句和"调声"进行考察，分析上代对策文在骈文文体方面的特征。下面的分析均略去策问部分，仅对"对策文"进行分析考察。为便于分析，所引对策

---

① ［日］山岸德平：《日本汉文学研究》，有精堂1972年版，第253—261页。

文均标出其所属句型，并在句尾标注平他声。

《经国集》所收最早的对策文为百济君倭麻吕的对策文，作于庆云四年（707）。早期的对策文一般篇幅较短，百济君倭麻吕和其后的葛井诸会的对策文（710）在120字至160字。现以百济君倭麻吕的"精勤清俭"对策文为例，把文中各句型以及"平他"声情况列举如下：

【发　句】对：臣闻
【长　句】莅百寮而顺二柄仄，宰九州而班六条平。
【轻隔句】捐金挍玉仄，虞舜之清俭仄矣；栉风沐雨仄，夏禹之精勤平矣。
【旁　句】加以
【轻隔句】杨震作守仄，陈神知于枉道仄；冯豹为郎仄，侍天渔于阁前平。
【紧　句】飞誉目前平，扬美身后仄。
【旁　句】但
【长　句】清者禀根自天平，勤者劳株由己仄。
【旁　句】又
【重隔句】饮水留犊之辈仄，经疏史少仄；驾星去虎之徒平，古满今多平。
【旁　句】臣
【紧　句】器非宋宝仄，宇是燕石仄。
【长　句】岂堪决前后之源平，唯窃折梗概之枝平。
【送　句】谨对。

上面对百济君倭麻吕对策文以十三种句型进行了分类并把各句型名称标于句前，同时按照《作文大体·杂笔大体》对句"可调平他声"原则在各句尾字后以"平""仄"形式进行了标注。现根据文中的标注情况，对九种对句的使用频率以及破格情况进行列表统计。表3-2中的"使用频率"是指该种对句在全部对句中的比率，而破格率则指在该对句中的破格情况。

第三章 对策文的"文" 81

表3-2　　百济君倭麻吕"精勤清俭"对策文对句使用情况

对句类别	句型名称	使用次数	破格情况	使用频率	破格率
单对	壮句	0例	0例	0%	0%
	紧句	2例	1例	12.5%	50%
	长句	3例	1例	12.5%	33.3%
隔句对	轻隔句	2例	2例	25%	100%
	重隔句	1例	1例	12.5%	100%
	疏隔句	0例	0例	0%	0%
	密隔句	0例	0例	0%	0%
	平隔句	0例	0例	0%	0%
	杂隔句	0例	0例	0%	0%
合计		8例	5例	对全句破格率62.5%	

根据表3-2，百济君倭麻吕对策文共使用对句八组，其中单对五组，占全部对句的百分之六十二点五，隔句对三组，占百分之三十七点五。单对中紧句两组，长句三组，其中六字对一组，七字对两组。六种隔句对中仅使用了轻隔句（两组）、重隔句（一组）两种。全部对句的破格率为百分之六十二点五，其中隔句对全部破格，单对紧句破格百分之五十，长句破格三分之一。

百济君倭麻吕对策文的显著特征在于四、六字句的运用上。在全部八组对句中，有六组均为四、六字对句（紧句两组，六字单对长句一组，轻隔句两组，重隔句一组），占全部对句的百分之七十五，具有压倒性优势。而从对句百分之六十二的破格率来看，可以说在奈良时代初期，对策文在创作上基本上是不考虑声律协调问题的。

下面再看白猪广成的对策文。白猪广成的具体对策年代不详，但据小岛宪之氏考证，当作于养老末年。在《经国集》所收奈良时代的对策文中，无论是篇幅还是对策年代，都处于中间水平，可作为奈良时代中期的对策文代表，其各句型运用和平他声情况如下：

【发　句】对：臣闻

【平隔句】三才始辟仄，礼旨爰兴平；六情渐萌平，乐趣亦动仄。

【旁　　句】固知
【平隔句】阴礼之作基$_平$，绵代而自远$_仄$；阳乐之开肇$_仄$，逐古而实遐$_平$。
【旁　　句】但
【平隔句】结绳以往$_仄$，杳然难述$_仄$；书契而还$_平$，炳焉可谈$_平$。
【旁　　句】寻夫
【长　　句】礼是肥国之脂粉$_平$，乐即易俗之盐梅$_平$。
【旁　　句】莫不
【轻隔句】揖让尧舜$_仄$，率斯道以安上$_仄$；干戈履癸$_仄$，抱兹绪以化下$_仄$。
【长　　句】美善则丹蛇赤龙之瑞自臻$_平$，和谐则黄竹白云之曲弥韵$_仄$。
【旁　　句】所以
【轻隔句】高及天涯$_平$，共日月而俱悬$_平$；远遍地角$_仄$，与山川而齐峙$_仄$。
【长　　句】辟水火之利物$_仄$，方梨橘之味口$_仄$。
【旁　　句】纵
【长　　句】无姜生之制地$_仄$，有夏氏之应天$_平$。
【旁　　句】则
【长　　句】敬异之旨悉卷$_仄$，亲同之迹偏舒$_平$。
【旁　　句】诚乃
【紧　　句】俎豆之业$_仄$，钟鼓之节$_仄$。
【长　　句】于理终须行两$_仄$，在义宁容废一$_仄$。
【送　　句】谨对。

表3-3　　　白猪广成"礼乐之用"对策文对句使用情况

对句类别	句型名称	使用次数	破格情况	使用频率	破格率
单对	壮句	0例	0例	0%	0%
	紧句	1例	1例	9.0%	100%
	长句	6例	3例	54.5%	50%

续表

对句类别	句型名称	使用次数	破格情况	使用频率	破格率
隔句对	轻隔句	2例	2例	18.1%	100%
	重隔句	0例	0例	0%	0%
	疏隔句	0例	0例	0%	0%
	密隔句	0例	0例	0%	0%
	平隔句	2例	1例	18.1%	50%
	杂隔句	0例	0例	0%	0%
合计		11例	7例	对全句破格率63.6%	

据表3-3统计，白猪广成对策文共使用对句十一组，其中单对七组，占全部对句的百分之六十六点六，隔句对四组，占百分之三十六点三。单对中紧句一组，长句六组，其中六字对四组，七字对一组，十一字句一组。六种隔句对中使用了轻隔句（两组）、平隔句两组（四字句一组，五字句一组）。全部对句的破格率为百分之六十三点六，其中轻隔句两组全部破格，平隔句（两组）破格一组，单对紧句一组破格，长句六字句破格两组，七字句破格一组。

与百济君倭麻吕对策文一样，百分之六十三点六的破格率足以说明，协调声律对当时的律令官人来说，是一件极其困难的事情。从对句情况看，四、六字对句八组，占全部十一组对句的百分之七十三，与百济君倭麻吕对策文相比并没有明显变化。

位于《经国集》卷首的纪真象"治御新罗"对策于天平宝字元年（757），为奈良时代后期的作品。对策文全文七百三十三个字，为奈良时代对策文中篇幅最长的作品。该对策文在"文""理"两方面都堪称奈良时代对策文中的代表作品：

【发　句】对：臣闻

【杂隔句】六位时成$_{平}$，大易焕师贞之义$_{仄}$；五兵爰设$_{仄}$，玄女开武定之符$_{平}$。

【轻隔句】人禀刚柔$_{平}$，共阴阳而同节$_{仄}$；情分喜怒$_{仄}$，与乾坤以通灵$_{平}$。

【漫　句】实知天生五材，民并用之。废一不可，谁能去兵？
【旁　句】若其
【平隔句】欲知水者仄，先达其源平；欲知政者仄，先达其本仄。
【旁　句】不然何以
【长　句】验人事之始终平，究德教之污隆平。
【旁　句】故
【长　句】追光避影而影俞兴平，抽薪止沸而沸乃息仄。
【旁　句】何则
【长　句】极末者功亏平，统源者效显仄。
【漫　句】观夫夷狄难化，由来尚矣。
【长　句】礼仪隔于人灵平，侵伐由于天性仄。
【轻隔句】雁门警火仄，猃狁猾于周民平；马邑惊尘平，骄子梗于汉地仄。
【漫　句】自彼迄今，历代不免。
【旁　句】其有
【长　句】协柔荒之本图平，悟怀狄之远算仄
【送　句】者，
【旁　句】是盖
【长　句】千岁舞阶之主仄，江汉被化之君平
【旁　句】也。
【送　句】故
【长　句】不血一刃而密须归仁平，不劳一戎而有苗向德仄。
【旁　句】然则
【紧　句】兜甲千重平，虎贲百万仄。
【长　句】蹂踏戎冠之地仄，叱咤锋刃之间平。
【长　句】徒见师旅之劳平，遂无绥宁之实仄。
【旁　句】我国家
【紧　句】子爱海内仄，君临寓中平。
【长　句】四三皇以垂风平，一六合而光宅仄。
【杂隔句】青云干吕仄，异域多问化之人平；白露凝秋平，将军无

耀威之所仄。
【长　　句】兵器销而无用仄，戎旗卷而不舒平。
【漫　　句】别有西北一隅鸡林小域，
【紧　　句】人迷理法仄，俗尚顽凶平。
【漫　　句】傲天侮神，逆我皇化。
【长　　句】爰警居安之惧仄，仍想柔边之方平。
【漫　　句】秘略奇谋，俯访浅智。
【旁　　句】夫以
【杂隔句】势成而要功平，非善者仄也；战胜而矜名平，非良将仄也。
【旁　　句】故
【平隔句】举秋毫者仄，不谓多力仄；听雷电者仄，不为聪耳仄。
【漫　　句】古之善战者，
【壮　　句】无智名平，无勇功平。
【长　　句】谋于未萌之前平，立于不败之地仄。
【旁　　句】是以
【轻隔句】权或不失仄，市人可驱而使仄；谋或不差平，敌国可得而制仄。
【杂隔句】发号施令仄，使人皆乐闻平；接刃交锋平，使人皆安死仄。
【长　　句】以我顺而乘其逆仄，以我和而取其离平。
【漫　　句】孙吴再生，不知为敌人计矣。
【旁　　句】是
【紧　　句】百胜之术仄，神兵之道仄
【送　　句】也。
【漫　　句】于臣之所见，当今之略者，
【紧　　句】多发船航平，远跨边岸仄。
【轻隔句】耕耘既废仄，民疲于役平；纺织无修仄，室盈怨旷之叹平。
【长　　句】殆乘甿之术仄，恐贻害仁之判仄。

【旁　句】诚宜
【长　句】择陆贾出境之才$_平$，用文翁牧人之宰$_仄$。
【长　句】陈之以德义$_仄$，示之以利害$_仄$。
【旁　句】然后
【长　句】啗以玉帛之利$_仄$，敦以和亲之辞$_平$。
【长　句】绝其股肱之佐$_仄$，吞其要害之地$_仄$。
【旁　句】则
【轻隔句】同于槛兽$_仄$，自有求食之心$_平$；类于井鱼$_平$，讵有触纶之意$_仄$。
【送　句】谨对。

表3－4　　　　　　　　纪真象"治御新罗"对策文对句使用情况

对句类别	句型名称	使用次数	破格情况	使用频率	破格率
单对	壮句	1 例	1 例	2.8%	100%
	紧句	5 例	1 例	13.9%	20%
	长句	19 例	4 例	52.8%	21.0%
隔句对	轻隔句	5 例	3 例	13.9%	60%
	重隔句	0 例	0 例	0%	0%
	疏隔句	0 例	0 例	0%	0%
	密隔句	0 例	0 例	0%	0%
	平隔句	2 例	2 例	5.6%	100%
	杂隔句	4 例	1 例	11.1%	25%
合计		36 例	12 例	对全句破格率33.5%	

"治御新罗"对策文全文共使用对句三十六组，其中单对二十五组，占全部对句的百分之六十九点四，隔句对十一组，占百分之三十。单对中壮句一组，紧句五组，长句十九组，其中五字对两组、六字对十三组、七字对两组、八字对一组、九字对一组。六种隔句对中使用了轻隔句（五组）、平隔句（两组，均为四字对）和杂隔句四组。全部对句的破格率为百分之三十三点五，其中轻隔句两组全部破

格，平隔句（两组）破格一组，单对紧句一组破格，长句六字句破格三组，五字句破格一组。

以"治御新罗"为代表的奈良时代后期的对策文无论是在句式还是在声律方面，与前、中期对策文相比，都开始表现出一些新的特点。句式方面，虽然其多用四、六对句的倾向没有改变（占全部对句的近百分之七十），但是，与前、中期对策文相比，隔句对的运用开始增加（十一组，占百分之三十），这表明到了奈良时代后期，随着篇幅的增加，在大量运用四、六骈体句式的同时，其他散句运用开始增多。

音韵声律运用方面，到了奈良时代后期，同样发生了变化。以"治御新罗"对策文为例，破格律明显降低，由前、中期的百分之六十以上降低到百分之三十左右。破格率的降低说明，在声律协调方面，奈良后期的对策文已经有了明显的改进。

以上，以百济君倭麻吕、白猪广成和纪真象的对策文为例，分别说明了奈良时代不同时期的对策文在句式和声律运用等文体方面的特征。从奈良时代对策文对四、六对句的运用特征来看，其已明显地具有骈俪文（又称骈四俪六、四六文等）的特征。关于骈体文的声律，我国研究者一般认为除了骈体的赋、箴、铭、赞、颂、诔等属于有韵骈文，其他体裁的骈文一般不用韵[①]。具体到奈良时代的对策文，如果我们仅从前面所举的几篇例文出发，得出其用韵或是不用韵的结论，这是不妥的。关于这一点，我们还将结合平安时代的方略策做进一步的探讨。

第三节　平安时代对策文的对句和声律

上一节考察了奈良时代对策文在对句和声律运用等方面的特征。本节将沿袭前节分析方法，对平安时代对策文的对句和声律进行考察。进入平安时代，特别是到了平安时代中后期，日本的贡举试策在具体实施过程中发生的显著变化之一便是进士科时务策的式微，与此

[①] 褚斌杰：《中国古代文体概论》（增订本），北京大学出版社1990年版，第176页。

相对的是秀才科方略试的勃兴，这也是日本贡举区别于唐代贡举的显著特征之一。《本朝文粹》《本朝续文粹》所收平安时代的对策文基本属于方略策，本节考察重点也主要是收录在《本朝文粹》和《本朝续文粹》中的方略策。

与现存奈良时代的对策资料相对较少不同，现存的平安时代试策资料要丰富得多，其表现之一便是"策判"资料的存在。通过这些"策判"，我们可以更方便地了解平安时代方略策在"文""理"两方面的具体评判标准。

一 平安时代的"策判"

前面已经提到，在如何评定对策文的文理之"高""平""粗通"，乃至于"文劣理滞"等的问题上，令文并没有给出明确标准，也没有判例可兹参考。但是，到了平安时代，情况有了改变。菅原道真于元庆七年（883）上奏了一篇申文——《对策文理，可详令条事》（《请秀才课试新立法例状》之第三篇），从中我们可以了解一些信息：

> 右《考课令》曰：文理俱高者，为上上。文高理平，理高文平，为上中。文理俱平，为上下。文理粗通，为中上。文劣理滞，为不第。谨案，①文辞甚美，义理皆通者，所谓上上也。②文辞差鄙，义理共滞，所谓不第也。又捡前例，③文辞虽非绮靡，披读颇无大害；义理虽非全通，所对才及半分者，谓之文理粗通。又准之文辞虽有可观，义理不及半分，文辞甚以鄙劣者，不第。然则上上之第，令条可寻。中上之科，前例非昧。不第之目，则令条前例共无可欺。唯至上中之文平理平，上下之文理共平，偏案令文，难可会释。更据前例，又无准的。请详释令条，明立流例，不令详定之官有所迷谬。①

---

① ［日］川口久雄校注：《菅家文草·菅家后集》，《日本古典文学大系》72辑，岩波书店1966年版，第565页。

根据菅原道真的这篇申文，对于"上上""中上"，乃至"不第"的评判，已有令条和前例可供参考（文中下划线并标注顺序的部分）。唯有上中（文高理平、理高文平）和上下（文理俱平）不仅令条难可"会释"，亦无可兹参考的判例提供"准的"。因此道真这篇申文的目的也就是提请有司"详释令条，明立流例"以备"详定之官"参考。据文中下划线并标注序号的部分，把道真指出的上上、中上、不第的判定标准整理如下：

上上（文理俱高）　　文：文辞甚美
　　　　　　　　　　理：义理皆通
中上（文理粗通）　　文：文辞虽非绮靡，披读颇无大害
　　　　　　　　　　理：义理虽非全通，所对才及半分
不第（文劣理滞）　　文：文辞差鄙
　　　　　　　　　　理：义理共滞

道真的申文告诉我们，在对策文判定中，对"文"的判定标准，"上上"（甲科）为"文辞甚美"，"中上"（丁科），也就是及第为"文辞虽非绮靡，披读颇无大害"，而"文辞差鄙"则视为"不第"。

对于道真申文中提出的对令条"文平理平""文理共平"的解释问题，由于资料的阙如，结果我们不得而知。但从现存的五篇"策判"（见第二章第二节）均判定所评对策文为"处之中上""置之中上"抑或是"丁科"，也就是"及第"的情况来看，在实际操作中，判定为"上上""上中""上下"的情况应该是十分罕见的，而"不第"的判例应该是存在的。

另外，我们知道，无论是《经国集》还是《本朝文粹》《本朝续文粹》，其编撰目的均在于搜罗前世乃至当代的优秀作品以便为当时作文提供参考。具体到对策文，被判为"不第"的作品应该不会被收录其中，收录其中的应当是可作为试策参考的作品。而从现存策判可知，这些为应试提供参考的范文尚且仅被判为"及第"而已。这一方面说明，对策对当时的律令官人来说，其难度之大，另一方面，正如道真申文所指出的，也许与"平"的判定标准的缺失不无关系。

菅原道真的这篇申文向我们揭示了对策文评判过程中所遵循的在"文"与"理"两方面的"规范"问题。当然，文理是难以截然分开的，"文"的规范要以"理"为依托，离开"理"无法单独探讨"文"的问题。下面再结合平安时代的"策判"，进一步探讨对对策文之"文"的评判。

《都氏文集》现存三条策判，分别为都良香评定菅原道真"明氏族""辨地震"的《评定文章得业生正六位下行下野权掾菅原对文事》和评定菅原惟肖"分别生死""辨论文章"的《评定文章生从七位上菅野朝臣惟肖对策文第事》。另外，《评定荫子从八位上长统朝臣贞行时务策文第事》亦被收录在《都氏文集》中。首先这是一篇时务策的策判，其次在这篇策判中，没有提及有关"文"的评定问题。因此，在此不作讨论。首先看"明氏族""辨地震"的判文，为保持判文原貌，全文一并引出，在有关文辞表现的判定下以下划线和序号标出。

今按所对，初条云："余是荆安之族，源出由余；余则颍川之人，说通应劭。"案《姓氏谱》云："余氏者夏少康之苗裔。越王勾践子聚，为顾余侯。其后子孙相分，或为顾氏，或为余氏，余氏宗族多在汝南。历代以来，文字讹谬。在北正存余氏，向南误为馀氏。"而对文偏寻秦卿由余之本，未辨夏胤变余之疑。遂分余馀之一枝，误为疏隔之二族。又云："射鸿胪之后，出自汉季而育三辅；谢灵运之先，出陈留而流千载。"案《三辅决录》注："射援扶风人，其先本姓，与北地谢同族。世祖谢服为将军出征，天子以谢服非令名，改为射，子孙氏焉。"遂有前谢后射，然则谢服射援，其族同，故别以前后。至于谢咸灵运，其定既殊，谁疑其同异？读问置对，岂如此乎？①<u>又水粪当作畚，鸣铲亦为胪。</u>②<u>凡词人之用思也，必须前后相承，定其区致。若理失通允之次，则文无依托之方。</u>至如后条所引，"时岂泰而安之哉？计不可以得已也"之句，可谓客居一处，不得其偶者也。又寓言海水，难得游虬之谈；探迹幽荒，未能枭禽之怒。理窟难究，空疲五大山之往还；思风妄吹，徒苦六万岁之交戴。又所引念佛三昧经及大智论，只举六踊六使之体征，不分各六合三之姻缘。又问头之中，脱落名字。③况亦病累频发，乖违格律。然而但识词章，其体可观。准之令条文乎（为"文"之误，与下文"理"接）。理粗通，仍置之中上。①

上面都良香的判文中，前半部分为针对"征事"进行的评定，与对策文的"义理"密切相关，将在下章具体探讨。下面针对文中下划线并标注序号的有关"文"的评价进行分析。首先，①指出了对策文中的误字的问题，与文体表现关系不大，在此从略。②中都良香提出立足于"理"来对"文"进行评价，认为文人用思，首先在于"理"之"通允"，若理失"通允"，则文无"依托之方"。也就是说"理"以"文"为依托，"文"一旦失衡，"理"也就无从谈起。都良香这里所谓"前后相承"，实际上也就是句式上的对句问题。这从接下来的"'时岂泰而安之哉？计不可以得已也'之句，可谓客居一处，不得其偶者也"的说法中亦可得到证实。都良香认为"时岂泰而安之哉？计不可以得已也"两句"客居一处"从而"不得其偶"，我们可以理解为这两句话本来应该分属它处，与其他句子一起构成对句，而现在这两句话被错误地放在了一起，因而构不成对句。不妨把道真"辨地震"对策文中这两句话的前后部分抄出，并以《作文大体·杂笔大体》的句式说对句子进行分类：

【发　句】盖以
【密隔句】吕氏之十有二纪，诚其令错春秋；
　　　　　箕子之洪范九畴，陈其教由狂僭。
【长　句】火灾发于逸口，风变生于滥刑。
【漫　句】时岂泰而安之哉？计不可以得已也。
【旁　句】是知

---

① ［日］中村璋八、大塚雅司：《都氏文集全释》，汲古书院1988年版，第196—198页。

【杂隔句】神灵不谄，凶德者妖孽之形声；
　　　　　天鉴孔明，咎征者君王之警戒。

　　按照《作文大体》句型种类对良香"策判"中提到的道真对策文"不得其偶"的"时岂泰而安之哉？计不可以得已也"两句及其前后部分进行分类，前面"火灾发于谗口，风变生于滥刑"两句构成六字单对。后句以"是知"开头构成杂隔句。这样一来，引用部分的对策文就变成隔句对、单对、漫句、隔句对的骈散结合的形式。

　　按照都良香"策判"中指出的把"不得其偶"的"时岂泰而安之哉？计不可以得已也"两句与前面的单对结合并调整语序，可以组成以下的隔句对：

　【密隔句】火灾发于谗口，时岂泰而安之哉？
　　　　　风变生于滥刑，计不可以得已也。

　　这样调换语序后，引文部分就全部变成隔句对的形式。从语义上来说，调换后的语序似乎也更加语义明了。

　　都良香在该"策判"中对道真对策文在对句运用上的评价反映了他的文章观，至少在都良香看来，衡量对策文在"文"的方面优劣的标准应该是隔句对的运用。都良香的该条判语前冠以"凡"字，说明这已是当时对策文创作的"规范"。

　　松浦友久在对《经国集》和《本朝文粹》所收"赋"进行详细考察后指出，上代以单对为中心的"骈赋"经天长、庆云年间的过渡，逐步发展为以隔句对为中心的"律赋"，并指出白居易的"律赋"在这一转变中起到了关键作用。[①] 松浦友久氏同时指出都良香的"赋"中大量运用隔句对的情况。这一点与他这篇策判中对隔句对的主张相一致。可见，对于包括对策文在内的一般骈俪文，都良香也是主张以隔句对为重要创作手段的。这似乎反映了都良香的文章观，关于这一点，我们先不急于下结论，再看都良香的另外一篇"策判"《评定文章生从七位上菅野朝臣惟肖对策文第事 分别生死 辨论文

[①] ［日］松浦友久：《上代日本汉文学中的赋系列——以〈经国集〉〈本朝文粹〉为中心》，《国语与国文学》1963年第10期。

章》，菅野惟肖的对文已经散佚，策问现存于《都氏文集》卷五。

今挍所对，颇有疏谬。问云："去无之有，假何物以为基桢？"对云："精媾阴阳，非无往诰。"今案对文，虽知男女阴阳之感，不详父母基桢之说。又问云："自有还无，指何处以为桑梓？"对云："魂归泰狱，自有前言。"今案张华说，泰山者知命长短，召其魂灵。未闻人之始生从泰山来，已非其所来，何知其还？案人之死也，化穷数尽，反素复始。孟坚复宜之谈，近是得之。今若所对，宁以泰山为故乡乎？泰山之府非故乡。又对云："有无之辨，孔父秘而罕言。"今案此文，甚非通允。何者？孔子雅命于天，不言所由。但若死生之说，有无之辨，说之详矣。而今称孔父秘而不言，非夫子之本意。又周礼之教，唯发化者去衡尽之谈，不论死生轮回之理。故邢邵云："人死还生，恐为蛇画足。"而对云："昔识尚存，后身可托。"既谬其对，亦非其理。又云："今欲不建丘陇，不设奠祭。"而对文徒论祭祀明验之由，不辨丘陇追思之地。又问云："两班文学之苑，一种共春。"对云："班彪著书之业，班固继而易成。"今案刘勰云"旧说以为固为优彪"，然则两班词采，既有先谈。而对文妄引修史之事实，失所问之旨。又案《北齐书》，邢子才与温子升，为文士之冠。世论谓之温邢。又案《隋书·史论》"庐思道居薛道衡之右"。而今对文，温邢庐薛，无所升降。又玄猿漏卮之文，先贤呼为名作；白鸥水砲之词，往彦未有推论。而对文混为一类，不分清浊。①又对云："江南河朔，轻重系乎时"，比挍下句，时上脱字。②又枚马之枚，误作牧字。③又宫商误为商商。④凡作文之体，自有定准。其开发端绪，陈置大纲。必须豫论物理，暗合题意。起文于此，会理于彼。取上事以证下事，论后义以足前义。若失比例，体势差爽。⑤而第一策文，发音首词，叙事缀虑，不依题意。虽辛苦于翰墨，而寂寥于事由。作者之病，可谓弥留。⑥亦言贵在约，文不敢多。善合者为难，过繁者为易。而今自谦之词，极为冗长。⑦加之两条之中，闻辞重生。骈枝有损于翰林，附隶不除于文体。⑧况亦病累相仍乖调律。总而论之，二条之中，十六征（原文作微）事，其通者多，其略者少。长短相辅，文理粗通。仍准令条，处之中上。①

引文中下划线并标注序号的部分为都良香对菅野惟肖对策文"分别生死""辨论文章"的"文"有关的评价。①中都良香引用惟肖对文"江南河朔，轻重系乎时"，指出"比挍下句，时上脱字"。表面看这似乎只是一个关于脱字的问题，实际上背后反映了都良香的对句意识。补上脱字后，这一句就和后句一起构成了一组四、六字的轻隔句，与前面指出的都良香骈文以隔句对为中心的文章观相一致。

②③为对误字的评判，在此从略。④重点反映了都良香的文章观，该部分以"凡"字开头，可以理解为是都良香对一般作文"规范"看法。该部分从文章"体势"的观点出发，指出对策文创作中"理"与"文"的相互依托关系。一旦二者失衡，便会造成"体势差爽"。这与前面对菅原道真对策文"策判"②部分的主张基本一致。

接下来⑤以"而"字转折，从④的一般论转到对对策文"分别生死"的评价，指出惟肖对文一开始便脱离了"开发端绪，陈置大纲。必须豫论物理，暗合题意"的文章规范，虽然"辛苦于翰墨"，但是"寂寥于事由"，也就是说对文虽然于"文"煞费苦心，但于"理"则空洞无物，从而得出作者之病可谓"弥留"的酷评。

至于⑥"亦言贵在约，文不敢多。善合者为难，过繁者为易。而今自谦之词，极为冗长"。这里仍然是就惟肖对策文文辞冗杂方面进行的评价。值得注意的是"自谦之词，极为冗长"的评价，众所周知，平安时代的对策，二问之中的第二问以"自谦之词"的套话结尾。滨田宽指出，九世纪的对策文的"自谦之词"在五十至六十字。②都良香自身的对策"漏克"的谦词为四十六字。既然都良香认为惟肖对策文"极为冗长"，可以推测，惟肖的对策文"辨论文章"

---

① ［日］中村璋八、大塚雅司：《都氏文集全释》，汲古书院1988年版，第203—207页。

② ［日］滨田宽：《平安朝日本汉文学的基底》，武藏野书院2006年版，第330页。

的"自谦之词"当在六十字以上。

接下来⑦"加之两条之中，闻辞重生。骈枝有损于翰林，附隶不除于文体"仍然是对惟肖对策文文辞冗杂的批判，与前面"言贵在约"的主张相一致。

最后⑧"况亦病累相仍乖调律"的"乖调律"与对道真对策文"策判"的"乖违格律"同为对声律的评价。无论是"调律"还是"格律"，都是指对策文的音韵声律方面的问题。

上面都良香的两篇"策判"，从不同角度对所评对策文的"文"进行了评价。尤其是前一篇的②和后一篇的④，二者开头均冠以"凡"字，表明其作为对策文作文"规范"的都良香的看法，也可以说反映了都良香的文章观。先把二者单独摘录如下：

②凡词人之用思也，必须前后相承，定其区致。若理失通允之次，则文无依托之方。

④凡作文之体，自有定准。其开发端绪，陈置大纲。必须豫论物理，暗合题意。起文于此，会理于彼。取上事以证下事，论后义以足前义。若失比例，体势差爽。

都良香对"文辞"的评判始终建立在"述理"的基础上，认为"述理"必须先后有序，谓之"定准"，而语句的前后相承可视作"区致"。起笔前的"用思"，也就是构思是实现"定准"的"通允"并合理进行"区致"的前提。都良香的这一"文章观"与《文笔式》的"作文之道"的主张完全一致，由于《文笔式》已经散佚，现据《文镜秘府论南卷》"论体"条所引，把相关内容摘录如下：

<u>凡作文之道，构思为先，亟将用心，不可偏执。何者？篇章之内，事义甚弘，虽一言或通，而众理须会。若得于此而失于彼，和于初而离于末，虽言之丽，固无所用之。故将发思之时，先须惟诸事物，合于此者。既得所求，然后定其体分。必使一篇之内，文义得成；一章之间，事理可结。通人用思，放得为之。</u>

大略而论：建其首，则思下辞而可承；陈其末，则寻上义不相犯；举其中，则先后须相附依。此其大指也。若文繁于韵者，则量其韵之少多。若事不周圆，功必疏阙。与其终将致患，不若易之于初。然参会事情，推校声律，动成病累，难悉安稳。如其理无匹配，音相犯忤。三思不得，足以改张。或有文人，昧于机变，以一言可取，殷勤恋之，劳于用心，终是弃日。若斯之辈，亦膠柱之义也。又文思之来，苦多纷杂。应机立断，须定一途。若空倦品量，不能取舍，心非其决，功必难成。然文无定方，思容通变。下可易之于上，前得回之于后。研寻吟咏，足以安之，守而不移，则多不合矣。然心或蔽通，思时钝利，来不可遏，去不可留。若又情性烦劳，事由寂寞，强自催逼，徒成辛苦。不若韬翰屏笔，以须后图，待心虑更澄，方事连缉。非止作文之至术，抑亦养生之大方耳。①

　　上面引自《文笔式》有关"作文之道"的部分，引文中下划线部分不仅在内容上与都良香的文章观一致，就是在语言表达上也与上引都良香"策判"中有关对"文"的论述极其相近。从引文中"推校声律""如其理无匹配"等表述来看，《文笔式》的这段有关"作文之道"的论述当与都良香"策判"一样，应为针对骈体文所作。

　　引文开头部分论述了有关"构思"的问题，《文笔式》指出"发思之时，先须惟诸事物，……然后定其体分"与都良香"词人之用思也，必须前后相承，定其区致"在内容上一致，并且这里的"体分"和"区致"所指内容一样，均为文句构成。

　　最引人注目的是接下来有关文章构成的部分。《文笔式》云："大略而论：建其首，则思下辞而可承；陈其末，则寻上义不相犯；举其中，则先后须相附依。此其大指也。"这一部分与都良香"其开发端绪，陈置大纲。必须豫论物理，暗合题意。起文于此，会理于彼。取上事以证下事，论后义以足前义"的论述除了在一些细微之处

---

① ［日］遍照金刚：《文镜秘府论》，人民文学出版社 1975 年版，第 152—154 页。

的措辞上稍有出入，二者的主张完全一致。

通过上面对都良香"策判"对对策文"文"的评价与《文笔式》"作文之道"所论的比较分析可知，都良香的文章观无疑受到《文笔式》的重要影响。作为评判对策及第等级的"策判"，都良香对于骈体文的基本观点主要集中在对于对句使用的态度上，通过其对隔句对的重视程度，也从一个侧面反映了平安时代对策文不同于奈良时代对策文的新特点。这一点将通过后面对平安时代对策文的分别考察进行分析。

平安时代的策判中，除了《都氏文集》所收都良香的两篇策判外，《朝野群载》卷十三另收有三篇平安时代不同时期的"策判"（判文详见第二章），分别为康平六年（1063）藤原明衡评藤原有信的"明城市""辨舆辇"和永久二年（1114）藤原敦光评藤原资光"乡国土俗""镜扇资用"以及元永元年（1118）菅原时登评大江匡周"评文字""叙射法"。这三篇"策判"篇幅较短，表现也趋于类型化。与都良香"策判"相比，对"文"的批评均有失详备。如"徒饰烟霞之词""病累虽痊，难忘越人□鍼之术；文章可睹，颇惯蜀女织锦之功""加以音韵错乱，点画不正""缀文之体，词华可观""空振华词而忘义实"等之类，要么指出所对之文文辞华美而内容空疏，要么指出对文的声律问题。

总之，纵观平安时代的策判对"文"的评价标准，一为"格律""调律""音韵"等声律的情况。二为对句的运用。作为骈文的重要构成要素，这两点评判标准也反映了当时律令官人的文学志向。这与日本贡举后来发展为纪传道密切相关。

二　平安时代对策文的对句和声律

（一）九世纪对策文的对句和声律

通过前面对都良香两篇判文的分析，可以了解平安时代初期对策文对"文"的"规范"要求。下面不妨通过都良香的具体对策文的对句和声律情况进行考察，进一步说明这一时期对策文的文体表现特色。都良香对策文"神仙""漏克"对策于贞观十一年（869），问头博士为春澄善绳，对策文现存于《本朝文粹》卷三。下面以位于卷首的"神仙"对策文为例进行说明，仍以《作文大体·杂笔大体》的句式和"可调平他声"说标出各句名称和各对句尾字的平仄。

【发　句】对。窃以

【杂隔句】三壶云浮平，七万里之程分浪仄；五城霞峙仄，十二楼之构插天平。

【旁　句】信遒

【密隔句】列真之所宅仄，迹闭不死之区平；群仙之所都平，路入无人之境仄。

【轻隔句】若存若亡平，言谈杳而易绝仄；隔视隔听平，耳目寂而罕通平。

【旁　句】遂使

【轻隔句】人少麟角仄，辄比之于系风平；俗多牛毛平，妄喻之于捕影仄。

【旁　句】是则

【轻隔句】井蛙浅智平，当受笑于海龟仄；夏虫短虑仄，终昧辨于冬冰平。

【轻隔句】求诸素论仄，长生之验实繁平；访于玄谈平，久视之方非一仄。

【旁　句】故得

【重隔句】扇南烛之东辉平，后天而极仄；掇绛桑之赪葚仄，入道之真平。

【杂隔句】琼娥偷乐仄，奔兔魄于泰清之中平；玉女吹箫平，学凤音于丽谯之上仄。

【杂隔句】鹤归旧里仄，丁令威之词可闻平；龙迎新仪平，陶安公之驾在眼仄。

【紧　句】莫不垂虹仄，带挖霓裳平。

【紧　句】洟唾百川平，呼吸万里仄。

【平隔句】四九三十六天平，丹霞之洞高辟仄；八九七十二室仄，青严之石削成平。

【轻隔句】芝英五色仄，春雨洗而更鲜平；松盖千寻平，暮烟扶而弥笀_仄。

【轻隔句】奇犬吠花_平，声流红桃之浦_仄；惊风振叶_仄，香分紫桂之林_平。

【旁　句】斯皆

【平隔句】事光彤编_平，余映无尽_仄；义茂翠简_仄，遗霭可探_平。

【旁　句】但

【轻隔句】真途辽夐_仄，奇骨秘而独传_平；妙理希夷_平，凡材求而不得_仄。

【密隔句】虽则手谢可揖_仄，王子晋之事不疑_平；然而口说斯虚_平，项曼都之语难信_仄。

【旁　句】即验

【重隔句】爨朱儿而练气_仄，当在天资_平；向玄牝而取精_平，非因人力_仄。

【旁　句】是故

【轻隔句】骨录攸存_平，好尚分于皮竺_仄；相法既定_仄，表候晃于形容_平。

【杂隔句】眼光照己_仄，方诸之紫名相传_平；手理累人_平，大极之青文不朽_仄。

【杂隔句】此类盖多_平，罩邓林而养枝叶_仄；其流弥广_仄，鼓渤澥而沸波澜_平。

【轻隔句】慈心阴德_仄，闻诸青童之谈_平；吐故纳新_平，著自黄老之术_仄。

【漫　句】我后化蠙鞭草，声高吹筠。

【长　句】荫建木而折若华_平，御熏风而镕庆云_平。

【轻隔句】势撑崑岳_仄，蛇身绕而难周_平；德重蓬山_平，鳌背负而无力_仄。

【旁　句】自然

【杂隔句】望汾阳而接辔_仄，不容发于帝放勋_平；嘲曲洛而飞轮_平，请开口于穆天子_仄。

【送　句】谨对。

下面把都良香"神仙"对文的对句使用和声律破格情况进行统计，并进而分析平安初期对策文的文体特点。表中数值的统计方法等与第一节中《经国集》对策文的统计方法相同。

表3–5　　　　　　都良香"神仙"对策文对句使用情况

对句类别	句型名称	使用次数	破格情况	使用频率	破格率
单对	壮句	0例	0例	0%	0%
	紧句	2例	0例	8.0%	0%
	长句	1例	1例	4.0%	100%
隔句对	轻隔句	10例	1例	40.0%	10.0%
	重隔句	2例	0例	8.0%	0%
	疏隔句	0例	0例	0%	0%
	密隔句	3例	0例	12.0%	0%
	平隔句	2例	0例	8.0%	0%
	杂隔句	5例	1例	20.0%	20.0%
合计		25例	3例	对全句破格率12.0%	

都良香"神仙"对文全文共使用对句二十五组，其中单对三组，占百分之十二，隔句对二十二组，占百分之八十八。单句对中四字对两组，七字对一组。值得注意的是隔句对的使用，除了疏隔句外，其余五种隔句对均有使用。尤其是以四、六对或六、四对的轻隔对和重隔对，共十二组，占到全部对句的一半。声律方面，全部二十五组对句中三组破格，破格律为百分之十二。

用同样的方法考察都良香的另一对文"漏克"，所得结论与"神仙"对文大致相同。在对句使用方面均以四、六对的轻隔句为中心，同时，破格率也保持极低水平。以四、六对句为中心，同时于声律协调上尽显用心的都良香对文，从骈俪文的构成要素看，可以说已经达到了极高的水平。无论从四、六对隔句对使用情况看，还是从声律协调程度看，收录在《本朝文粹》中的平安前期的对策文都表现出了这一倾向。

（二）平安中后期对文的对句和声律

与9世纪的对文不同，从平安时代中期开始，对文在对句使用和声律协调方面开始有了一些新变化。《本朝续文粹》主要收录平安中后期的对策文。除《本朝续文粹》外,《朝野群载》卷十三亦收有平安中后期对文作品。下面以《朝野群载》卷十三藤原有信"明城市"对文为例,进一步分析平安时代中后期对策文的对句和声律特征。

【发　句】对：窃以

【轻隔句】二仪剖判仄,物类于是区分平；九变裁成平,民庶目斯郁起仄。

【轻隔句】天皇地皇平,肇居众中之大仄；羲氏燧氏仄,爰为海内之尊平。

【轻隔句】圣王筑城平,八挺所以宁居仄；明王建市仄,黎民为之乐业仄。

【轻隔句】秋□效功平,礼经之文孔章平；日中通货仄,易传之说不朽仄。

【旁　句】遂

【长　句】亘万里以成险仄,分九廛以连间平。

【杂隔句】守在四瀛平,周文王之道德覃仄；闻遍诸夏仄,韩伯休之廉洁大著仄。

【轻隔句】崇埔嶹崒平,长云之势穷目仄；列肆嵯峨平,飞尘之色满望仄。

【轻隔句】翠柳烟闲平,马放胡塞之月仄；青槐荫□,人学鲁国之风平。

【密隔句】营洛邑以命宴仄,周公醉浪上之花平；
仕汉家以习方平,费氏尝壶中之药仄。

【密隔句】阙重闉而朝万国也仄,远垂强干弱技之规平；
分曲阜而补乏绝也仄,自彰就贱嫌贵之义仄。

【轻隔句】丹墀青璪仄,歌吹之声沸天平；
绀幰旗亭平,罗縠之彩照地仄。

【重隔句】家孟喻胡之论仄,去就有时平；齐地不夜之光平,昭晰如昼仄。

【密隔句】行带以为固仄,墨子之谈在耳平；阅书以无忘仄,王充之智贻名[平]。

【杂隔句】珠冕玉佩[仄]，趄金阙之者接辙[仄]；绫鹤锦鸳[平]，粥绮队之者交眉[平]。

【漫　句】我圣朝在巢比俗，大庭移风。

【长　句】处紫官以主枢机[平]，开金门以聘贤俊[仄]。

【轻隔句】雨露施泽[仄]，蛭蚁之居含恩[平]；日月同明[平]，烛龙之乡夸惠[仄]。

【旁　句】彼

【密隔句】访隆汉之代宗[平]，则祭祀之余卖鱼[平]；认绛岭之神仙[平]，忽往来之间如雉[仄]。

【紧　句】云阁制篇[平]，烟霞何藏[平]。

【未　详】其□□□□贡，芬郁可知。

【旁　句】彼时

【杂隔句】洛阳蓄金[平]，斜日更临宫室之西[平]；山下峙石[平]，暗雾岂隔洞户之外[仄]。

【杂隔句】用布贸丝[平]，标其文于盐铁之论[仄]；击鼓唱节[仄]，录其号于缦绅之典[仄]。

【送　句】谨对。

表3-6　　　　藤原有信"明城市"对策文对句使用情况

对句类别	句型名称	使用次数	破格情况	使用频率	破格率
单对	壮句	0例	0例	0%	0%
	紧句	1例	1例	5%	100%
	长句	2例	0例	10%	0%
隔句对	轻隔句	8例	3例	40%	37.5%
	重隔句	1例	0例	5%	0%
	疏隔句	0例	0例	0%	0%
	密隔句	4例	3例	20%	75%
	平隔句	0例	0例	0%	0%
	杂隔句	4例	4例	20%	100%
合计		20例	11例	对全句破格率55%	

藤原有信"明城市"对文全文共使用对句二十组，其中单对三组，占百分之十五，隔句对十七组，占百分之八十五。单对中四字对一组，六字对、七字对各一组。在全部十七组隔句对中，轻隔句八组，重隔句一组，密隔句四组，杂隔句四组。值得注意的是四、六对或六、四对的轻、重隔句对共九组，几乎占全部对句的一半。声律方面，全部二十组对句中十一组破格，破格率达到百分之五十五。

与"明城市"对文一样，藤原有信另一条对文"辨舆辇"无论是在对句还是在声律方面，与"明城市"对文都表现出共同的特征。收录在《本朝续文粹》卷三的"辨贤佐"（对策者藤原明衡，问头藤原国成）对文，对策时间为长元五年（1032）。考察明衡"辨贤佐"对文，在对句方面以隔句对为主（占全部对文的百分之八十二）的总特征没有改变，但是平隔句的使用次数开始增多。声律方面，百分之五十九的破格率比藤原有信"明城市"百分之五十五的破格率还要高，反映了这一时期对策文在声律方面的特点。众所周知，藤原明衡同时又是前述藤原有信对文的问头博士，其判文收录在《朝野群载》卷十三中，因此，明衡的对文特征应该代表了这一时期对策的基本特征。

（三）平安时代对文的对句和声律特征

通过前面的分析，平安时代前期（九世纪）对策文与中后期（十到十二世纪）的对策文在对句运用及音韵声律等文体表达方面具有一定的差异。

都良香对文"神仙""漏克"连同"问文"一道被收录在《本朝文粹》卷首。除此之外，都良香担任了菅原道真对策的问头博士，《都氏文集》中收有其评判道真"明氏族""辨地震"的判文。都良香在判文中明确阐明了对策文评定标准，其对文"神仙""漏克"也在一定程度上代表了平安前期对文的文体特色。

首先，平安时代前期对文在对句使用上的突出特点，一是单对使用率明显降低；二是对句中以四六对、六四对为主的隔句对占绝对优势。以"神仙"对文为例，单对仅占全部对句的百分之十二，隔句对的使用大量增加。同时，紧句、轻隔句、重隔句等四六字句共占全文的百分之八十点八，具有压倒性优势。《本朝文粹》所收平安前期的所有对文均表现出类似倾向：单对使用率基本在百分之十左右，四六对的使用率一般在百分之八十以上，其中都良香"漏克"对文中四六句甚至达到百分之九十点一。作为骈俪文的重要构成要素，大量的四六隔句对的使用表明了平安初期对文的骈俪文特征。

声律方面，除了菅原道真对文的破格率（"明氏族"百分之十九点四，"辨地震"百分之二十六点五）偏高以外，平安前期对策文破格率基本维持在百分之十五以下。前面已经指出，菅原道真对文在平安前期的对文中属于特殊存在，并不代表这一时期的对文的主流，这也是其对文不被《本朝文粹》收录的原因之一。这一时期对策文相对较低的破格率表明，平安前期的对策对声律的要求相对严格。

从平安时代中期开始，虽然对策文以四六隔句对为主的总体趋势没有变化，但是在隔句对的使用方面，密隔句、杂隔句的使用有增加的趋势。最大的变化表现在声律方面，从平安时代中期开始，破格率开始明显增加。前举藤原有信"明城市"对文的破格率为百分之五十五，藤原明衡"辨贤佐"对文的破格率甚至达到百分之六十。从平安前期到中后期的三百年间，对策文在声律方面的要求似乎有逐渐宽松的趋势。

对于平安时代对文在声律上的这一变化，通过同时期的判文亦可略知一二。如藤原明衡评判藤原有信对文的策判中对于"明城市""辨舆辇"对文的"文"非但没有提及"音韵"方面的问题，还做出了"文章可观，颇惯蜀女织锦之功"的判词，这足以说明当时对于对策文声韵方面的态度。除此之外，对句中密隔句、杂隔句等复杂句式使用的增加，也客观上对声律的运用造成一定困难，这恐怕也是平安中后期对文在声律上发生变化的原因之一。

第四节　对策文体与唐日骈文风尚

前三节从句式和声律的角度对奈良和平安时代的对策文分别进行了考察。本节在对奈良和平安时代对策文在句式、声律等演进情况进行归纳的基础上,结合中国的骈文风尚等问题,对日本对策文的文体作进一步分析。

一 对策文从奈良到平安时代的文体演变

本章第二节分别对百济君倭麻吕"精勤清俭"、白猪广成"礼乐之用"和纪真象"治御新罗"等对文的对句和声律情况进行了考察。三条对策文的句式使用情况如表3-7所示:

表3-7 百济君倭麻吕、白猪广成、纪真象对策文对句使用情况对比

对策者	题目	单句对	使用率	隔句对	使用率	四六句使用率
百济君倭麻吕	精勤清俭	5例	62.5%	3例	37.5%	82%
白猪广成	礼乐之用	7例	66.6%	4例	36.3%	73%
纪真象	治御新罗	24例	69.4%	12例	30.6%	68%

表3-7显示了奈良时代对策文的句式主要以整炼的四六对句为主要构成要素,在全部对句中,单句对占有十分重要的比例。以同样的方法对平安时代都良香和藤原有信的对文进行统计,情况如表3-8所示:

表3-8 都良香、藤原有信对策文对句使用情况对比

对策者	题目	单句对	使用率	隔句对	使用率	四六句使用率
都良香	神仙	3例	12%	22例	88%	80.8%
藤原有信	明城市	3例	15%	17例	85%	81.5%

可见,平安时代的对文以整炼的四六对句为主要构成要素的情况非但没有改变,还有进一步增加的趋势。与奈良时代的对文相比,最大的变化在于单句对的使用急剧减少,与之相应的是大量的隔句对的使用。若进一步对对句进行比较,无论是奈良时代还是平安时代,在隔句对中,以四六句为构成要素的轻、重隔句都占有极大的比重,这与对策文整体上以四六对句为主要构成要素的特点相一致。

再从破格率看对策文在声律和谐方面的演变，百济君倭麻吕、白猪广成和纪真象对文的破格率分别为百分之六十二点五、百分之六十三点六和百分之三十八点五。尽管由于年代久远，不能排除对策文在传抄过程中有"失真"的可能，但是这一极高的破格率仍然说明奈良时代的对策文的无韵骈文特征。

到了平安前期，正如都良香"神仙"对文百分之十二的破格率一样，同时期的其他对文的破格率也基本保持在极低的水平。结合同时期的策判在声律方面的评判标准，基本可以断定，9世纪的对策文在声律方面的要求是相对严格的。

从平安时代中期开始，正如前面藤原有信"明城市"对文所显示的那样，破格率在经过9世纪的下降后又开始回升。11、12世纪的两篇策判的判定标准，也回避了对音韵声律方面的评价，说明平安中后期的对策文对声律的要求已经明显宽松。

从上面的分析可知，对策文文体在从奈良到平安时代的演变中，最大的变化在于隔句对使用的不断增加。《经国集》所收奈良时代的对策文，表现出早期骈文以四字句、六字句单对兼用的文体特色。而到了平安时代，随着隔句对，尤其是大量的四六系轻重隔句对使用的不断增加，对策文又表现出了成熟期的骈俪文的特色。

对策文文体的这一演变，与日本骈文文体的演变特征是一致的。松浦友久通过对《经国集》和《本朝文粹》"赋"的文体特征进行考察后指出，上代以单对为中心的"骈赋"经天长、庆云年间的过渡，逐步发展为以隔句对为中心的"律赋"[①]。松浦友久氏对"赋"的文体演变的分析，对于对策文文体的考察同样具有借鉴意义。都良香策判中表现出的对隔句对的崇尚情况，在其赋的创作中亦有表现。

平安时代对策文在破格率上的反复，一方面说明初期以都良香为代表的文学家的文章观和汉学水平，另一方面表明，随着复杂句式的使用，日本对策文在声律方面要求的逐步放松。

[①] ［日］松浦友久：《上代日本汉文学中的赋系列——以〈经国集〉〈本朝文粹〉为中心》，《国语与国文学》1963年第10期。

二 对策文与唐日骈文风尚

奈良到平安时代对策文文体的演变情况也反映了自汉魏至唐初的骈文风尚变迁。骈体文自汉魏产生以来,经历了四字与六字对句兼用的早期发展阶段,后经颜延之开创将四字句和六字句组合在一起的隔句对形式,从而形成"骈四俪六"的骈俪文格式,到了南朝齐梁间,骈文尤重声律,强调平仄相协,形成华丽文风。可以说,在从汉魏至梁朝的三百年间,骈文无论在形式上还是创作技巧上都达到了十分完备的程度。

至初唐,一些史学家、文学家开始批判和鞭挞前朝骈体文的浮华文风,例如《隋书·文学传序》载:"简文、湘乐,启共淫放;徐陵、庾信,分路扬镳。其意浅而繁,其文匿而彩,词尚轻险,情多哀思。格以延陵之听,盖亦亡国之音乎!"《群书治要·序》:"近古皇王,时有撰述,并皆包括天地,牢笼群有。竞采浮艳之词,争驰迂诞之说;骋末学之博闻,饰雕虫之小技……"[①] 至此,"亡国之音哀以思"似乎成了史学家批评前朝文风所遵循的一贯公式。

唐初史官这种批评前朝文风做法的目的在于调和南北,从而形成所谓汉魏风骨、文质并重的新文风。魏征在《隋书·文学传序》中指出,南风"清绮",北风"气质",气质则"理"胜其词,清绮则"文"过其意,他主张调和南北风格,形成文理兼备的新文风。

但是,唐初官方主导的这种"尚用"的实用主义文风与当时社会上流行的文学风尚并不一致,史学家所批判的前朝那种重声律和对偶的骈体文风在社会上仍然广受推崇。

《兔园策府·序》指出:"自魏晋之后,藻丽渐繁,齐梁以还,文华并见……穿异辨以邀能。理失文中之意。"[②] 可见这篇"序"在对前朝文风挞伐方面与当时史学家的论调是多么的一致。但是通过敦煌残卷仅存的内容即可判断,其编撰所采用的风格仍然是华丽的骈体

[①] (唐)魏征、虞世南、褚遂良等撰,吕效祖、赵保玉等主编:《群书治要考译》第1册,团结出版社2011年版,第17页。

[②] 郑阿才、朱凤玉:《敦煌蒙书研究》,甘肃教育出版社2002年版,第266页。

文。就是杜嗣先对前朝文风批判的这篇序言本身也是一篇优美的骈文，把其置于六朝骈文之中足以乱真。

对于《兔园策府》的文体特征，后世史志多有著论。晁公武《郡斋读书志》言《兔园策府》乃"纂古今事为四十八门，皆偶俪语"。《北梦琐言》卷十九言："《兔园策府》乃徐庾文体，非鄙朴之谈。"这说明，唐初所实际崇尚的文风与官方主张并不一致。

唐初史学家的文学批评和主张亦为平安时代初期的文学家所继承。例如，《经国集·序》曰："虽齐梁之时，风骨已丧，周隋之日，规矩不存，而沿浊更清，袭故还新，必所拟之不异，乃暗合乎曩篇。"可见，《经国集·序》对齐梁文风的评价承袭了唐初史学家的观点。从前面都良香策判对对策文的评判标准可知，"文理兼备"亦是其文学批评的主要风格。[①]

从以上对对策文文体的考察可知，在从奈良时代到平安时代的演变中，对策文文体的骈文风格发展趋势是整体向上的。恰是在平安时代前期，也就是都良香文学思想主导对策文评价的时期，对策文无论是在句式的整炼还是声律的协调方面都达到了一个新的高度。有意思的是，平安前期这一官方的主张与实际崇尚的文风之间的差异与初唐文学风尚的发展轨迹几乎一致。

---

① 王晓平：《亚洲汉文学》，天津人民出版社2009年版，第87页。

第四章　对策文的"理"
——文体结构的研究

第三章以对句、声律等作为考察手段对对策文的"文"的特征进行了分析。本章重点考察对策文的"理"。作为一种公用文书性质的考试文体，对策者必然在一定的形式体式内进行创作。在经历奈良至平安时代的几百年时间里，这种文体在形式上也经历变革，最终形成较为固化的套路。

对策文是如何通过这一形式上的"构造"来实现述"理"功能的呢？本书首先从对策文的"三段式"结构进行分析，然后对对策文的"征事"部分的结构特征进行具体考察。弄清对策文的形式体式，也就是段落结构上的特征，是探究对策文之"理"的重要一环。

第一节　对策文的"三段式"结构

本节考察对策文整体段落结构特点。在《本朝文粹》和《本朝续文粹》所收平安时代对策文中，无论是策问文还是对策文，其三段式的结构特征都十分明显。要分析平安时代对策文的结构特点，首先要对这一时期的试策制度作一简单回顾。

一　平安时代试策特点

要研究平安时代对策文的段落构成，必须先对平安时代大学寮的试策制度以及现存对策文文献的特征作一个简单回顾。

首先，平安时代的试策主要包括文章生、文章得业生试策两类。

据《令集解·考课令》"凡秀才试方略策二条""凡进士试时务策二条"的规定可知，在日本古代贡举试策中，无论是方略策还是时务策均为"试策二条"，这一点与唐制显著不同。《令集解·考课令》同时规定"文章得业生试方略策，文章生试时务策"，由此可知，在平安时代的试策中，文章生和文章得业生试策分别测试不同的内容。

对于"时务"和"方略"的区别，《令集解·考课令》"进士条"注云："时务者，治国之要务也。假如'既庶又富，其术如何'之类也。"可见所谓"时务策"乃指治国要务、要道的对策。对于"方略"，《考课令》"秀才条"注云："方，大也；略，要也。大事之要略也。"所以方略策就是以大事要略或方法智略等策问考生，考生应具有广博的汉学修养才能应对。平安时代文学总集《本朝文粹》和《本朝续文粹》中收录的对策文全部为文章得业生策试的方略策。

据此可知，无论是秀才策试还是进士策试均试策"二条"，因此，同时对一次试策的两条对策文进行综合考察才能整体有效把握对策文的文体结构特征。另外，通过综合考察两条对策文，分析各自的特点，也可以为我们确定《本朝文粹》和《本朝续文粹》两总集中所收单条对策文的先后顺序提供参考标准。

《本朝文粹》中完整收录同一人两条对策的有都言道（良香）"神仙""漏克"和大江举周的"辨耆儒""详循吏"等共计四条对策文。《本朝续文粹》中完整收录两条对策文的有菅原清房的"辨牛马""详琴酒"和菅原宣忠的"通书信""得珠宝"四条。下面以这八条对策文为例，分别考察《本朝文粹》所收平安前中期和《本朝续文粹》所收平安时代后期对策文的文体结构特点。在考察方法上，拟采用先分析平安后期对策文，然后再考察前、中期对策文的办法，通过"倒叙"的方式揭示平安时代对策文在文体结构上的演变规律。

二 平安后期对策文结构的定型化

《本朝续文粹》主要收录平安时代后期策文，包括策问文和对策文各十二篇。其中"辨牛马"和"详琴酒"为藤原实范问、菅原清房对的两条对策文。下面通过这两条对策文来详细考察平安时代后期对策文的段落结构特征。先看第一条"辨牛马"策问文：

问：以乾为马，然犹坤仪有牝马之贞；以坤为牛，然犹乾象垂牵牛之曜。旁禀其灵于二气，盖施其德于四时。故命青衣而列岗上，遗芳躅于孟春之初；作黄土而坚门前，验往训于穷冬之末。是则所以察万物之始终，知三农之迟速也。

未审①精粗异趣，可疑九方之情；②任杜成讼，谁决二家之理。③蒋衮云前，赐钱之功犹暗；④建昌月下，理稻之义未明。且夫同种类而改形容者，贻异端于万代之后；占候而指祸福者，鉴未兆于千载之前。⑤然则毛随去来之潮，寻起伏于何物？⑥鞭悬东北之树，得财货者几年？⑦三疋一槽之梦，指掌而欲问；⑧一日三视之功，敝角者难知。

子大器传家，函牛之鼎还少矣；利根禀性，斩马之刃犹钝焉。庶振高材于春官之策，勿惯寓言于秋水之篇。①

藤原实范策问文分为三段，第一段以"问"起篇，意在对论题进行说明，此段可视为"点名题旨"部分；第二段以"未审"开始，连续提出一系列小问题，这一部分被称为"征事"部分。到了平安时代后期，征事逐步定型化，一般由八个"小问"组成（引文以数字标出）。关于"征事"，将在下节进行具体探讨；第三段，出题者（问头）藤原实范对对策者菅原清房进行赞美，可视为"出题者赞辞"部分。对于策问文的这三段式结构，对文又是如何应对的呢？下面再看菅原清房的对策文，菅原清房对文篇幅较长，为了清楚说明问题，现全文引用如下：

对：窃以二仪开辟之前，万象之形质未著；三才化成之后，百兽之品汇渐分。信乃马者阳畜也，契荧惑于天文；牛者阴灵

---

① ［日］黑板胜美编：《本朝文粹·本朝续文粹》，《新订增补国史大系》卷29（下），吉川弘文馆2003年版，第34—35页。

也，配土德于地理。农皇抚俗之时，容貌仰一人之位；轩后膺图之世，服乘显至命之书。谓其利用，则耕驾遍九有之境；推其吉符，则氏族入万乘之家。汉代祖之初骑焉，继颓纲于二百年之后；晋宣帝之创业矣，传著姓于十八代之中。故白腹唱讴，钱复五铢之号；黄须免难，鞭舍七宝之珍。劳逸变玄黄之色，功能称稼穑之资。任朽索于善御，政理取喻；视游刃于良庖，形骸无全。复有二角及鼻者，公字之象也，赵直所以推蒋家之经；千里市骨者，王化之基也，燕昭由其营隗台之粧。随复百钧过规，东野之词欲败。然而五牸传术，西河之利长存。鲁国三老之客，待凤诏于金门之月；商飙七夕之星，役龙驾于银汉之波。逮于怀土之情，不异人伦；习俗之性，已任造化。胡塞地寒，骧首于塑风之气；吴郡天暖，吐舌于夜月之光者也。遂使绿草萋萋，声嘶华山之晓；红花漠漠，蹄蹈桃林之春。白马从事之立新祠，威信虽旧；青牛道士之归旧里，计会惟新。一道之桥下，长卿之铭尚残千寻之谷中。乌氏之富可量，岂止秦嬴政暴虐之日，齐桓征伐之年，垂老智于孤竹之露而已哉！

国家圣运应一千之期，亲贤满三九之位。龙云上覆，抽英才于学校之林；虎风外啸，拂飞廉于蛮荒之地。何况仁波所沾，嘉瑞见马泽之畔；女水无竭，治化彰牛山之阿。

若夫问九方于伯乐，则得精而忘粗；寻二家于公，亦舍杜而用任。驰蒋山而赐钱，萧晃振勇力于南齐；居建昌而理稻，幸灵贻华辨于东晋。但毛随去来之潮起伏，已混九流之中；鞭悬东北之树，财货遂得三年之后。一日三视之器，传器之人，可决其名；三疋一槽之梦，占梦之家，宁迷其义哉！谨对。①

菅原清房的对文依然为三段。第一段以"对"起始，与问文的发句"问"相照应。该段篇幅占对文全文的三分之二。文中大量征引

---

① ［日］黑板胜美编：《本朝文粹·本朝续文粹》，《新订增补国史大系》卷29（下），吉川弘文馆2003年版，第34—35页。

中国故事典故对论题进行详细说明。对策文主要考察对策者的汉学修养，对策者自然要广泛征引中国经史中的故事典故对论题详加说明，但这一段并没有对问文中的"征事"进行回答。第一段可视为"题旨详论"部分。第二段以"国家"起句，联系论题对天皇治世进行夸赞褒扬，可视为"盛世赞颂"部分。第三段以"若夫"起句，对"征事"中的问题逐一进行简明扼要的解答，当然为"'征事'解答"部分。

第二条"详琴酒"对策的结构如何呢？与第一条对策的三段式结构是否一样？下面进行具体分析，首先看策问文：

> 问：琴者五音之统也，通德神明；酒者白药之长也，含灵天地。易象九五之文，君子获贞吉之利；诗篇三百之义，窈窕闻友乐之情。方今淳风返于栗陆之前，恩泽深于蓬海之底。喻圣道于尧年，中衢之蹲无尽；比化绩于舜日，南薰之歌长传。治世之美，不光古乎？
>
> 然则①宣颖赏赐之珍，饰白玉钦、饰玄珠钦？②谢谌独醉之室，入昆弟乎、入朋友乎？③春蚕含丝，金气之断绝奚在？④夜月共席，木像之献酬未明。⑤况复重才薄位之喻矣，莫秘曲调于齿牙，⑥二檟一口之饮焉，可分氏族于唇吻？⑦小儿坠琉璃之器，作赋者谁家？⑧鄙人迷箜篌之名，著论于何代？余之濛昧，子宜分明。①

与第一条策问不同，藤原实范的第二条策问文由两段组成。第一段，以套语"问"字开头，为对论题的详细说明，即"点名题旨"段，这一段与第一条策问相同。第二段也与第一条策问一样，设置了八个"小问"，即"征事"部分。与第一条策问不同的是，第二条策问独缺"出题者赞辞"部分。与策问的这种变化相比，菅原清房的

---

① [日]黑板胜美编：《本朝文粹·本朝续文粹》，《新订增补国史大系》卷29（下），吉川弘文馆2003年版，第36页。

第二条对文又有怎样的变化呢？下面通过征引全文进行考察：

  对：窃以阴阳分声，琴弦施调于时令；星辰定位，酒旗垂耀于天文。削而成器，源起峄阳之桐；忘其积忧，名类堂北之草。是以华绘雕琢，错以犀象之文；清醑浊醪，分其贤圣之色。自古龙图鸿烈之君，刑措圄空之世，莫不以之为移风易俗之导，以之为乡饮朝会之基。周文王之得新书矣，鸾凤翔歌章之词；汉高帝之归故乡焉，风云飞酣畅之席。维则礼典寻踪，献酬之序无爽。然而政绩取喻，驰张之义相分。五十六十，东西定坐立之位；或和或乘，郡国辨理乱之音。法四时而律吕方叶，薰五内而形骸已宽。染浓气于寸丹，飘余响于泰素。苦热烦暑之天，弹则有曲中之雪；严凝沍阴之地，倾亦遇历外之春。故新声寥亮，指寒七绝之间；滋味醇和，耳暖三酌之后。萧思话之调石上，赐银钟于北岭之云；陶渊明之就业边，迎白衣于东篱之露。盖乃隐逸肥遁之栖，可以养其精志；幽冥感动之类，无以秘其形容。华阳夜天，清韵理而冤魂暗语；长平故地，膏泽流而怪气忽销。况复栾叔元之得神仙，成都县之雨飒飒；王敬伯之逢窈窕，通陂亭之月苍苍。周洛春阑，羽觞回桃花之浪；楚台秋暮，商弦入松叶之风者乎？

  即验宣颖赏赐之珍，加其饰者，非白玉则玄珠也；谢谟幽独之居，入其室者，□清风与朗月也。春蚕含丝之义，载芸缣而长传；夜爵刻木之恩，指柳哲而可识。重才薄位之喻矣，未能后学之鉴前修；二榼一口之饮焉，宁非马姓之忌牛氏。至于小儿误坠琉璃之器，鄙人不辨篌筷之名作。作赋家家，词海阔兮谁寻；著论处处，笔驿遥兮难到者也。

  清房才谢贾马，行异伯牛。拜祖庙而倾首，虽仰冥感于百年之后；望杨庭而销魂，何决高问于一日之中。况乎职非乐署，听鹤操而耳根可迷；义入醉乡对凤策，而眼花欲龙。谨对。①

---

①［日］黑板胜美编：《本朝文粹·本朝续文粹》，《新订增补国史大系》卷29（下），吉川弘文馆2003年版，第36—37页。

菅原清房的第二条对文除了发句"对"和句末送句"谨对"等对文的固定套语，同样分为三段。第一段与第一条一样以较长的篇幅（第一段占全篇三分之二左右）广泛征引中国故事典故对"琴与酒"的主题进行详细论述，为"题旨详论"部分；第二段对策问中的各个"征事"进行了逐一解答，为"征事"解答部分；第三段则为对策者菅原清房的"谦辞"部分。

综合以上对"辨牛马""详琴酒"两条对策的策问和对文的考察，可以明确的是，在平安时代后期，两条对策基本上具备①点明题旨；②征事；③出题者赞辞；④题旨详论；⑤"征事"解答；⑥盛世赞美；⑦对策者谦辞七个基本构成要素。其中①②③为策问文的构成要素，④⑤⑥⑦则为对文的基本构成要素。

在构成策问文的三个基本要素当中，点明题旨和征事是必备要素，而出题者赞辞部分仅为第一条策问所采用，也就是说第二条策问中省略了出题者对对策者的赞辞部分。

同样的情况亦存在于菅原清房的两条对文当中，在对文的四个构成要素中，题旨详论和"征事"解答为构成对文的必备要素。盛世赞美为第一条对文的构成要素，而对策者谦辞则仅为第二条对文所必备。

在《本朝续文粹》所收策问、对策各十二条对策中，除了菅原清房"辨牛马""详琴酒"，菅原宣忠的"通书信""得珠宝"为另外两条俱存的对策。与菅原清房对策一样，菅原宣忠的第一条"通书信"对策的策问文也为三段：第一段点明题旨，第二段列举"征事"，第三段为出题者赞辞。第一条对文三段结构为：第一段题旨详论，第二段盛世赞美，第三段为"征事"解答。第二条"得珠宝"同样与菅原清房第二条结构相同：策问共两段，与第一条第一、第二段同，而缺"出题者赞辞"部分；对文三段结构为第一段题旨详论，第二段"征事"解答，第三段对策者谦辞。

由此可知，平安时代后期的一次对策的两条策文中，第一条和第二条结构不尽相同，策问第一条为三段式结构，第二条为两段式结构。对文两条均为三段式结构。同时，七个构成要素在两条策文中的运用也不相同。现总结如下：
  第一条 策问：点明题旨；征事；出题者赞辞
      对文：题旨详论；盛世赞美；"征事"解答
  第二条 策问：点明题旨；征事
      对文：题旨详论；"征事"解答；对策者谦辞

  除了以上分析的菅原清房和菅原宣忠的四条策文，《本朝续文粹》还收录其他八条策文，分别为藤原明衡"辨贤佐"（第二条），藤原正家"辨关塞"（第一条），菅原是纲"江湖胜趣"（第一条），藤原广纲"辨论渔猎"（第二条），藤原友实"野泽佳趣"（第二条），大江匡时"述行旅"（第二条），藤原资光"乡国土俗"（第一条），花园赤恒"详和歌"，这八条对策与上面分析的菅原清房、菅原宣忠的第一条或第二条的段落结构特征完全一致。"征事"数量也相一致（除"详和歌"，均为八问），《本朝续文粹》两条对策的所属序列和"征事"等信息如表4-1所示：

表4-1 《本朝续文粹》对策文序列和"征事"数量

策题	对策时间	问头	对策者	所属序列	征事
辨贤佐	长元五年（1032）	藤原国成	藤原明衡	第二条	8
辨关塞	永承四年（1049）	藤原明衡	藤原正家	第一条	8
辨牛马		藤原实范	菅原清房	第一条	8
详琴酒				第二条	8
江湖胜趣	天喜五年（1057）	藤原明衡	菅原是纲	第一条	8
辨论渔猎	承历三年（1079）	藤原敦基	藤原广纲	第二条	8
野泽佳趣	宽治四年（1090）	菅原在良	藤原友实	第二条	8
述行旅	康和五年（1103）	菅原在良	大江匡时	第二条	8
乡国土俗	永久二年（1114）	藤原敦光	藤原资光	第一条	8
通书信	大治五年（1130）	藤原敦光	菅原宣忠	第一条	8
得珠宝	同上			第二条	8
详和歌		纪贯成	花园赤恒	第一条	6

  表4-1所示《本朝续文粹》所收平安后期的问文、对文各十二

条对策，无论是段落结构特点还是在七个对策构成要素的使用等方面均达到了高度定型化。这一定型化倾向一方面说明试策制度的进一步完备，另一方面，形式上的定型必然要在一定程度上以牺牲内容表达上的自由为代价。这也是大学寮别曹发展、学官世袭化的必然结果。

三　平安前中期对策文结构特征

下面通过《本朝文粹》所收策问文、对策文各十三条对策为考察对象，分析平安时代前中期策文的结构特征和发展趋势。

首先看策问文部分的不同。平安后期策问的结构特征，前面已经指出，现分列如下：

第一条：第一段点明题旨

第二段征事

第三段出题者赞辞

第二条：第一段点明题旨

第二段征事

平安后期对策的两条策问文中，除了点明题旨和征事两个共通要素使用一致，第一条策问另附有第三段出题者赞辞这一非共通要素，第二条策问则缺失此项，仅由前两段构成。

但是，考之《本朝文粹》对策，例如大江匡衡"寿考"和纪齐名"陈德行"两条策文，据《江吏部集》卷中、《江谈抄》卷五以及《朝野群载》卷十三等资料记载，均为第一条对策。但是，无论是"寿考"还是"陈德行"策问，均为两段式结构，也就是说，缺平安后期第一条策问所必备的出题者赞辞这一构成要素。

这说明，在平安时代前期，问头博士是否在第一条策问末尾附加对对策者的诸如"子大器传家，函牛之鼎还少矣；利根禀性，斩马之刃犹钝焉。庶振高材于春官之策，勿惯寓言于秋水之篇"之类的所谓"赞辞"，似乎完全根据问头博士的个人考虑，或者说，第一条策问中第三段"出题者赞辞"的有无尚没有形成一定的惯例。

除了以上指出的问文中的区别，平安时代前中期的对文也与后期对文显著不同。《本朝续文粹》第一条对文的三段式结构为：第一段题旨详论；第二段盛世赞美；第三段"征事"解答。也就是说，第一条对文的构成要素的顺序首先为详论题旨，其次为对当世的赞美，最后为"征事"解答部分。《本朝文粹》所收对策文的第一条对文是否也按照这一顺序呢？以大江匡衡"寿考"对文为例（因第一段"题旨详论"无关对此问题的讨论，只引第二、第三段）：

> 夫以讳老称六十九者，仕后魏而吏南充；遇主言一二三者，酌下若而得上寿。至彼五音四声之相配，万岁一日之无疆。宫商有调，久视之术何违；土俗异风，延龄之道各别者也。况复逢李耳兮见真形，心地自如日月之明；变桃颜兮歌妙曲，年纪既非云雾之暗。（第二段）
>
> 我后名轶稽古，化施当今。同降诞于寿丘，富春秋而天长地久；求登用于妠水，感山泽而就日望月。四目之为师，巢阁之凤仪庭；五老之人昂，负图之龙出浪。遂使祯祥不休，能叶帝德之美；符应有信，自固皇欢之基。遐方归仁，吹羌笛于塞上之月；远戍忘警，埋夜柝于关外之尘。谨对。①（第三段）

上引"寿考"为大江匡衡天元二年（979）五月二十六日对策及第的两条对策之中的第一条，问头博士为菅原文时，收录在《本朝文粹》卷三，第二条已经散佚。引文第二段以"夫以"发句，为"征事解答"部分。接下来以"我后名轶稽古，化施当今……"为对当今盛世的赞美部分，即盛世赞美部分。与《本朝续文粹》第一条对文题旨详论→盛世赞美→"征事"解答的结构顺序不同，《本朝文粹》的第一条对文的顺序变为题旨详论→"征事"解答→盛世赞美的顺序。也就是说，平安前中期对策的第一条对文中，对"征事"解答部分和"盛世赞美"的顺序进行了调整。"征事"解答部分调整为第二段，"盛世赞美"部分调整为第三段。

---

① ［日］大曽根章介、金原理校注：《本朝文粹》，《新日本古典文学大系》卷27，岩波书店1992年版，第168—169页。

在《本朝文粹》所收的十三条对策中，属于第一条对文的共七篇，除了上引大江匡衡"寿考"以外，其余为（按对策时间先后）：都良香"神仙"，藤原春梅"立神祠"，纪齐名"陈德行"，大江以言"详春秋"，藤原广业"松竹"以及大江举周"辨耆儒"共六篇。在这六篇对文中，前四篇对文的结构与匡衡"寿考"一致，体现了平安前期第一条对文的共性特征。自藤原广业"松竹"开始，结构开始发生变化：

> 国家俗反九首，仁蒙万心。圣化风遐，二华之松献寿；叡德露下，细叶之竹受详。自然首文背文之鸟，长巢上林之云；羽氏翼氏之人，遥就中华之日。（第二段）
> 然则速成晚就之戒，方策载其人；九疑千仞之谈，圆丘为其处。殷庭周庭之变，梓树之词自明；一生一死之期，竹谱之文方决。即验时代可辨，披齐纪而区分；南北暗知，指族氏而诵咏。行人休止，犹避幽僻之烟；道子山池，谁迷斟酌之水。谨对。①（第三段）

"国家"以下第二段为对当世的赞美，即盛世赞美部分。"然则"以后的第三段为"征事"解答部分，连同第一段的"题旨详论"，题旨详论→盛世赞美→"征事"解答的结构顺序与《本朝续文粹》所收平安时代后期对策的第一条对文结构一致。藤原广业对策于长德四年（998）十二月二十六日，晚于广业三年，于长保三年（1001）对策的大江举周，其第一条对文"辨耆儒"也与广业对文完全一致。

通过以上分析说明，在对策逐步走向定型化的过程中，长德四年（998）藤原广业的对策文起到了关键作用。广业为北家藤原氏内麿流、勘解由相公藤原有国的长子，广业对策在北家的形成，乃至于在藤原氏各家统地位形成中都具有重要作用。这一点从其对策在策文定

---

① ［日］大曽根章介、金原理校注：《本朝文粹》，《新日本古典文学大系》卷27，岩波书店1992年版，第171—172页。

型化过程中所起的引领作用即可窥知一斑。

第二节 对策文"征事"结构特征

前面一节分析了平安时代对策文的整体结构特征。对策文整体"三段式"结构当中,"征事"部分作为对策文的重要构成要素,在对策文的述"理"功能中起着重要作用。下面从"征事"由来、"征事"构成以及"征事"解答中的"技术"处理等几方面进行分析。

一 "微事"与"微事"

《都氏文集》卷五和《朝野群载》卷十三共收录五条策判(参见第二章第二节《平安时代的策判》),其中有四条判文使用了"微事"一词。最早的用例当属都良香《评定文章生从七位上菅野朝臣惟肖对策文第事》,尽管菅野惟肖具体对策时间不详,但可以断定的是,应在贞观年间(859—877)而晚于菅原道真对策的贞观十二年(870),即贞观末年。策判中关于"微事"部分的表述为:

> 总而论之,二条之中,十六微事,其通着多,其略者少。长短相辅,文理粗通。仍准令条,处之中上。

另外三例收录在《朝野群载》卷十三,分别为元永元年(1118)菅原时登《评文章得业生正六位行能登大掾大江朝臣匡周对策文事》:

> 然而继祖业兮及十代,答微事兮通半分。缀文之体,家训有踪。准之令条,粗得义理。仍处丁科。

承平二年(932)藤原敦光《评文章得业生正六位上行能登少掾藤原朝臣资光策文事》:

通十六微事，今及半分。缀文之体，词华可观。仍处于丁科。

康平六年（1063）藤原明衡《评文章得业生正六位上丹波大掾藤原朝臣有信对策文事》：

微事十六，已通半分。准之甲令，可为丁科。

上面判文中的"微事"一词该如何理解呢？《都氏文集全释》没有对该词进行专门注释，但在"通释"部分把其译为"细微的缺点"①。据《诗经·邶风·柏舟》："日居月诸，胡迭而微"，《郑氏笺》曰："微，谓亏伤也。"按照这一说法，"微事"翻译为"细微的缺点"似乎也不为过。但是，参照菅原时登《评文章得业生正六位行能登大掾大江朝臣匡周对策文事》"答微事兮通半分"的说法，"细微的缺点"在这里显然不通，因此把"微事"理解为"细微的缺点"的说法不能成立。

考虑到前面所引四条策判中均使用了"微事"一词，基本可以断定其跟贡举试策有着某种联系，或许在当时被作为对策的专门"术语"而使用。菅原道真的《答问微事，可立限例事》可以为此推论提供一定程度的参考：

又考课令曰："凡秀才，试方略策二条。"谨案此令，问条有限，<u>微事无期。仍天长以往，一问之中，多者四事，少则三事，尤少者每问载一事。才足于二问，通而计之，遂留二事。</u>承和以来，二条之内，少则十二义，多则十六义，至多则一句含数义，尤谓之一微。分以言之，已及三十义。后文前质，理固虽然，陈力展材，何无程里。请立新制，将劝后贤。

---

① 对于"十六微事，其通着多，其略者少"，《都氏文集全释》的日语译文为"十六の些細な欠点はあるが、意味の通じるものが多く、そうでないものは少なく"，参见中村璋八等注释《都氏文集全释》，汲古书院1988年版，第210页。

道真"申文"中认为，尽管《考课令》有试策"二条"的规定，但对于"徵事"数量则没有详细规定。在天长（824—833）以前，一条之中多者"四事"，少者"三事"，更少者甚至仅"一事"。到了承和（834—847）以后，二条之中少则"十二义"，多则"十六义"，有的甚至达到"三十义"。这里的"事"与"义"是否为同一概念，容后再作专门考证。至少申文"徵事"一词与今天所说"设问"意思应该相同。《江谈抄》卷五所载"广相任左卫门尉是善卿不被许事"的逸话更能进一步说明这一问题：

> 又云"广相任左卫门尉，是善卿不被许此事"云云。菅家献策之时来省门。彼时强不笼小屋，只徘徊省门。广相着毛沓到此处，徵事之处处相共披勘之，有一事不通。广相策马到嵯峨之隐君子之许问之。①

这段引文中亦见"徵事"一词，意为橘广相穿着"毛沓"来省门与菅家（道真）一起思考对策的"徵事"，其中"有一事不通"云云。对于"徵事"，岩波书店《新日本古典文学大系》的注解为"对策题目"。《都氏文集》卷五"策秀才菅原文二条"之"'明氏族''辨地震'"。据前引道真申文中"问条有限，徵事无期"的说法，很明显，这里弄混了"问条"和"徵事"的意思。"徵事"理解为二条"问条"中的"设问"，或者说"小问"似乎更为妥当。对于"徵"字，《新撰字镜》"证也、验也、成也、求也、审也"的解释也说明这一理解是妥当的。

那么，上引四条策判中为什么出现了"微事"的用法呢？从根本上说，这应当是属于形近而讹的用例，"微""徵"字形相近，在写本传抄中把"徵"错写为"微"是十分可能的。

---

① ［日］后藤昭雄等校注：《江谈抄·中外抄·富家语》，《新日本古典文学大系》卷32，岩波书店1997年版，第535页。

二 "征事"的结构特征

《令集解·考课令》根据"文""理"两方面的优劣情况划分了对策及第以上的五级评判标准:

文理俱高……上上(甲科)……及第
文高理平……上中(乙科)……及第
理高文平……上中(乙科)……及第
文理俱平……上下(丙科)……及第
文理粗通……中上(丁科)……及第
文劣理滞……不第

现存的五条策判均判定所评对策为"中上"或"丁科",也就是及第的标准。《考课令》规定的及第标准在"文""理"上的要求是"粗通",下面通过都良香《评定文章生从七位上菅野朝臣惟肖对策文第事 分别生死 辨论文章》的结论部分具体分析这一标准的具体实施情况:

> 而今自谦之词,极为冗长。加之两条之中,闻辞重生。骈枝有损于翰林,附隶不除于文体。况亦病累相仍乖调律。总而论之,二条之中,十六征(原文作微)事,其通者多,其略者少。长短相辅,文理粗通。仍准令条,处之中上。

判文中横线部分"极为冗长""病累相仍乖调律"等显然是对"文"的评价,而波浪线部分的"十六征(原文作微)事,其通者多,其略者少"则是对"理"的评价。都良香最后判定菅野惟肖对策为"中上",显然认为惟肖"分别生死""辨论文章"对策为"文理粗通"。也就是说,都良香判定对策文"理"方面"粗通"的标准为十六征事中,"其通者多,其略者少"。结合其他策判中"通十六征事,今及半分"(藤原敦光《评文章得业生正六位上行能登少掾藤原朝臣资光策文事》)"征事十六,已通半分"(藤原明衡《评文章得业生正六位上丹波大掾藤原朝臣有信对策文事》)等及第的判定标准,基本可以断定,策判对对策文"理"的及第(粗通)评价标准应该为通二条策问中征事的一半以上。

都良香在《评定文章生从七位上菅野朝臣惟肖对策文第事 分别生死 辨论文章》中对判定为"不通"的惟肖对策文中的"征事"进行了详细分析,指出了评价依据。下面引都良香策判中有关"征事"部分的评价,进一步分析对策文的"征事"结构。

> 今挍所对,颇有疏谬。问云:①"去无之有,假何物以为基桢?"对云:①"精媾阴阳,非无往诰。"今案对文,①虽知男女阴阳之感,不详父母基桢之说。又问云:②"自有还无,指何处以为桑梓?"对云:②"魂归泰狱,自有前言。"②今案张华说,泰山者知命长短,召其魂灵。未闻人之始生从泰山来,已非其所来,何知其还?案人之死也,化穷数尽,反素复始。孟坚复宜之谈,近是得之。今若所对,宁以泰山为故乡乎?泰山之府非故乡。又对云:③"有无之辨,孔父秘而罕言。"今案此文,甚非通允。③何者?孔子雅命于天,不言所由。但若死生之说,有无之辨,说之详矣。而今称孔父秘而不言,非夫子之本意。又周礼之教,唯发化者去衡尽之谈,不论死生轮回之理。故邢邵云:"人死还生,恐为蛇画足。"而对云:③"昔识尚存,后身可托。"③既谬其对,亦非其理。又云:④"今欲不建丘陇,不设奠祭。"④而对文徒论祭祀明验之由,不辨丘陇追思之地。又问云:⑤"两班文学之苑,一种共春?"对云:⑤"班彪著书之业,班固继而易成。"⑤今案刘勰云:"旧说以为固为优彪",然则两班词采,既有先谈。而对文妄引修史之事实,失所问之旨。⑥又案《北齐书》,邢子才与温子升,为文士之冠。世论谓之温邢。又案《隋书·史论》"庐思道居薛道衡之右"。而今对文,温邢庐薛,无所升降。又⑦玄猿漏卮之文,先贤呼为名作;白鸥水砲之词,往彦未有推论。而对文混为一类,不分清浊。……

从都良香的这段有关"征事"的策判中,我们可以了解以下信息：首先，策判中以"问云"（文中以下划线标注）的形式保留了都良香对策文中"征事"的一些信息，可以与《都氏文集》所收都良香"策问"相对照，了解策问的原始面貌，例如，策判中"两班文学之苑，一种共春"，根据前文"问云"可知此处应为良香对策问文"辨论文章"之"征事"中的一项，但现存都良香"策问"（《都氏文集》卷五所收）中并无此项"征事"，这说明都良香策问在传抄中遗漏了该项"征事"的内容。其次，策判中以"对云"（文中以波浪线标注）的形式保存了惟肖对文中的一些信息，这有助于了解已经散佚的惟肖对文的一些原貌。

当然，都良香策判的意义远不止这一文献学意义上的价值。都良香策判中指出了惟肖对文中七处"征事"不通的例子。从判文可知，其评判"征事"通与不通的标准即是是否能够正确征引并理解中国经史典籍中的故事典故，以被判定为"不通"的⑤为例：

问文：两班文学之苑，一种共春？

对文：班彪著书之业，班固继而易成。

策判：今案刘勰云："旧说以为固为优彪"，然则两班词采，既有先谈，而对文妄引修史之事实，失所问之旨。

都良香策问中设置"两班文学之苑，一种共春？"这一"征事"的目的在于考察惟肖对刘勰《文心雕龙》中有关班固、班彪文学才能（词采）的评价的掌握程度。惟肖对文"班彪著书之业，班固继而易成"引用班固继承父志续修《汉书》的故事，而回避了对父子文学才能的评价，故良香判定惟肖的回答"妄引修史之事实"从而"失所问之旨"，因此良香认定该"征事"为"不通"。

都良香策判中指出了惟肖两条对文中的共七处"征事"不通的例子（见上引良香策判）。最后对惟肖对策文"理"的评价为"二条之中，十六'征（原文作微）事'，其通者多，其略者少。"进而判定惟肖对策为"处之中上"。对于策判中"十六'征事'"的说法，由于惟肖对文已经散佚，我们无法通过对文进行验证，但是从策判中认定七处"征事"不通，结合"其通者多"的评价，两条对文中的"征事"数量当多于十四。据此，基本可以断定惟肖"分别生死"

"辨论文章"对文"二条之中，十六'征（原文作微）事'"的说法是十分可信的。

前面已经指出，惟肖对策时间大概在贞观末年，晚于都良香判文的承平二年（932）藤原敦光《评文章得业生正六位上行能登少掾藤原朝臣资光策文事》以及康平六年（1063）藤原明衡《评文章得业生正六位上丹波大掾藤原朝臣有信对策文事》均指出所判两条对文的"征事"数量为"十六"。那么，两条对文"征事"十六的数量在良香乃至其后时期的对文中是否具有普遍意义呢？前面所引菅原道真的《答问徵事，可立限例事》可以对确定这一时期的"征事"数量提供参考。现据道真申文，归纳如下：

天长（824—833）以往……多→ 一条四事、二条八事

少→ 一条三事、二条六事

极少→ 一条一事、二条二事

承和（834—847）以来……多→ 一条八义、二条十六义

少→ 一条六义、二条十二义

最多→ 一条十五义、二条三十义

道真申文指出《考课令》虽然制定了试策二条的规定，但是对"征事"没有详细规定，进而建议对策问"征事""立限例"。值得注意的是道真申文中对于天长以往和承和以后的"征事"运用了"事""义"的不同表述。对于"事""义"所指究竟是否相同，学界曾有不同意见。[①] 笔者认为，尽管"事""义"本身意义不同，但是道真这里用作衡量"征事"数目的"量词"使用，其本质是相同的。《文

[①] 滨田宽一度认为道真申文中"事""义"所指不同，"事"指征事的具体设问，而"义"则指征事的两个评判标准，即"文""义"（《对策考——策判と菅原道真〈请秀才课试新立法例状〉》，《早稻田大学大学院教育学研究科纪要》（别册）2001年第3期）。后来滨田修正了自己的观点，认为"征事十六'事''义'"均指"征事"数量，参见（《平安朝汉文学的基底》，武藏野书院2006年版，第305—310页）。佐藤道生没有对道真申文"事""义"进行辨析，但从其对《本朝文粹》《本朝续文粹》对策文征事的统计看，其视"事""义"为同义无疑（《平安时代的策问与对策文》，《"心"之形——东西文献资料中所见"心性"的表像》，庆应义塾大学出版部2005年版，第240—260页）。

心雕龙·事类》："事类者，据事以类义，援古以证今者也。"[①] 也就是根据旧有的事例或者典故来说明要讲的义理。刘勰的所谓"事"，应包括两方面的内容：一是文学作品中引用前人的有关事例或史实，二是引证前人或古书中的言辞。对策文的"征事"之"事"也即刘勰所言"事类"之"事"，当包括以上两方面内容，道真这里用"事""义"来表述"征事"的数量，二者在本质上应该是一致的。

道真申文中指出的天长以往对策中一条多则四事，少则三事，甚至有一条一事的情况。现存《经国集》所收时务策多数均为"一事一议"，这与道真所言"尤少者每问载一事"情况相符。到了承和以后，对策文的"征事"数量普遍增加了一倍，《本朝文粹》所载都良香"神仙""漏克"每条六事，二条计十二事，属于道真申文中所言"二条之内，少则十二义"的承和以来"征事"数量较少的情况。至于道真申文中所言两条"已及卅义"的情况，现存对策文献中没有实例，但是考虑到永延年间（987—989）大江以言"详春秋"一条之内"征事"十问的情况，可以断言道真所言二条"卅义"的情况应当不虚。

《本朝文粹》《本朝续文粹》所载的总共25条对策文，均为承和以后的作品。通过对这些对策文的"征事"数量的统计可知，在截止到十世纪末的平安前中期对策中，虽然有前述大江以言一条十问的极端例子出现，但总体上每条策问的"征事"数量基本在六至八问之间变化，这一状况一直持续到长德四年（998）藤原广业对策。

本章第一节在分析平安后期对策文结构定型化过程中，指出了藤原广业对策所起的引领作用。除了对文段落结构外，广业策问在"征事"数量设置方面同样具有示范作用。在广业对策后的二百年间，对策文"征事"基本定型为"一条八事"的结构直至平安末期。

第三节 奈良时代对策文的结构特征

前面主要对《本朝文粹》《本朝续文粹》所收平安时代的对策文

[①] （南朝梁）刘勰：《文心雕龙》，万卷出版公司2008年版，第354页。

的结构特征进行了分析。下面重点考察《经国集》所载奈良时代时务策的结构特征。《经国集》所收二十六篇对策文，除了延历二十年（801）栗原连年足、道守宫继的四篇对策文属于平安初期的作品外，其余均为奈良时代的作品。

一 策问结构特征

先看策问部分的结构。奈良时代的对策文一般篇幅较短，尤其是策问文，在全部二十篇对策文中，低于五十字的有十一篇，五十至一百字的有九篇。其中最短者不过二十多字，长者也不超过五十字。

鉴于奈良时代对策的这种特点，一般很难将其像平安时代的对策那样分为第一条三段式，第二条两段式的结构。自然，策问的三要素：点明题旨、征事、出题者赞辞等的区分也不明显。以主金兰对策的两条问文为例：

> 问：孝以事亲，忠以奉国。既非贤圣，孰能兼此。必不获已，何后何先？

> 问：雕华绚藻，便贻批末之怨；破玺焚符，终涉守株之讥。彬彬之义，勿隐指南。

这两条问文的问头博士不明（奈良时代对策文均不录问者姓名），第一条问文二十四字，第二条二十六字，属于奈良时代对策问文中篇幅相对较短者。二条均使用直接提问的方式，第一条问忠孝之先后，第二条问文质之义。既不能对策问进行分段，又无法分辨所谓问文的三要素。

陈飞根据唐代策问各部分的特点，将策问部分分为简式、发展式和繁复式等三类。[①] 王晓平认为奈良时代的大部分策问不仅比《文选》中所收的王元长、任子升的策题要简单得多，有的甚至比《文

[①] 陈飞：《唐代试策的表达体式——策问部分考察》，《文学遗产》2008 年第 1 期，第 49—55 页。

苑英华》所收初唐问文还要简单,可以说是"超简式"。按照提问方式的特点,王晓平把奈良时代这种"超简式"策问文分为两难选择式、顺序判断式、优劣比较式、追根溯源式、辨同析异式等五种提问类型。① 如前引主金兰的两条策问,第一条辨忠孝之先后,为顺序判断式,第二条定文质之义,为两难选择式。

其他优劣比较式如:"帝王御世,必须赏罚,用赏罚之道。虽褒贬善恶,或有辜而可赏者,或有功而可辜也。理可分疏,庶详其要。"要求考生船连沙弥麻吕就赏罚孰轻孰重,孰优孰劣的问题进行辨析。追根溯源式如:"上古淳朴,唯有结绳;中叶浇醨,始造书契。是知三五六经,由文垂教。未审七十二君,何字刻石?子贯穿坟典,该博古今。既辨三豕之疑,亦探百氏之奥。懋陈精辨,俟祛兹惑。"考察纪真象对书契文字之根源的掌握情况。"李耳嘉道,以示虚玄之理;宣尼危难,而修仁义之教。或以为精,或以为粗。元理云为,仰听所以。"该问文则要求考生白猪广成回答对老子思想和孔子思想的看法,为辨同析异式的典型例子。

需要指出的是,在奈良时代前期对策中,属于上述"超简式"的策问形式占大多数,到了奈良时代后期,不仅策问篇幅开始增大,平安时代策问中常用的"征事"结构亦开始孕育发展,如天平宝字元年(757)纪真象对策的策问第二条:

> 上古淳朴,唯有结绳;中叶浇醨,始造书契,是知三五六经,由文垂教。未审七十二君,何字刻石?子(静嘉堂文库本作"于",不确,据通行本改)贯穿坟典,该博古今。既辨三豕之疑,亦探百氏之奥。懋陈精辨,俟祛兹惑。

该策问已经明显具有三段式结构的萌芽,第一段为"点明题旨"部分;第二段以"未审"起句,为"征事"设置的部分;第三段为

---

① 王晓平:《日本奈良时代对策文与唐代试策文学研究》,《中西文化研究》2009年第16期,第84—95页。

对对策者纪真象的"赞辞"部分。这一结构特征已经具有平安时代策问的"雏形"。

《经国集》所收延历二十年（801）菅原清房问，道守宫继对"调和五行"策问与纪真象问文相比，已经明显具有平安时代策问的结构特征：

> 问：二仪剖判，五行生成。扬四序而递旋，望七政以无谬。若使圣哲居世，风霜顺节；号令失时，金木变性。（第一段）
> 然则①八眉握镜，滔天之灾未休；四肘临图，燋地之眚独历。②岂为天地之应，终可无征；将谓殷唐之治，时有所缺。③孙弘之对，必可有源；班固之书，何所祖述乎？（第二段）
> 吞乌之藻，无惭于罗生；吐凤之辞，不谢于杨氏。详稽往古之意，今（疑为令之误）可行于当（当下疑有脱字）。（第三段）

菅原清房的问文在结构上已经完全具有平安时代对策的特征，第一条策问的三个构成要素第一段点明题旨，第二段"征事"设置和第三段出题者赞辞的运用也与平安时代策问无异。只是在第二段的"征事"数量方面与《本朝文粹》《本朝续文粹》每条六问以上的设置不同，清公问文只有三问。这也间接印证了道真申文天长以往"一问之中，多者四事，少者三事"的说法。

二 对文结构特征

与问文的发展轨迹相同，奈良时代的对文结构在前期与后期亦有着显著的不同。与"超简式"的问文相对应的是，对文亦极其简要。从篇幅看，奈良时代二十二篇对策文中，二百字以内的九篇，二百至三百字的八篇，三百到四百字四篇，超过五百字者仅一篇。其中较短者如庆云四年（707）百济君倭麻吕和和铜三年（710）葛井诸会对策文，全文不超过一百五十字。以篇幅最短的葛井诸会对文第二条为例：

第四章 对策文的"理" 131

　　对：窃以诸恶之意，先圣垂典；戮逆之旨，后哲宣轨。所以无为轩帝，动三战之跡；有道周王，示二叔之放。则知凶必殛，邪必正者也。但宣父焉杀之诫，欲行偃草之德，是既拥教；重华节恣之制，乃敬丕天之法，此亦将谟。两圣所立，殊途以同归；二训攸述，异言而混志。谨对。

　　该对文的策问为："杀无道以就有道，仲尼之所轻；制刑辟以节放恣，帝舜之所重。大圣同致，所立殊途，垂教之旨，贞而言之。"问文以《论语·颜渊》"季康子问政"和《尚书·舜典》舜"制刑辟"的典故，要求考生葛井诸会就二圣人在"刑辟之旨"问题上虽立论各异，但主旨一致问题进行辨析。葛井诸会对文先列举皇帝"三战遂志"和周公"放逐管蔡"的典故，然后重申问文中仲尼和帝舜的故事说明题旨。全文仅一百零二字，用如此短小的篇幅是无法对有关刑罚的问题进行深刻论述的，对文不仅不具有平安时代对文的段落结构特征，构成对文的三要素亦不明确，可以视为"超简式"的对策文。

　　与此不同的是，前面提到的道守宫继"调和五行"的对文已经明显具有平安时代对文的结构特征：

　　对：窃以为疊疊圆象，悬日月以垂文；悠悠方议，列山川而分理。于是四时更谢，寒暑往来；五德递迁，王相运转。尔乃皇雄画卦，天人之道爰明；高密锡畴，帝王之法既立。泊陈其性，则帝有不卑；能宝其真，则天有过叙。是以周王虚己，访奥秘于文师；汉帝兴言，穷精微于丞相。

　　至①唐尧受录，洪水滔天；殷汤膺图，亢旱燋土。运距杨九，时会百六。②天地非无其征，唐殷非缺其治。是知乘运之谴，哲后不能除。膺期之灾，圣君不能救。故以③孙弘之对，方看其源；班固之书，遂述其旨。

　　伏惟圣朝仪天演粹，道备于礼经；扬德韬英，义光于易象。犹能欲明四时之理，穷五行之要。实治国之通规，为政之茂范。

夫以木火亏政，风蝗所以兴灾；金水乘方，霜雹由其告谴。若乃三驱有制，则曲直成其功；四佞离朝，则炎上得其性。抗威禁暴，遂从革之能；发号柔神，申润下之德；卑俭宫室，稼穑所成。仪形寡妻，草木惟茂。礼敷义畅，龟麟可以献详；仁洽智周，龙凤于焉效祉。既而弘之以德，长无一变之灾；救之以道，安有五时之失。然则巍巍之化，举目应瞻；荡荡之凤，企足可待。谨对。

道守宫继对文与菅原清房问文对应，其"三段式"结构特征极其明显。对文第一段为"题旨详论"部分。第二段为"征事"解答部分，"每条三事"的"征事"数量与对文相对应。而第三段以"伏惟圣朝"的套语开头，为"盛世赞美"部分。这与前述《本朝文粹》所收平安前期对文的段落安排完全一致。

第五章　唐初试策类书与日本对策文研究

作为成立于初唐时期与科举试策相关的两部所谓"散佚"之书，《魏征时务策》和《兔园策府》开始逐步受到学界关注，正逐步进入越来越多的中日两国科举试策文学研究者的视野。《魏征时务策》和《兔园策府》的编撰目的在于为参加科举应试的士子提供通俗的参考教材，因此，从本质上说二者具有"科举类书"的性质。二书不仅流行于中土，在东瀛亦广为传播，成为日本律令官人贡举试策的重要参考"教材"。本章在先学研究基础上，重点关注二书在日本上代对策文中的投影，并分析唐代试策文化对日本贡举试策的影响，旨在抛砖引玉，求教于方家。

第一节　佚存日本的《魏征时务策》与《经国集》对策文

关于《魏征时务策》相关的文献考证及其在上代的流布情况已见诸东野治之等的研究。下面以比较文学研究的视角对《魏征时务策》与《经国集》对策文的影响进行详细考察。

一　魏征与《魏征时务策》

1973年9至11月，第二十六次大宰府史迹发掘时，在位于其正殿后方东北角处发现了大量"习书"（练习写字）木简，其中大多数已经无法辨识字迹，只有约三十枚不仅可以辨识文字，而且成文成句，意思基本明了。尤为引人注目的是，其中有两枚木简一枚记载有

"特进郑国公魏征时务策一卷",另一枚写有"郑国公务务""魏征"等字样。①

尽管大宰府出土木简中没有关于木简制作年代的清楚记载,但根据随木简出土的陶器编年大致可以推断出这些木简的制作年代应当为奈良时代(710—794)中后期,学者佐藤信根据同时期出土的记载有"书生"字样的木简推断,《魏征时务策》亦为这些属于地方下级官吏的"书生"们书写。②可见,最迟在奈良时代中后期,《魏征时务策》等汉籍已经传入日本,被作为律令制官吏的"登龙门"考试参考书而广为流传。

考之《令集解》卷二十二《考课令》"进士"条注释引《古记》所载《魏征时务策》之内容,又据《古记》(《大宝律令》的注释书)的成书年代为天平十年(738)前后的事实,可以把《魏征时务策》传入日本的时间下限进一步明确为公元738年。据此,奈良中后期的木简中出现《魏征时务策》的记述也就不足为奇了。

《魏征时务策》原文已经大多散佚,但自《新唐书》以来的史书对其书名及卷数多有记载:《新唐书·艺文志》"丁部集录"载"《魏征时务策》五卷",《宋史·艺文志》"集部别集类"载"《魏文正公时务策》五卷",同《宋史·艺文志》"子部杂家类"也载有"《魏征时物(物为务之讹)策》一卷",《通志·艺文略》"别集四"载"《魏郑公时务策》一卷"。从上面史书记载可知,《魏征时务策》在当时至少有五卷本和一卷本两种传本。东野治之指出,《魏征时务策》在《新唐书·艺文志》著录五卷,但《宋史·艺文志》"子部杂家类"著录一卷,"集部别集类"著录五卷,所以一卷本可能为无注本,五卷本可能为有注本。③

大宰府木简所载"特进郑国公魏征时务策一卷"与《宋史·艺

---

① 有关木简的发掘和《魏征时务策》木简情况请参阅日本九州历史资料馆《大宰府史迹出土木简概报(一)》,昭和五十一年(1976)3月出版。葛继勇:《佚存日本的〈魏征时务策〉钩沉》,《文物》2013年第12期。
② [日] 佐藤信:《日本古代的宫都与木简》,吉川弘文馆1997年版,第422页。
③ [日] 东野治之:《正仓院文书与木简研究》,吉川弘文馆1977年版,第162—173页。

文志》"子部杂家类""《魏征时物（物为务之讹）策》一卷"和《通志·艺文略》"别集四""《魏郑公时务策》一卷"所载卷数一致，说明当时传入日本的《魏征时务策》当为一卷本。假如真如东野治之所言一卷本为无注本，五卷本为有注本的话，从《白氏新乐府略意》卷上"《时务策》注云"的记载可知，五卷有注本《魏征时务策》在日本亦有传本，只是其传入日本的时间有可能要晚于大宰府木简的制作年代罢了。

对于魏征其人，《新唐书·魏征传》载：

> 少孤，落魄有大志。初为太子洗马，太宗即位，拜谏议大夫、秘书监，寻晋检校侍中，封郑国公。以疾辞职，拜特进，仍知门下省事。征性谅直，知无不言。太宗或引至卧内，访天下事，尝以古名臣称之。校辑秘书省书，及撰齐、梁、陈、周、隋诸史，序论多出其手。卒，谥文贞。集二十卷，今编诗一卷。

《新唐书》所载魏征事与大宰府木简所记"特进郑国公魏征"相吻合，可证木简所记《时务策》之撰者与《新唐书》所记魏征为同一人无疑。

魏征具有较高的诗文才能，一生著述颇丰。据上引《魏征传》记述可知，其编撰的史书包括《齐书》《梁书》《陈书》《周书》《隋书》（时称五代史）。其中《隋书》之序论，《齐书》《梁书》和《陈书》的总论均出自魏征之手。另有《魏郑公文集》二十卷，收录其重要的谏疏如《十渐不克终疏》《谏太宗十思疏》以及《群书治要·序》等重要序文。《魏郑公诗集》一卷，主要有《五郊乐章》《享太庙乐章》等诗篇。

魏征另与虞世南、褚亮等合撰有《群书治要》五十卷。该书主要摘录自春秋战国至晋代为止的六经、四史、诸子百家等六十八种经典共一万四千多部著作。采撷内容主要以治国方略为主，分为六十五部共五十余万言，目的在于为唐太宗"偃武修文""治国安邦""以史为鉴""任贤致志""求谏纳谏"的治国方略提供参考，是一部"用之当今，足以鉴览千古；传之来叶，可以贻厥孙谋"的恢宏巨著。随着唐帝国地位的不断巩固，《群书治要》的作用逐步减弱，至宋朝在我国已经失传。公元 9 世纪左右《群书治要》东渡日本，开始受到日本皇室贵族的尊崇而得以在日本保存下来。

　　后人整理的有关魏征言论的著作很多，其中《新唐书·艺文志·史部》的"故事类"著录有刘伟之《文贞公故事》六卷，张大业《魏文贞故事》八卷，王方庆《文贞公事录》一卷，"杂传记类"又载有《魏文贞故事》十卷。遗憾的是，这些有关魏征的著述均不传于世，王方庆《魏郑公谏录》五卷，现存。

　　除此以外，记录魏征言论的重要著作为《贞观政要》（十卷四十篇，吴兢撰）。《贞观政要》主要记载贞观年间唐太宗与魏征、房玄龄、杜如晦等人就政治问题的对话和一些大臣的谏议、奏疏等。其中，魏征的言论占有很大的比重。

　　以上所举无论魏征本人的诗文集还是记述魏征故事、言论的著述中均不见有关《魏征时务策》的相关记载。究竟《魏征时务策》是否为魏征本人所亲撰，依目前的资料，实难断定。魏征本人固然没有参加进士科考，但作为太宗时期的施政名臣，其完全有可能亲自制作时务策例文供参加进士科考的仕子参考，而后来的编撰者兼收其他时务策并假以魏征之名编辑成册的可能性很大。

二　中日典籍中佚存的《魏征时务策》

　　由于《魏征时务策》原文大多已经散佚，今天的读者已无从得知其本来面貌。但是，我们仍然可以根据保存在中日两国典籍中的部分内容了解其大概状况。最早记载《魏征时务策》的日本典籍为《古记》（《大宝律令》注释书）。现把《令集解》卷二十二《考课令》"进士"条注引《古记》中有关《魏征时务策》内容摘录如下：

　　　　案《魏征时务策》：问："乡邑何因无孝子、顺孙、义夫、节妇？"答："九族之说，著在虞书；六顺之言，显于鲁册。故义夫彰于郄缺，节妇美于恭姜，孝子则曾参之徒，顺孙则伯禽之辈。自兹已降,往往间出。石奋父子慈孝著名,姜肱兄弟恩义显誉。当今天地合德,日月齐明,万国会同,八表清谧。然上之化下,下之必从,若影逐标,如水随器。但能导之以德,齐之以礼,教之以义,怀之以仁。则孝子、顺孙同闾如市,义夫、节妇联袂成帷。荡荡之化可期,巍巍之风斯在。"①

《令集解》之《赋役令》"孝子顺孙"条注引《古记》中同样引用了上述《魏征时务策》的部分内容:"桑案《魏征时务策》云:义夫彰于郄缺,节妇美于恭姜,孝子则曾参之徒,顺孙则伯禽之辈。"《令集解》是我们今天了解律令时代有关贡举制的唯一参考资料,其引用《魏征时务策》来对进士科试项进行注释,足以说明《魏征时务策》对日本进士科时务策的示范作用。

从内容看,上引《魏征时务策》的对文首先阐明了九族、六顺之说的来历,并以历史上郄缺(春秋时晋国大夫。耨于冀,其妻饷之,相敬如宾。文公闻其事,用为下军大夫)、恭姜、曾参、伯禽等例子说明题意,接下来以石奋、姜肱的例子进一步阐明题旨,然后为对当今盛世的赞美,这也是时务策的套语。对文最后指出以德、礼、仁、义等思想教之以民,则孝子、顺孙、义夫、节妇可"联袂成帷",从而实现太平盛世。

除了《令集解》,《魏征时务策》亦多次被《三教指归觉明注》《性灵集略注》《性灵集闻书》《白氏新乐府略意》《和汉郎咏集私注》《和汉郎咏集注》等注释书引用,现根据东野治之的整理,把记载于这些注释书中的《魏征时务策》相关内容摘录如下:

    1.《时务策》曰:清若冰霜,令宋人而退玉;贪如溪壑,谒郑伯而求环。

    2.《时务策》曰:扁鹊换心,华佗洗胃。

---

① [日]黑板胜美编:《令集解·后篇》,《新订增补国史大系》卷24,吉川弘文馆1966年版,第646—647页。

3. 《时务策》云：邴原寻师，蹑履涉于千里。

4. 《魏征策》云：蹑涉千里，景鸾愿学负笈历七州。

5. 鼓箧者，京鸾愿学负笈历七州云事也；蹑履者，邴原云者，蹑履涉"千里"云事也；京鸾、邴原两人事。魏征策见。

6. 《魏征时务策》曰：贫人既偷徭役，比屋饥寒，蔬食少于二旬。

7. 《时务策》曰：燕石之疑荆宝，鱼目之乱随珠。

8. 鲤生者（苏生义也，《时务策》见）。

9. 《时务策》云：西鹣东鹣，北黍南夷云云。

10. 《时务策》云：西鹣东鹣文。

11. 《时务策》云：虞舜致化，德在八元；周武兴邦，功由十乱云云。

12. 《时务策》云：黛风远扇明德馨云云。

13. 《时务策》云：万国来朝，百蛮入贡云云。

14. 《时务策》注曰：羽翼之属三百六名，凰为之长。

15. 《时务策》云：陶潜字渊明，隐彭泽，门下植五株柳，会饮于其下。时人号曰：五柳先生。

16. 《时务策》注云：嵇康字叔夜，家植五株柳，又时人曰：五柳先生。

17. 《时务策》云：周得白狼瑞，刻玉于高岭；汉得黄龙瑞，雕石于太山。

  仅据目前的整理来看，保存在日本典籍中的《魏征时务策》的原文或者释文就达到十七条之多。上面十七条引文中除4、6条标明为"魏征策""魏征时务策"外，其他均以"《时务策》曰""《时务策》云"开头。东野治之氏根据这些引文所据的典籍以及引文内容等断定这些引文均出自《魏征时务策》及其释文。[①]

[①] [日]东野治之：《正仓院文书与木简研究》，吉川弘文馆1977年版，第168—169页。

从内容上看，由于上引十七条时务策均为摘句形式，有的甚至引自注释部分，所以很难根据这些摘句判断其所出对策文的整体意旨。但从上面摘句的内容判断，它们应分别论述了有关"吏治""医术""游学""贫寒""贤臣""夷狄""隐士""诗酒""祥瑞"等方面的内容，这些内容彼此并不相关，因此基本可以断定，上面十七条内容应分别摘自《魏征时务策》的不同条目。这也间接证明《魏征时务策》所收对策文应该不止一条。这一点也可以从下面中国典籍中所收录的一条《魏征时务策》得到印证。

与日本典籍中大量引用《魏征时务策》的情况不同，中国典籍除了《广弘明集》卷六《辨惑篇》第二之二"叙列代王臣滞惑解下"中引用了一条《魏征时务策》外，尚不见其他典籍引用《魏征时务策》的情况。《广弘明集》的引用如下：

> 唐特进郑公魏征策有百条。其一条曰：问："经佛兴行，早晚得失。"答："珠星夜陨，佛生于周辰；白马朝来，法兴于汉世。故唐尧虞舜，靡得详焉；孔子周公，安能述也。然则法王自在，变化无穷。纳须弥于芥子之中，覆日月于莲华之下。法云惠雨，明珠宝船。出诸子于火宅，济群生于苦海。砮得砥，则截骨而断筋；车得膏，则马利而轮疾。诚须精心回向，洁志归依。宜信傅毅之言，无从蔡谟之仪。"①

引文开头"唐特进郑公魏征策"的记载与大宰府木简"魏征时务策"记载相互印证。据文中魏征策"百条"的记载，说明《魏征时务策》所收对策文数量十分可观。

这条时务策论述了佛法之兴的问题。同样以四六对句为主要表现形式，语言精练。包括问答形式与前引《古记》所收一条《魏征时务策》极为相似，两条佚文均出自《魏征时务策》无疑。

---

① （唐）释道宣辑：《广弘明集》第 2 册，商务印书馆 1994 年影印本，第 115—116 页。

《广弘明集》为唐僧道宣于高宗麟德年间所撰，书中亦以"今上"称高宗皇帝，也许最晚在高宗年间，《魏征时务策》已经作为科举考试的通俗参考书而流行于世了。

三 《魏征时务策》在《经国集》对策文中的投影

如前所述，《魏征时务策》早在《古记》成书的738年之前就已经流传到了日本，其对日本文化的影响也是多方面的。在律令制时代，《魏征时务策》主要被作为进士科试时务策的"范文"而利用，也正因为如此，才得以为《大宝律令》注释书《古记》所记载而保留了一条对文，可谓珍贵。那么，参加进士科考的律令官人是如何利用《魏征时务策》的呢？我们可以通过《经国集》所收时务策来具体分析这一问题。首先看延历二十年（801）大学少允菅原清公问，文章生道守宫继对的一篇对文。原文较长，今引其要如下：

> 礼敷义畅，龟麟可以献详；仁洽智周，龙凤于焉效祉。既而<u>弘之以德</u>，长无一变之灾；<u>救之以道</u>，安有五时之失。然则<u>巍巍之化</u>，举目应瞻；<u>荡荡之风</u>，企足可待。①

这条对文的题目为"调和五行"，引文为对文的第三段，即整篇对文的结论部分。与《经国集》所收对策文多为奈良时代作品不同，道守宫继对策文作于延历二十年（801），应当算作是平安初期的作品。文中下划线"弘之以德""救之以道"的句式与前引《古记》所载《魏征时务策》的"导之以德，齐之以礼，教之以义，怀之以仁"的句式相同。而"巍巍之化""荡荡之风"的说法更是直接取自于《魏征时务策》佚文中"荡荡之化""巍巍之风"的说法，不同之处只是颠倒了一下语序而已。

值得注意的是，道守宫继的另一条"治平民富"的对文中"上行

---

① ［日］良岑安世等撰：《经国集》，载［日］正宗敦夫等编《日本古典全集》第1回，日本古典全集刊行会1926年版，第183页。

下化，类水如泥"的说法显然也化用了《魏征时务策》佚文中的"然上之化下，下之必从，若影逐标，如水随器"一句，二者异曲同工。

以上道守宫继所作的两条对文，其语句均出自《魏征时务策》佚文的同一条对文中，其意义确实非比寻常。以律令时代官人的汉文教养水平来说，制作这种频繁用典、句式整炼的四六骈体文应当是十分困难的事情，因此，为了写出"文理俱高"的对文，找到具有"范文"性质的模仿对象十分重要。从这一意义上说，《魏征时务策》对日本贡举进士科考的意义是十分巨大的。

对《经国集》所收时务策对《魏征时务策》佚文语句的模仿，再举如下的例子：

（1）启蛰而郊，明之鲁策；立春迎气，著在周篇。［天平三年（731）船连沙弥麻吕对文之二"郊祀之礼"］

（2）清靖之风斯在，邕熙之化可期。［天平三年（731）藏伎美麻吕对文之二"赏罚之道"］

上例（1）"……，明之……，……，著在……"的句式与《魏征时务策》佚文之"九族之说，著在虞书；六顺之言，显于鲁册"的句式相同，（2）与《魏征时务策》佚文之"荡荡之化可期，魏魏之风斯在"同样运用了"……可期，……斯在"的句型，只是顺序不同而已。像这样《经国集》时务策模仿《魏征时务策》句式的例子还有很多，在此不再一一举出。

四　魏征文章观与奈良时代的对策文

上面考察了《经国集》所收时务策在语言运用方面对《魏征时务策》的模仿情况。当然，奈良时代对策文对于《魏征时务策》的利用，绝不仅仅限于对个别语句的模仿，下面结合魏征本人的文章观及其在《魏征时务策》上的具体体现，分析《魏征时务策》在文章风尚方面对奈良时代对策文的影响。

魏征不仅作为治国名臣闻名于世，其卓越的诗文才能同样为世人所知。前面已经提到，"五代史"即为魏征主持编撰。更重要的是，这些史书的"总论""序论"，如下面将要引述的《隋书》的"文学传序"等均出自魏征之手。另外,《魏郑公文集》《魏郑公诗集》等均代表了其在文学方面的才能。《魏郑公文集》所收《谏太宗十思疏》等名篇,被收录到后来的《古文观止》而脍炙人口。

魏征的文学思想主要体现在其为"五代史"《群书治要》等所作序言。下面根据《隋书·文学传序》和《群书治要·序》等来分析魏征的文学思想。在《隋书·文学传序》中,魏征对南朝特别是齐梁以来的文风提出批评:"简文、湘东,启其淫放;徐陵、庾信,分路扬镳。其意浅而繁,其文匿而彩,词尚轻险,情多哀思。格以延陵之听,盖亦亡国之音乎!"在为《群书治要》所作序中,魏征再次对浮艳文风提出批评:"近古皇王,时有撰述,并皆包括天地,牢笼群有。竞采浮艳之词,争驰迂诞之说;骋末学之博闻,饰雕虫之小伎……"① 这里,魏征遵循了史学家"亡国之音哀以思"的一贯批评公式,把梁陈诸朝之覆亡与当时的淫靡文风联系起来。在对前朝奢靡文风严加鞭挞的同时,魏征提出了融合南北风格树立新文风的主张,其在《隋书·文学传序》中说:

> 然彼此好尚,互有异同。江左宫商发越,贵于清绮;河朔词义贞刚,重乎气质。气质则理胜其词,清绮则文过其意。理深者便于时用,文华者宜于咏歌,……若能掇彼清音,简兹累句,各去所短,合其两长,则文质彬彬,尽善尽美矣。②

魏征指出,南风"清绮",北风"气质",气质则"理"胜其词,清绮则"文"过其意,从而主张调和南北文风,以树立新文风。

那么,魏征所主张的新文风在他自己的文学活动中是如何体现的呢?下面我们结合《魏征时务策》两条佚文并参考其文学主张进行具体分析。首先,通过《广弘明集》的佚文进行分析。为便于考察,仍以《作文大体·杂笔大体》的观点把各句所属十三种句型种类和

---

① (唐)魏征、虞世南、褚遂良等撰,吕效祖、赵保玉等主编:《群书治要考译》第1册,团结出版社2011年版,第17页。
② (唐)魏征等撰:《隋书·文学传序》,中华书局1973年版,第1730页。

第五章　唐初试策类书与日本对策文研究　　143

声律情况标示如下：

【杂隔句】珠星夜陨(仄)，佛生于周辰(平)；白马朝来(平)，法兴于汉世(仄)。

【旁　　句】故

【平隔句】唐尧虞舜(仄)，靡得详焉(平)；孔子周公(平)，安能述也(仄)。

【旁　　句】然则

【漫　　句】法王自在(仄)，变化无穷(平)。

【长　　句】纳须弥于芥子之中(平)，覆日月于莲华之下(仄)。

【紧　　句】法云惠雨(仄)，明珠宝船(平)。

【长　　句】出诸子于火宅(仄)，济群生于苦海(仄)。

【疏隔句】砮得砥(平)，则截骨而断筋(仄)；车得膏(仄)，则马利而轮疾(仄)。

【旁　　句】诚须

【紧　　句】精心回向(仄)，洁志归依(平)。

【长　　句】宜信傅毅之言(平)，无从蔡谟之仪(平)。

魏征的这篇对策文基本以单句对为主，单句对占全部对句的比例为百分之六十二点五。三组隔句对分别为四五字对的杂隔句，四四字对的平隔句以及三六字对的疏隔句。从全文看，四六系句式（尤其是四字句）所占比重极大，占到百分之七十五以上。在声律方面，破格率为百分之四十左右，可见作者在时务策创作中并没有拘泥于声律之要求。同样的倾向亦表现在《古记》所载《魏征时务策》的另一篇佚文之中：

【平隔句】九族之说(仄)，著在虞书(平)；六顺之言(平)，显于鲁册(仄)。

【旁　　句】故

【长　　句】义夫彰于郗缺(仄)，节妇美于恭姜(平)，

【长　　句】孝子则曾参之徒(平)，顺孙则伯禽之辈(仄)。

【漫　　句】自兹已降，往往间出。

【长　　句】石奋父子慈孝著名(平)，姜肱兄弟恩义显誉(仄)。

【旁　　句】当今

【紧　　句】天地合德(仄)，日月齐明(平)，

【紧　句】万国会同_平，八表清谧_仄。
【旁　句】然
【漫　句】上之化下，下之必从，
【紧　句】若影逐标_平，如水随器_仄。
【旁　句】但能
【紧　句】导之以德_仄，齐之以礼_仄，
【紧　句】教之以义_仄，怀之以仁_平。
【旁　句】则
【长　句】孝子、顺孙同闾如市_仄，义夫、节妇联袂成帷_平。
【长　句】荡荡之化可期_平，巍巍之风斯在_仄。

　　与《广弘明集》的时务策一样，这篇对文仍然以四六字句构成的单句对为主，四六字句占全文的比重为接近百分之八十，而四六字句中又以四字句为主。全篇仅用隔句对一组，且为四四字对的平隔句。与《广弘明集》所收佚文不同的是，全文的破格率较低。

　　这两篇《魏征时务策》佚文所表现出的文风，与齐梁间那种堆砌华丽辞藻的四六骈俪文风相比已经大为改观。两条对文均避免使用骈四俪六的华丽隔句对形式，而代之以四字句为主的单句对。尽管两条佚文，尤其是《古记》所引佚文也都大体符合声律，但很明显作者并非为声律而声律，而完全是创作中的一种自律行为。可以说，《魏征时务策》鲜明地体现了其"掇彼清音，简兹累句"，从而实现文理兼备的新文风的努力。

　　以魏征为首的初唐史学家所主张的这种崇尚实用的文风，被平安初期的文学家所接受。《经国集·序》曰："虽齐梁之时，风骨已丧，周隋之日，规矩不存，而沿浊更清，袭故还新，必所拟之不异，乃暗合乎曩篇。"王晓平先生指出《经国集·序》的这一观点"承袭了史学家对六朝文风的评价，提出应该树立新文风以发展日本汉诗文"[①]的主张。

　　前面从语句借用的角度分析了《魏征时务策》在奈良时代对策文

[①] 王晓平：《亚洲汉文学》，天津人民出版社2009年版，第87页。

中的投影。其实,《魏征时务策》对《经国集》对策文的影响绝不仅仅局限在某些语句方面。《魏征时务策》所体现的魏征的文学思想和文章观对于《经国集》所收对策文的文体文风的影响也是巨大的。兹举百济君倭麻吕"鉴识才俊"对文进行说明。

> 对:窃以赤帝文明,知人其病;素王天纵,取士其失。然则珍砆不可辨矣,蓬性不可量矣。凤鸡别也,草情岂堪识也。但无求不得,负鼎朝殷,扣角入齐,择必所汰。四凶剪虞,二叔除周。况今道泰隆,雄德盛导焉。岁星可谈,占风雨而仰款;竖亥雨步,尽入提封之垠。遂使少微一星,应多士之位;大云五彩,覆周行之列。巍巍荡荡,合其时欤,不驱愚去,不召贤来。①

百济君倭麻吕的这篇对文无论是结构还是表现形式都与《魏征时务策》两条佚文极其相似。全文虽以四六系的骈文体为主,但在句式构成上,主要是四六字的单句对形式。四六字对的隔句对全文仅使用一例,同时声律方面也不拘泥于平仄的绝对和谐,总之与六朝骈四俪六的文风明显不同。

本书第三章第二节对《经国集》所收对策文的句式和声律进行了分析。与百济君倭麻吕的对文一样,可以说在文章风格方面都与《魏征时务策》相近,受其影响的痕迹极为明显。

第二节 敦煌本《兔园策府》与对策文研究

敦煌古钞《兔园策府》残卷自 20 世纪初被发现以来,就吸引了众多中外学者关注的目光,并对其进行了多角度的分析研究。本节在梳理先学研究成果基础上,重点从科举类书的角度对《兔园策府》的性质及其与日本古代贡举试策文学的关系进行初步探讨。在此略抒

---

① [日]良岑安世等撰:《经国集》,载[日]正宗敦夫等编《日本古典全集》第 1 回,日本古典全集刊行会 1926 年版,第 186 页。

管见，旨在抛砖引玉，以就教于方家。

一 《兔园策府》与类书

现存敦煌写本《兔园策府》残卷，编号分别为 S.614、S.1086、S.1722 和 P.2573 共四卷。四卷写本经郭长城、周丕显、郑阿才、王三庆等诸位先生缀合校补①，为已知较为完整的《兔园策府·卷第一并序》写卷，保留了书名、卷次、作者和序文等系列信息以及"辨天地""正历数""议封禅""征东夷""均州壤"五条问对。以上诸家的迻录，不仅为我们提供了一睹《兔园策府》残卷"芳容"的机会，更为重要的是为更进一步的学术研究奠定了坚实的基础，可谓善莫大焉。

对于《兔园策府》一书的性质，学界似乎尚没有形成共识。考之历来的《兔园策府》相关研究，尽管分法各异，但一般均视其为蒙书。如郑阿才、朱凤玉把敦煌蒙书分成识字类、知识类、德行类三种，在其中知识类蒙书中收入《兔园策府》②。台湾学者高明士③以及日本学者东野治之④则根据对写本题记中"学仕郎""学郎""学生""学士"等抄写者身份的判定从而把《兔园策府》归入蒙书之列。后来的研究在该书性质上的界定也大多与此相同，认为《兔园策府》是一部记叙"自然、社会名物、人文礼仪、政事征讨等有关掌故方面的综合性蒙书"⑤。

另有一种观点认为《兔园策府》为类书。如王三庆《敦煌类书》

---

① 郭长城：《敦煌写本〈兔园策府〉叙录》，《敦煌学》第八辑1984年版，第47—63页；郭长城：《敦煌写本〈兔园策府〉佚注补》，《敦煌学》第九辑1985年版，第83—106页；周丕显：《敦煌古钞〈兔园策府〉考析》，《敦煌学辑刊》1994年第2期，第17—29页；郑阿才、朱凤玉：《敦煌蒙书研究》，甘肃教育出版社2002年版，第265—274页；王三庆：《敦煌类书》（上），丽文文化事业有限公司1993年版，第117—119页。
② 郑阿才、朱凤玉：《敦煌蒙书研究》，甘肃教育出版社2002年版，第265—274页。
③ 高明士：《唐代敦煌的教育》，《汉学研究》1986年第2期，第231—270页。
④ ［日］东野治之：《训蒙书》，《讲座敦煌与敦煌文献学》，大东出版社1992年版，第401—438页。
⑤ 参见周丕显论文（《敦煌古钞〈兔园策府〉考析》，《敦煌学辑刊》1994年第2期，第18页）。葛继勇、屈直敏论文（葛继勇：《〈兔园策府〉的成书及东传日本》，《甘肃社会科学》2008年5期，第196—204页；屈直敏：《敦煌本〈兔园策府〉考辨》，《敦煌研究》2001年第3期，第126—129页）继承了周氏这一说法。

按"旧文排列体""类句体""文赋体"等六体分类法，在其中的"文赋体"中收录《兔园策府》。日本学者小岛宪之没有说明划分标准，认为《兔园策府》与《籝金》《屑玉》同为唐代的"私撰通俗类书"①。刘进宝论文则根据《兔园策府·序》："忽垂恩教，令修新策。今乃勒成一部，名曰《兔园策府》，并引经史，为之训注"的说法，断定该书为"唐代科举考试之模拟题"②。虽未明确指该书为"类书"，但是"科举考试模拟题"的说法显然与"童蒙书"概念不同。

学界之所以在《兔园策府》的性质认定方面存在差异，原因大概有二：一是受到历史上官私史志目录对该书评述之影响。北宋孙光宪（901—968）《北梦琐言》卷十九载"北中村野，多以兔园册教童蒙"。《新五代史》卷五十五："兔园册者，乡校俚儒教田夫牧子之所诵也。"南宋晁公武（约1104—约1183）《郡斋读书志》卷十四录有"五代时行于民间，村野以授学童"。以上诸家对《兔园策府》一书性质的定位，毫无疑问直接影响了今天的研究者。二是，在现存的敦煌蒙书之中，无论从其编纂形式看，还是从其功用看，都与类书极为相似，分辨起来极其困难。例如《新集文词九经抄》，本身就是汇聚众书的书抄形式；再比如《俗务要名林》所采用分别部居、标举名目之体式，亦与类书无二。应该说这一点也直接影响了对《兔园策府》一书性质的定位。

笔者认为，确定《兔园策府》的性质，应从内容、编撰目的和流传及其影响等几个方面综合考察，而不能片面地依据某一个方面。

以现存第一卷五篇所对内容之《辨天地》《正历数》《议封禅》《均州壤》《征东夷》来看，这些问题恰是当时统治阶级所面临的政治、经济、外交的重大问题。把这些问题列为国家选士考试的出题范围，令士子们广泛探讨，发表意见，从而为统治阶级提供参考，这是再自然不过的事了。因此，从内容分析来看，《兔园策府》在

---

① ［日］小岛宪之：《上代日本文学与中国文学——以出典论为中心的比较文学考察》（下），塙书房1965年版，第1438—1440页。
② 刘进宝：《敦煌本〈兔园策府·征东夷〉产生的历史背景》，《敦煌研究》1998年第1期，第111—116页。

成立之初应当是为士子们提供科举之参考，决非"村野以授学童"那么简单。

《兔园策府·序》在肯定汉代以来"文不滞理，理必会文，削谀论以正辞，剪浮言而体要"的文风的同时，认为魏晋以来"藻丽渐繁""文华竞轶"，从而导致了"文皆理外之言，理失文中之意"，认为这种文风有违"得贤之雅训"。《兔园策府·序》之所以要对汉代以来的对策文风进行评判，其目的只有一个，那就是改进当时对策之文风，为当朝统治者选拔出"文理兼备"的治国之才服务。这一编撰目的显然也与蒙书性质相差甚远。

再从流传来看，从后世史书目录等对其著录情况来看，其在唐至五代期间的流传是相当广泛的。尤其值得注意的是，该书在8世纪初流传到日本，对日本奈良时代的对策文产生了广泛影响（后述）。

本田精一通过对历来有关《兔园策府》评述史料的梳理，指出虞世南《兔园策》和杜嗣先《兔园策府》应为不同的著述，而后来诸家著述所载大多混淆了二者的区别。通过分析，本田氏进一步指出前者（虞世南《兔园策》）应为后世撰述所指的"村书"，即蒙书，而后者（杜嗣先《兔园策府》）则是为参加科举考试的士子所撰参考书，而非"田夫牧子"的"启蒙教材"[①]。

通过以上分析，基本可以断定，现存敦煌本《兔园策府》在撰述之初，其主要目的是为参加科举考试的士子提供参考，具有今天所说"模拟题"的性质。把其归为类书，进而称为"科举类书"也许更为妥当。本书也正是在此基础上，进一步探讨它作为"科举类书"对日本古代对策文的影响。

二 《兔园策府》的成书及东传

关于《兔园策府》的成书时间问题，学界亦有不同见解，概括起来主要有以下几种观点：王国维认为成立于贞观七年（633）至永徽

---

① [日]本田精一：《兔园策考——村书的研究》，《九州大学文学部东洋史研究会会刊》1993年第1期，第65—101页。

三年（652）之间。① 周丕显认为该书成立于"贞观末至显庆间"，至于判断理由，论文并未详述。② 刘进宝据《旧唐书·太宗诸子》"蒋王恽，太宗第七子也。（贞观）十年，改封蒋王、安州都督，赐实封八百户。二十三年，加实封满千户。永徽三年，除梁州都督……上元二年，有人诣阙诬告恽谋反，惶惧自杀"之记载，断定该书应当成立于贞观十年（636）至上元（674—676）中。③ 郭长城据写本讳"民"作"人"，讳"世"作"代"以及《本朝见在书目录》的著录情况，断定该书撰成于唐太宗至唐昭宗时。④ 屈直敏根据写本"民"字、"世"字、"承"字、"乾"字皆讳，而独不讳"治"字的情况，断定该书当成立于李治被立为太子的贞观十七年（643）之前的642年。⑤ 以上关于《兔园策府》成书年代的种种推断，要么依据南宋王应麟（1223—1296）《困学纪闻》卷十四之记载并结合《旧唐书·太宗诸子》有关对蒋王恽的记载来进行判断，要么根据写本中的避讳来推断，均缺乏一定的说服力。

《杜嗣先墓志》的发现为推定《兔园策府》的成书年代提供了进一步的史料证明。据《杜嗣先墓志》对其生平的记述，可以明确得知杜嗣先任蒋王僚佐的起止时间为显庆三年（658）至麟德元年（664）之间，因此，如果《困学纪闻》"唐蒋王恽令僚佐杜嗣先仿应科目策，自设问对，引经史为训注"所记可信的话，基本可以确定的是，《兔园策府》成书于显庆三年（658）至麟德元年（664）之间。⑥ 据墓志推断，该时期正是杜嗣先二十五岁至三十一岁间。作为

---

① 参见王国维《观堂集林》卷20《唐写本兔园策府残卷跋》，中华书局1959年版，第1014—1015页。王氏的主要判断依据为：一、第2573页序中"治"未缺笔；二、蒋王恽于永徽三年除梁州都督。
② 周丕显：《敦煌古钞〈兔园策府〉考析》，《敦煌学辑刊》1994年第2期，第18页。
③ 刘进宝：《敦煌本〈兔园策府·征东夷〉产生的历史背景》，《敦煌研究》1998年第1期，第111页。
④ 郭长城：《敦煌写本〈兔园策府〉叙录》，《敦煌学》第八辑，新文丰出版公司1984年版，第47—61页。
⑤ 屈直敏：《敦煌本〈兔园策府〉考辨》，《敦煌研究》2001年第3期，第128页。
⑥ 葛继勇引用《杜嗣先墓志》，同样得出了近似的结论。参见葛继勇《〈兔园策府〉的成书及东传日本》，《甘肃社会科学》2008年第5期，第198页。

"少好经史兼属文"的杜嗣先来说，在该时期奉命编撰《兔园策府》是非常可能的。

作为为士子参加科举提供参考的模拟题，甫一问世，自然会受到士子们的欢迎，杜嗣先在世之时该书已经"见行于世"自然合情合理。因此可以断定，在7世纪中期以后，该书已经在社会上广泛流传。那么，该书是在什么时间传入日本的呢？

藤原佐世撰《本朝见在书目录》卷四十"总集"类收录"《兔园策》九"，不录作者。严绍璗先生考证指出，清和天皇贞观乙未（875）天皇御书所"冷然院"失火，第二年，即公元876年，大学头藤原佐世即奉敕编撰《本朝见在书目录》。① 由此可知，作为最早的日本官修书目，《本朝见在书目录》的成书稍晚于《隋书·经籍志》而又早于《唐书·经籍志》。由于《隋书》乃至于新旧《唐书》均不著录《兔园策府》，《本朝见在书目录》为已知最早著录该书的日本官修书目，比国内最早著录该书的《北梦琐言》要早五十年以上。《兔园策府》传入日本的时间自然在《本朝见在书目录》成书的公元876年之前。

《本朝见在书目录》的著录为我们提供了《兔园策府》在日传播的证据，对于推断《兔园策府》具体传入日本时间更能提供参考价值的资料依然为前面提到的《杜嗣先墓志》。《杜嗣先墓志》载杜嗣先奉敕与"李怀远、豆庐钦望、祝钦明等宾于藩使，共其语话"，据伊藤宏明考订之杜嗣先年谱②，此次接待遣唐使的时间为武后长安二年（702）（杜嗣先69岁时），日本第七次遣唐使团。需要指出的是，第七次遣唐使团派遣的701年，《大宝律令》颁布实施，此时正值日本致力于建设律令制国家的时期，通过向唐朝派遣使节，实地考察国家运营体制，从而为日本建设中央集权的律令制国家提供借鉴是本次遣唐使派遣的主要目的。③ 以此推断，作为刚刚颁布实施的《大宝律

---

① 严绍璗：《〈本朝见在书目录〉的学术价值与问题的思考》，《中日关系史料与研究》第1辑，北京图书馆出版社2002年版。

② ［日］伊藤宏明：《〈徐州刺史杜嗣先墓志〉杂感》，《鹿儿岛大学法文学部纪要人文学科论集》63辑，2006年2月，第83页。

③ ［日］上田雄：《遣唐使全航海》，草思社2006年版，第69—70页。

令》的重要制度之一的科举选士制度实施情况，很可能成为他们"共其话语"内容之一，而作为《兔园策府》撰者的杜嗣先，也极有可能把自己所撰《兔园策府》"馈赠"给日本使节①，或者日本使节在唐购得此书而后于公元704年归国时舶载回日本。② 当然，这还仅仅是一种推断，尚没有确切的史料可供参考。

三 《兔园策府》与对策文

成书于7世纪中期的《兔园策府》于8世纪初即传入日本，对于律令早期的贡举试策产生了多方面的影响。《本朝见在书目录》卷四十"总集"类收录《兔园策府》（括号内文字为双行注）：

> 《文心雕龙》十（刘勰在杂家）、《兔园策》九、《注策林》廿、《文选》卅（昭明太子撰）、《文选》六十卷（李善注）、《文选钞》六十九（公孙罗撰）、《文选钞》卅、《文选音义》十（李善撰）、《文选音决》十（公孙罗撰）、《文选音义》十（释道淹撰）、《文选音义》十三（曹宪撰）、《文选抄韵》一、《小文选》九、《文馆词林千金轮万载集》五十一（一卷目录）……③

从上文《本朝见在书目录》"总集"所引典籍来看，《兔园策府》位列《文心雕龙》之后，《注策林》之前，之后著录了十部有关《文选》的著作。关于《文选》，《养老律令》卷五《选叙令》"秀才进

---

① 日本使节获取书籍的方式大概分为相知馈赠、用钱购买、物物交换三种，参见严绍璗《汉籍东传日本的轨迹与形式》，《日本中国学史稿》，学苑出版社2009年版，第504页。
② 关于《兔园策府》的东传日本，葛继勇认为由日本留学生吉备真备和唐人袁晋卿于天平八年（736）"携至日本的可能性较大"（葛继勇：《〈兔园策府〉的成书及东传日本》，《甘肃社会科学》2008年5期，第198页）。而小岛宪之则认为《兔园策府》与《篆金》《屑玉》等"私撰通俗类书"一起于718年被第八次归国遣唐使带回日本（小岛宪之：《上代日本文学与中国文学——以出典论为中心的比较文学的研究》，塙书房1965年版，第1438—1440页）。
③ ［日］藤原佐世：《本朝见在书目录》，名著刊行会1996年版，第90—91页。

士"条载:"进士取明贤时务,并读《文选》《尔雅》者。"①《养老律令》之《考课令》还具体规定了《文选》《尔雅》的具体考试方法:

> 凡进士,试时务策二条,帖所读。《文选》上七帖、《尔雅》三帖。其策文词顺序,义理慊当。并帖过者,为通。事义有滞、词句不论,及帖不过者,为不。②

由上述律令条文的规定可知,《文选》在律令时代作为大学寮教材使用并被规定为贡举考试的重要内容之一。对于《文选》在日本贡举试策中的重要作用,我们可以通过其中的王元长"策秀才文"略知一二,略举例以示之。

《经国集》卷二十大神直虫麻吕对策文之二"驱风帝王之代,驾俗仁寿之乡"。《文选》卷三十六王元长《永明十一年策秀才文五首》之三:"能出入于阽危之域,跻俗于仁寿之地。"李善注:"《汉书》王吉上疏曰:'陛下驱一世之民,跻之仁寿之域,则俗何以不若成、康,寿何以不若高宗也。'"很明显大神虫麻吕"仁寿之乡"的用法直接化用了《文选》"仁寿之地""仁寿之域"的说法。

再如同为大神直虫麻吕对策文之二"劝之以耕桑,勖(勖的俗字)之以德义"的说法同样见之于《文选》卷三十六王元长《永明十一年策秀才文五首》之四:"今欲专士女于耕桑,习乡闾以弓骑;五都复而事庠序,四民富而归文学。"李善注:"《孝经·钩命决》曰:'耕桑得利,究年受福。'"《文选》卷十一何平叔《景福殿赋》:"存问高年,率民耕桑。"李善注:"司马彪《续汉书》曰:'凡郡国掌治民,常以春行,所至县劝民耕桑。'"像这样对策文直接受到《文选》影响的例子还有许多。充分说明《文选》,尤其是其中收录

---

① [日]黑板胜美编:《令集解·前篇》卷17《选叙令》,《新订增补国史大系》卷23,吉川弘文馆1966年版,第505页。
② [日]黑板胜美编:《令集解·后篇》卷22《考课令》,《新订增补国史大系》卷23,吉川弘文馆1966年版,第648页。

的"策秀才文"对律令时代的贡举试策产生了重要影响。

同样,《本朝见在书目录》所列的《兔园策府》《注策林》《文馆词林》等有关试策等方面的类书在律令官人备考以测试"文词顺序,义理惬当"为目的试策中也应是大有帮助的。《兔园策府》与《文选》《注策林》等一样,对准备参加贡举试策的律令官人来说,也应该是重要的参考教材。那波里贞指出,那些在唐代极其普及的学习教材等,在唐代的日本留学生也对它们极为熟悉,他们会在归国之际带回,作为私学的教科书而被传抄诵读。①

前面已经指出,作为科举考试参考的私撰类书,《兔园策府》成立之初便在参与科举的士子中间广为流传。因此,在其传入日本后,与《文选》等一样被作为贡举考试的教材是合情合理的。

小岛宪之指出,敦煌本《兔园策府》曾被奈良时代的学人所利用,成为他们写作对策文的参考②,但小岛氏并没有从奈良时代对策文作品中找出具体的例证。王晓平先生考证指出,刀利宣令关于"设官分职"的对策文中的结尾部分"东游天纵,犹迷两儿之对;西蜀含章,莫辨一夫之问。至于授洪务,维帝难之。况乎末学浅志,岂能备述"。除了在个别字句上有所改变,实际上是对《兔园策府》首篇《辨天地》结尾"夫以东游天纵,终迷对日之言;西蜀含章,竟诎盖天之论。前贤往哲,犹且为疑,末学庸能,良难备述"的改头换面。③ 诚然,两部分均运用了孔子未能圆满回答两小儿关于日远近问话的典故,以及扬雄被问有关天文的问题而被难住的典故,表明面对帝王都感到为难的题目,未必能回答周全。句末谦辞"末学浅志,岂能备述"与"末学庸能,良难备述"更是句式完全相同。

尽管敦煌本《兔园策府》残卷今仅存序及卷一所收五篇对策文,但是从这仅存的内容中亦可以找出不少对日本奈良时代对策文影响的

---

① [日] 那波里贞:《唐代社会文化史研究》,创文社1974年版,第217页。
② [日] 小岛宪之:《上代日本文学与中国文学——以出典论为中心的比较文学考察》(下),塙书房1965年版,第1439—1440页。
③ 王晓平:《日本奈良时代对策文与唐代试策文学研究》,《中西文化研究》2009年第16期,第84—95页。

例子，下面据笔者管见再举数例说明。《经国集》卷二十大神直虫麻吕对策文二首之二对文：

> 当今握褒御俗，履翼司辰。风清执象之君，声轶绕枢之后。设禹麾而待士，坐尧衢以求贤……

首先，对文"设禹麾而待士，坐尧衢以求贤"一句中"禹麾"的"麾"字，群书类从、文学全集以及文学大系本均作"虞"。小岛氏认为作"虞"时，"禹虞"当解作"帝夏禹"和"帝尧有虞氏"，这样一来，二者组成的连语与前面的"设"不通。因此，小岛氏认为应从神宫文库本的"麾"字，"麾"意为军旗、指挥旗。小岛氏的见解完全正确，但他并未有找出"禹麾"一词的出典依据。实际上，"禹麾"一词也确实不见于《文选》等典籍。敦煌本《兔园策府·序》中出现了"执禹麾而进善，坐尧衢以访贤"的对句用法，不仅"禹麾"的用法可以校正日本诸本的讹误，在句意上以及句式上亦与大神虫麻吕对文"设禹麾而待士，坐尧衢以求贤"异曲同工，尤其是对句之后半句，大神直虫麻吕只是将"求贤"改为"访贤"而完全照搬。

同为大神直虫麻吕该对文之第一段，亦有出自《兔园策府》的句子：

> 对：窃以遐览玄风，遐观列辟……焕焉在眼，若秋旻之披密云；粲然可观，似春日之望花苑。

首句"遐览玄风，遐观列辟"构成单句对。"遐览……""遐观……"的句式在汉籍中多有使用，如初唐骆宾王《对策文》三道"遐观素论，眇观玄风"等。《怀风藻·序》"遐听前修，遐观载籍"以及"遐听列辟，略阅缣缃"（清原夏野《上令义解表》）等上代日本文献中亦不乏用例。这些用例大概均受到《文选·序》"式观元始，眇睹玄风"类句的影响。敦煌本《兔园策府》残卷之《议封禅》

中亦有"眇观列辟，拟议者多人；遨览前王，成功者罕就"的类句再次表明，对策文中此类用法似乎更为普遍，奈良时代的律令官人在对策时也许正是参考了这些中国典籍中的类句。

同为上段引文中的"若秋旻之披密云"一句中"秋旻"一词的"旻"字通行本均讹误为"昊"，而三手文库本作"旻"。此处究竟应当为"秋旻"还是"秋昊"呢？《初学记·岁时部·夏》："梁元帝《纂要》曰：'天曰昊天'。"可见《初学记》中"昊天"是作"夏天的天空"解的。案，此处当作"旻"，旻，意为"天空。秋天的天空"之意。《尔雅·释天》："秋为旻天。"小岛宪之引仲雄王《重阳节神泉苑赋秋可哀应制》："高旻凄兮林蔼变，厚壤肃兮山发黄"诗指出，"高旻""秋旻"的用法未见于六朝、唐诗。据此判断"秋旻""高旻"均应为当时日本的"造语"（《国风暗黑时代的文学补篇》，第479页）。小岛氏这一说法应当不确，陶渊明《自祭文》："茫茫大地，悠悠高旻"诗句中已经出现了"高旻"的用语。

"旻"字在《文选》中有两例。其一为卷二十六谢灵运《永初三年七月十六日之郡初发都》："秋岸澄夕阴，火旻团朝露。"注引《尔雅》曰："秋为旻天。"又注引《毛诗》曰："野有蔓草，零露团兮。"其二为卷五十七谢希逸《宋孝武宣贵妃诔》："恸皇情于容物，崩列辟于上旻。"诚如小岛氏所言，这些用例中均没有出现"高旻""秋旻"的用法。但是敦煌本《兔园策府》之《辨天地》"对宵景以驰芳，概秋旻而发誉"一句中明显使用了"秋旻"一词。在为大神直虫麻吕对策文提供校订价值的同时，也可以证明《兔园策府》对于奈良时代对策文创作中的独特价值。

《兔园策府》之于上代对策文的影响绝不仅仅限于某些句式的模仿方面。现存的敦煌本《兔园策府》残卷卷第一所保存的五篇篇目，"辨天地""正历数""议封禅""均州壤""征东夷"议题，不仅是唐王朝所关心的核心话题，可以说也是中国历代封建王朝所共同关心的问题。因此，作为太宗之子蒋王僚佐的杜嗣先，在奉命编撰《兔园策府》以供参与科举考试的士子参考之用时，自然会将上述封建王朝所关心的问题拟作题目编入集中。

日本贡举试策模仿唐制设立，这些中国封建王朝所关心的话题自然也会进入日本律令时期科举考试的策题之中，尤其是《经国集》所收时务策当中，均是关于所谓治国要务的题目。比较《经国集》时务策和《兔园策府》卷第一之议题，可以发现二者不乏相似之处。如《经国集》卷二十菅原清房问、栗原连年足对之《天地始终》《宗庙禘祫》与《兔园策府》卷第一之《辨天地》《议封禅》，《经国集》卷二十纪真象之《治御新罗》与《兔园策府》之《征东夷》。仅仅是所存五篇之中就有三篇与《经国集》时务策题目相同或者是议题相关。这除了说明唐日科举试策在所关心议题方面的相似，还表明《兔园策府》之类的科举考试参考书在日本试策题目的拟定中所具有的参考价值，也间接证明了《兔园策府》传入日本后极有被作为官私学校教科书而被传抄传诵的可能性。

　　《兔园策府·序》指出了自"周征造士，汉辟贤良"以来历代策文的优劣得失，指出刘君（汉武帝）、董仲舒、孙弘、杜钦、马融等人对问"文不滞理、理必会文，消谀论以正辞，剪浮言而体要"。而自魏晋以后，齐梁已还，"文皆理外之言，理失文中之意"，杜嗣先认为这样的对策文风"乖得贤之雅训"，自然不能达到选拔真正人才的目的。

　　杜嗣先对历代策文文风的评价实际上也反映了其编撰《兔园策府》的目的，那就是纠正魏晋以后、齐梁以还科举试策中崇尚的浮艳、奢华文风，主张科举试策应该回归到先代"文理兼备"的文风中去。

　　杜嗣先在《兔园策府·序》中所展现的这一文学批评观，与唐初史学家对前朝文风的鞭挞如出一辙。对于唐初史学家主张调和南北、崇尚实用的文学观，本章第一节已经结合魏征《隋书·文学传序》进行了分析。唐初史学家在文风上的这一主张，亦为平安初期的文学家所继承，前一节中通过《经国集·序》已经作了分析。

　　平安初期文学家对于唐初文风的继承还可以通过对都良香策判中有关策文"文""理"的评价与《兔园策府·序》中对这一问题的主张进行比较分析。都良香在《评定文章得业生正六位下行下野权掾菅原对文事》中指出"若理失通允之次,则文无依托之方",也就是说"理"以"文"为依托,"文"一旦失衡,"理"也就无从谈起。接下来,在《评定文章生从七位上菅野朝臣惟肖对策文第事》中对惟肖对文作出"骈枝有损于翰林,附隶不除于文体"的酷评,并标明其"言贵在约,文不敢多。善合者为难,过繁者为易"的观点。

从都良香"骈枝有损于翰林,附隶不除于文体"批判角度来看,他与杜嗣先乃至唐初史学家等对前朝文风的鞭挞着眼点是一致的。而其所主张的"文贵在约、文理相托"的观点,也正是对《兔园策府·序》"文不滞理、理必会文"观点的继承。

小 结

本章从唐代试策文化东渐的角度考察了《魏征时务策》与《兔园策府》的东传日本及其对日本试策文学的影响。《大宝律令》注释书《古记》引《魏征时务策》一条对"时务策"进行注释,说明《魏征时务策》在律令时期的进士科考中的独特价值。

对于《兔园策府》一书,研究者多以童蒙书视之。从敦煌本残卷内容、文体和编撰目的等判断,其明显具有类书的性质。《兔园策府》传入日本后,成为律令官人的教材和参考书。敦煌本残卷对于当代对策文文献的整理亦具有参考价值。

《魏征时务策》和《兔园策府》除了对日本贡举试策提供参考,其所体现的文学批评风格和文学风尚亦为平安初期文学家所继承,成为指导他们汉诗文创作的重要理念。

第六章　对策文与早期中国思想文化的摄入

日本对策文主要考察应试者（律令官人）的汉学修养，是律令官人以中国语言书写的中国故事。可以说，对策文是由政治家创作并反映政治生态，同时具有"公"与"私"双重属性的"官人文学"。对策文既反映了应试者个人对待中国思想文化的态度，也是整个律令社会接纳中国思想文化的一个缩影。

对于初唐诸如"选贤任能""精勤清俭""设官分职"等文化策略在奈良时代时务策中印记的研究已见诸先学成果。① 本章拟从奈良时代时务策中对有关"忠"与"孝"以及老子玄学思想进行论述的对策文入手，进一步探讨日本律令社会早期在接受中国思想文化方面的特点。

第一节　忠与孝的阋斗：对策文与奈良时代的忠孝观

《经国集》卷二十所收对策文中有两篇直接以"忠""孝"为议题，分别为主金兰和下毛虫麻吕对策文。下面以这两篇对策文为考察对象，通过对对策文中引用的中国孝子故事的背景和意义进行分析考证，进而剖析奈良时代忠孝观的形成与发展问题。

---

①　王晓平：《日本奈良时代对策文与唐代试策文学研究》，《中西文化研究》2009年第16期，第84—95页。

直接把"忠""孝"问题作为国家最高官吏登用考试的考试题目,说明在奈良时代,"忠君"与"孝亲"的问题,或者说"公"与"私"的问题已经开始成为律令官人们不得不直接面对的问题,而当二者尖锐对立,不得不二者取其一的时候,"以孝移忠""先忠后孝"的思想往往成为他们的最终选择。早期就传入日本的《孝子传》《孝经》等汉籍对奈良时代忠孝观的形成起到了极为重要的作用。

一 主金兰对策文的忠与孝

首先看主金兰对策文。据小岛宪之考证,主金兰应为归化人。主金兰对策时间应该不晚于养老(717—723)年间。① 主金兰,本名为村主金兰,由于当时多按唐风记名,故主金兰前省去了"村"字。除此之外,有关主金兰生平的记载不详。由于主金兰与刀利宣令、下毛虫麻吕等人一起对策。而刀利宣令、下毛虫麻吕两人不仅在《怀风藻》中有作品留世,还在养老年间被任命为东宫侍讲和文章博士等官职。据此判断,主金兰在文笔、学问等方面至少应该不低于刀利宣令、下毛虫麻吕二人。《经国集》卷二十目录载"主金兰对策文二首",有关"忠孝先后"的这篇对策为第一首,策问作者不详,先看策问:

> 问:孝以事亲,忠以报国。既非贤圣,孰能兼此。必不获已,何后何先。②

策问首先提出了孝以事亲、忠以报国的命题。作为普通人,当做不到二者兼顾而又必选其一的时候,应该如何选择。策问一开始便单刀直入地向对策者主金兰提出了这一尖锐命题。下面为主金兰的对策文:

---

① [日]小岛宪之:《上代日本文学与中国文学——以出典论为中心的比较文学考察》(下),塙书房 1965 年版,第 1433 页。
② [日]良岑安世等撰:《经国集》,载[日]正宗敦夫等编《日本古典全集》第 1 回,日本古典全集刊行 1926 年版,第 188 页。

臣闻，夫人之生也，必须忠孝。故摩顶问道，负笈从师。然后出则致命，表忠所天之朝；入则竭力，循孝所育之闱。是以参损偏弘孝子之风，政轲犹蕴忠臣之操。盖是事亲之道，莫尚于孝；奉国之义，孰贵于忠。资孝以事君，前史之所载；求忠于孝门，旧典之所编。故虽公私不等，忠孝相悬，扬名立身，其揆一也。别有或背亲以殉国，或舍私以济公。故孔丞割妻子之私，申侯推爱敬之重。即是能孝于亲，移忠于君。引古方今，实足为鉴。在父便孝为本，于君仍忠为先。探今日之旨，宜先忠后孝。谨对。①

对策文首先针对策问中"孝以事亲，忠以报国"展开论述，指出忠孝二者缺一不可。首先，肉身受之父母（摩顶）并首先从父母那里懂得做人的道理，入学（负笈）后师从先生治学。出仕则尽忠于朝廷，在家则孝敬父母（闱，指父母）。接着，对策文列举了参损（曾参）、闵损（闵子骞）等孝子以及忠臣政轲（聂政与荆轲）的故事。参损、闵损的故事见《孝子传》，二人均为历史上有名的孝子，并同为孔子的弟子。也许正因为如此，主金兰才把二者一并列出。聂政与荆轲的故事同出《史记·刺客列传》，以我们今天的眼光，把作为刺客的二人看成侠义之士也许更合适。但在对策文作者主金兰看来，誓死捍卫主人之托的"刺客"与忠于君主之命的"忠臣"也许并无二致。

《孝经·开宗明义》"夫孝始于事亲，中于事君，终于立身"以及《孝经·广扬名》"君子之事亲孝，故忠可移于君"等记述均据《孔安国传》"能孝亲则必能忠君，求忠臣必于孝门"之说。孝敬父母的人一定会忠于君主。"孝"与"忠"虽分属于"私"和"公"的不同领域，但二者绝不是水火不容，而是一脉相承的关系，主金兰对策正是在《孝经》这一基本原则的指引下展开论述的。

---

① ［日］良岑安世等撰：《经国集》，载［日］正宗敦夫等编《日本古典全集》第 1 回，日本古典全集刊行 1926 年版，第 188 页。

但是，仅据此尚不足以回答"当不能二者兼顾而又必选其一时，应该优先选择谁"的问题。因此，主金兰再次从公私两方面，从忠与孝的效用方面出发得出了应优先对君主尽忠的结论。作为例证，主金兰引用了"孔丞割妻子之私"和"申侯推爱敬之重"两个例子。"孔丞"的故事见《后汉书》卷三十一《孔奋传》：

  孔奋，字君鱼，扶风茂陵人也。（中略）除武都丞。时陇西余贼隗茂等，夜攻府舍，残杀郡守。贼畏奋追急，乃执其妻子，欲以为质。奋年已五十唯有一子，终不顾望，遂穷力讨之。吏民感义，莫不倍用命焉。①

孔奋做武都丞（策问中称其为孔丞）时，贼隗茂袭击官府，郡主被杀。孔奋奋力追击，贼掠挟孔奋妻儿作为人质要挟孔奋。其时奋已经五十岁了，被贼掠去的儿子是他的独子。但是孔奋看都不看妻儿（策文中说"割妻子之私"）一眼，奋力追讨。这则故事在白居易所撰类书《白氏六帖》卷二十八"盗寇"条亦有记载，"孔奋字君鲁，为武都丞。贼隗茂等攻郡守。奋追急，乃执奋妻。奋已年五十唯有一子，终不顾，遂擒贼。妻子亦死，世祖褒美之"②。另外，《敦煌类书》"北堂书钞体丙"（撰者未详，从书风看应属中唐时期作品）亦收有以"孔奋心在去盗，不顾妻子"为题的故事，"孔奋心在去盗，为武都郡丞，有贼夜攻郡，杀太守。畏奋径赴，乃执其妻子，欲以为质。奋终不顾惜，斩贼急，□□灭贼。奋妻子欲以为□，为贼所杀"③。这些类书与《后汉书》对孔奋故事的记述，最大的不同在于类书中明确记载了孔奋妻儿为贼所杀的情节。

那么，"申侯"的故事又如何呢？无论是中国辞书或者是日本的一般辞书，对"申侯"的注释一般为：申侯，周幽王时人，把自己的女儿嫁给幽王为后并生下太子宜臼，但幽王后来宠爱美女褒姒，并

---

① （宋）范晔撰：《后汉书》，中华书局2005年版。
② （唐）白居易辑：《白氏六帖》，文物出版社1987年影印版。
③ 王三庆：《敦煌类书》，丽文公司1993年版，第5002页。

废去皇后和太子。申侯派兵攻灭幽王，立太子宜臼为王，即为周平王。但是其与对策文中"推爱敬之重"的申侯应非为同一人。考虑到孔丞以"孔"姓加官职"丞"的组合，应考虑"申"姓且任"侯"位的与对策文相符的人物。能够进入上代日本人的视野内且符合条件的人中，也许《孝子传》（阳明本，船桥本）中登场的"申明（申鸣）"不失为合适的人选。

> 申明者楚丞相也，至孝忠贞。楚王兄子，名曰"白公"，造逆无人能伐者。王闻申明贤，躬以为相。申明不肯就命，明父曰："我得汝为国相，终身之义也。"从父言往起，登之为相。即便领军伐白公，白公闻申明来，畏必自败，乃密缚得申明父，置一军中。便曰："吾已执得汝父，若来战者，我当杀汝父。"申明乃叹曰："孝子不为忠臣，忠臣不为孝子。吾今舍父事君，若受君之禄而不尽节，非臣之礼。今日之事，先是父之命，知后受言。"遂战乃胜，白公即杀其父。明，领军还楚，王乃赐金千金，封邑万户。申明不受归家葬父，三年礼毕，自刺而死。故《孝经》云："事亲以孝，移于忠，忠可移君。"此谓也。①

楚王为了讨伐叛贼"白公"，欲任命申明为国相，开始申明欲拒绝。但是在父亲的劝说下最终接受了任命，率军讨伐白公。白公惧怕申明，遂绑申父至阵前威胁申明。陷入"忠"与"孝"困境中的申明发出了"孝子不为忠臣，忠臣不为孝子"的哀叹，最终选择"舍父事君"。然从"今日之事，先是父之命，知后受言"可知，目睹父亲被杀，陷自己于如此不孝之境地，他对当初自己的选择是如何地后悔。申明凯旋，谢绝了楚王的万千赏赐，为父守孝三年后自尽身亡。

"白公胜叛乱"故事在《春秋左氏传》哀公十六年、十七年条亦有记载，在《左传》中，叶公子高最终平定了叛乱，白公奔走山林，自缢而死。在《左传》中，无论是本文还是注疏，均没有提及与此

---

① ［日］幼学会编：《孝子传注解》，汲古书院2006年版，第346页。

相关的话题，甚至连申明的名字都没有出现。考察可知，《说苑》（卷四）与《韩诗外传》（卷十）均记载有该故事。另外，与阳明本《孝子传》一并传入日本的船桥本《孝子传》亦有该故事。除此之外，在唐代以后的类书里均不见有该故事的记载。据此可知，最迟在不晚于汉魏六朝时该故事应广为流传，而唐以后则鲜为人知。但是，在日本，作为重要的童蒙书《千字文》的一种，《纂图附音增广古注千字文》在中世以后广为流传，其"资父事君，曰严与敬"的注中引用了"申明"的故事。据此可知，与中国不同，日本在中世以后，通过《千字文》的学习，"申明"的故事应该是从儿童时候起就广为人知的故事。出现在主金兰对策文中的"申侯"，参考与之构成对句前句的"孔丞割妻子之私"中孔奋的故事来看，应为前面引述的"申明"的故事无疑。《孝子传》至迟在奈良时代就已经传入日本，从被与主金兰同时代的其他对策文，以及《律令》等的注释所引用来判断，主金兰应当是通过《孝子传》而不是《说苑》《韩诗外传》等了解了申明的故事，从而在自己的对策中引用了该故事。虽然我们不能从前面引述的资料中发现"申侯"的称谓，但从前面阳明本《孝子传》中楚王对申明"封邑万户"的记述来看，也许主金兰所看到的当时的资料中有申明被封为"侯"的记载。主金兰在引述了"孔丞割妻子之私"的故事后，接着列举了"申侯推爱敬之重"的故事，从而在对策文结尾得出了"宜先忠后孝"的结论。孔奋的例子，正如对策文所述"舍私以济公"那样，实为"牺牲自己而奉公"的例子，似乎与策文忠与孝"何后何先"的主题有所偏离。申明的例子则相反，陷于忠与孝悖论中不能自拔，而最终选择了"移孝于忠，先忠后孝"，这恰好切中了对策文的主题。

从主金兰的这篇对策文不难看出，从奈良时代开始，忠君与孝道这一命题已经开始摆在律令官人的面前，并且当二者不可兼得的时候，何者为先的问题已开始进入官员登用考试（科举考试）的问题中。面对这一问题，像主金兰这样的大学寮官员通过传入日本的《孝子传》（有关《孝子传》传入日本的问题，参见《〈孝子传〉研究》）中类似于申明不得不目睹生父被杀的悲惨故事，似乎已经找到了应该如何取舍的依据。

二 大神直虫麻吕对策文中的忠与孝

再来探讨大神直虫麻吕的对策文,这篇对策虽然没有像主金兰对策文那样明确运用"忠""孝"的字眼,但对策文明确提出了"亲情"与"公理"即"理"与"法"的两难命题,其本质上仍然是忠与孝的命题。其策问如下:

> 问:明主立法,杀人者处死;先王制理,父仇不同天。因礼复仇,既违国宪;守法忍怨,爱失子道。失子道者不孝,违国宪者不臣。惟法惟礼,何用何舍。臣子之道,两济得无。①

策问中提出了"杀人偿命""父仇不戴天"这一于法于理(礼)看似矛盾的命题。尽孝道(报杀父之仇)与守"公理(国宪,法)",也即是"子道"与"臣道"二者究竟应该如何选择呢?大神直虫麻吕对策文对此进行了解答,先看对文第一段:

> 对:窃闻孝子不匮(通行本作"遗",盖为形近而讹),已著六义之典;干父之蛊,式编八象之文。是知兴国隆家,必由孝道。故使蒸蒸虞帝,终受肥华之珪;翘翘汉臣,乃标万石之号。自尔阿刘淳孝,乃陨身而令亲;桓温笃诚,终振刀而杀敌。魏阳斩首,存荐祭之心;赵娥刺仇,致就刑之请。②

首先,大神直虫麻吕从《诗经》(六义之典)和《周易》(八象之文)中引述了有关"孝"的名言,认为中国从太古时起就重视"孝"的观念,"孝道"是兴国隆家的根本之道。此处列举了孝子"舜(虞帝)"的传说和石奋及其四子(万石君)的故事。接着列举

---

① [日]良岑安世等撰:《经国集》,载[日]正宗敦夫等编《日本古典全集》第 1 回,日本古典全集刊行 1926 年版,第 195 页。
② 同上书,第 195—196 页。

了阿刘、桓温、魏阳、赵娥四人的故事，除了阿刘的故事待考外，其他三人均为为报仇雪耻而犯了杀人命案的人物。桓温，晋时人，十五岁时父亲被杀，为报父仇手持利刃斩杀仇人（见《晋书·桓温传》，《艺文类聚·人部·报仇》）。据《孝子传》载，魏阳的父亲在街市受到恶少侮辱，魏阳打算杀了恶少，为父雪耻，又担心自己获罪后父亲无人照料。等父亲去世后，魏阳才取了恶少首级献于父亲墓前。魏阳的行为非但没有获罪，作为孝子还受到了赞扬并被授予官位。赵娥的故事见于《后汉书·列女传》和《艺文类聚·人部》"报仇"条。赵娥在兄长病故后，不忘杀父之仇，以女儿之身坚持数年终报父仇，而后从容自首就刑。

　　至于对文中"阿刘淳孝，乃陨身而令亲"一句中所引阿刘究竟所指何人，有待进一步考证。需要指出的是，小岛宪之尽管有所疑问，但是认为《令集解·赋役令》"节妇"条所引"判集"中的妇人刘氏应为对策文中阿刘的原形。①《令集解》"节妇"条引《判集》云"妇女刘早亡夫婿，情求守志。愿事亡夫数年，遂生一子，款与亡夫梦，今即有娠，姑乃养以为孙，更无他虑。……刘请为孝妇，其理如何？阿刘宿种澡纂，早丧所天，愿事舅姑，不移贞节"②。从这段记述可知，《令集解》所载刘氏的故事不仅与其他三人明显不同，而且与对策文"殒身（牺牲）"的记述亦明显不符。虽然据笔者管见范围，阿刘出处尚不可考，但是毋庸置疑，阿刘应该是一位为给父母雪耻（抑或报仇）而从容就死的刘姓女性，对此，将留待以后详细考证。至此，这一段对策文列举了为父报仇雪耻的中国的孝子传说，论述了策问中提到的"孝心"的问题。接下来，为对策文的第二段：

　　　　我国家登枢践历，握镜临图。仁超栖凤之君，道出驾龙之帝。取破觚于汉律，弃繁荼于秦刑。两璧决疑，从陶公之雅说；百锾遗训，协夏典之明科。囚人不祭皋繇之灵，狱气既销长平之

---

① ［日］小岛宪之：《国风暗黑时代的文学》（补篇），塙书房2002年版，第476页。
② 《令集解·前篇》，《新订增补国史大系》第23卷，吉川弘文馆1965年版，第413页。

酷。蒲鞭澄恶，行苇兴谣。犹恐屈志同天，则弥睽孝弟；推戈报怨，则多挂网罗。广迨刍荛，傍询政略。

这一段为对当今天皇治世的赞美，也是对策文的固定套路，在奈良时代尚没有完成定型，到了平安时代才逐步定型化，关于这一点本书在第四章已有详细论述。本段大神直虫麻吕在陈述了圣帝的仁德统治，减轻酷刑，使犯人普遍感受到了圣恩之后，进一步阐述了策问的主旨：若屈志守法，不报亲仇，则有违孝道；若报仇雪恨，手刃仇敌，则触犯刑律。接下来第三段，大神直虫麻吕得出了结论：

夫以资父事主，著在格言。移孝为忠，闻诸甲令。由是丁兰雪耻，汉主留赦辜之恩；缑氏刃仇，梁配有减死之论。若使酌恤刑之义，验纯情而存哀；讨议狱之规，矜至孝而轻罚。高柴出宰，良绩远闻；乔卿临官，芳猷尚在。则可能孝于室，必忠于邦。当守孝之时，不惮损生之罪；临尽忠之日，讵顾膝下之恩？谨对。

大神直虫麻吕指出，"资父事主""移孝为忠"等在中国成为"格言"与"甲令"（法令），对父母的"孝"可以转化为对主君的"忠"。显然，这一说法源自《孝经·士》"资于事父以事君，而敬同"和《孝经·广扬名》"君子之事亲孝，故忠可移于君"等语句，也是前节主金兰对文所遵循的主要伦理。

接下来以对句形式列举了丁兰（男性）和缑氏（女性）的故事，丁兰为《孝子传》《蒙求》"丁兰木母"故事中的有名孝子：丁兰在母亲死后，以木为母像（木母），与生时一样日夜侍奉。某日邻人来借斧头，丁兰征求木母意见，因见木母面露难色从而拒绝了邻人，邻人怀恨在心，趁丁兰不在时用刀砍去了木母的手臂，（木母）竟然像生人一样鲜血直流。丁兰归家后目睹此景痛不欲生，斩杀邻人并把其首级献于母亲墓前。感怀于丁兰孝心，官府非但没治丁兰之罪，还赐予其官位以示奖励（需要指出的是，在《法苑珠林》四九所引郑缉之《孝子传》以及《搜神记》中，"官府"的说法改为了"皇帝"，似乎更接近对策文全文）。

"缑氏"则为缑氏之女——缑玉，为报父仇犯下命案吃到官司，官府欲判其死刑，但是长官梁配感于其孝心，从而减免了对其的刑罚（《艺文类聚·人部·报仇》）。紧接着，对策文指出，若长官能为这些孝子的纯情、至孝之心感动而轻其刑罚，（也许这些孝子）就能如孔子的高足，有名的孝子高柴那样，就费之宰（长官）后能政绩突出，名声远扬。同样，也能像孝子魏霸（字乔卿）做钜鹿太守，为官清廉，广施仁政而为乡人所倾慕，等等，这些孝子后来都成了朝廷的有用人才。最后，对策文归纳为"可能孝于室，必忠于邦"，那些为了尽孝心而不惜触犯刑律甚至丢掉性命也要报仇雪恨的孝子，当需要他们为主尽忠的时候，他们会顾念父母之私情吗？他们一定会选择弃孝而尽忠的吧！

大神直虫麻吕的这篇对策文，面对"策问"中尽父母之孝的"子道"和守天子之法的"臣道"何者优先的两难选择问题，在论述中与主金兰对策文以"忠"为先的立场相对，先从"臣下"的立场出发，主张首先应对尽"子之道"的孝子减免刑责，结论虽不一致，但无论是主金兰的对策还是大神直虫麻吕的对策文，其立论所据"孝亲者亦忠君"思想即源自《孝经·广扬名章》"君子之事亲孝，故忠可移于君"思想，这一点是确认无疑的。在奈良时代以中国律令和官僚体制为范本，逐步建立了自己律令官人社会的过程中，"孝"与"忠"的斗争与融合问题已经在思想层面广受关注，这一时期随着《孝子传》等中国典籍的传入，一些孝子、忠臣的故事传说开始影响日本上层，为他们的官人社会形成期中必须面对的"公"与"私"，即如何处理作为"官人"和"私人"的问题提供了一个极好的注解。

需要指出的是，这两篇对策文所反映的奈良时代律令官人在忠孝问题上的思考也即是他们的忠孝观念，一直影响着日本人在这一问题上的态度。其表现之一便是这一思想观念在后世文学作品中的反映。成立于中世时期的《平家物语》以及近世前期的净琉璃作品《国姓爷合战》等都受到这一思想的巨大影响。这些作品均成功塑造了主人公在面对"忠君"与"孝亲"问题时的复杂矛盾心理。到了江户后期,"义理"和"人情"又成为很长一段时期日本小说、演剧的最为重要的主题。这些都可以说是奈良时代忠孝观念的延续和发展,在这一观念的形成过程中,从汉代就开始传诵,并在上代就已经传到日本的中国孝子故事应该说是起到了巨大的推动作用。

第二节　崇玄与斥老:唐日科举文化中的老子思想

与唐代科举文化中的"崇玄"思想不同,在律令社会形成初期,日本社会在很长一段时间内对待老子玄学思想基本是持排斥态度的。下面将通过对奈良时代科举试策中以老子玄学思想为议题的两篇对策文的探讨,分析奈良时代在吸收唐科举文化的过程中,是如何对李唐时期的"崇玄"思想进行"过滤"以达到其"斥老"目的的,进而分析日本奈良时期"斥老"思想产生的社会背景和思想根源。通过唐代的"崇玄"和奈良时代的"斥老",我们可以窥知早期日本统治阶层在吸收中国文化过程中的策略考量,同时,也反映了其对老子思想学说及玄学的不同理解。

一　唐代科举中的"崇玄"思想

我们不妨通过对有关唐代科举的文献考察中了解其"崇玄"思想的来龙去脉。《唐会要》记载了武则天于上元元年(674)十二月二十日的一篇上表文:"伏以圣绪出自玄元,五千之文,实为圣教,望请王公以下,内外百官,皆习老子《道德经》。其明经咸令习读,一准《孝经》《论语》。所司临时试策,请施行之。"紧接着高宗在次年的正月十四即敕曰:"明经咸试《老子》策两条,进士试帖三条。"[①]从这篇上表和随后高宗皇帝的敕文来看,唐代最早在高宗上元二年就在明经科考试中试《道德经》"策两条"。在此之前,唐代在明经科

---

① (宋)王溥编撰:《唐会要》卷75《明经》,中华书局1985年版。

科目中规定是只试儒家经典的，上元元年在儒家经典基础上加试老子《道德经》，可见老子思想在唐代统治者中被推崇的程度之深。

到了李唐玄宗时代，对于老子思想及道教的倡导和尊崇达到了一个新的高峰，其表现之一便是设置"道举"科目。关于玄宗设立"道举"，《通典》曰：

> 玄宗方弘道化，至（开元）二十九年，始于京师置崇玄馆，诸州置道学，生徒有差，谓之"道举"。举送、课试与明经同。①

又于"生徒有差"四字下面注曰：

> 京都各百人，诸州无常员。习《老》《庄》《文》《列》，谓之"四子"，荫第与国子监同。

上面的材料反映了玄宗皇帝开设道学并置"道举"的情况，在京师设崇玄馆，诸州开设道学，招收生徒，习老子《道德经》等其他道家经典。同时，"举送、课试与明经同"的规定表明道举在考试上与明经科考试相同，这也表明道举取得了准"明经科"的地位。自此，《道德经》就被赋予了"经"的地位，唐代道举自此便有了自己的"五经""四子"的说法。而对于道举生徒考中后的荫位处置，规定为"与国子监同"，可见当时对道举出身者的重视程度。

玄宗皇帝的"方弘道化"还远不止于此，就在其著令设置道举的开元二十九年五月又急于发布了举行"明四子"科选士的诏令，诏令中说道：

> 自今以后，常令讲习《道德经》，以畅微旨。所置道学，须倍加敦劝，使有成益。是知真理深远，宏之在人。不有激扬，何以励俗！诸色人等，有能明《道德经》及《庄》《列》《文》子

---

① （唐）杜佑编撰：《通典》卷15《选举三》，中华书局1984年影印版。

者，委所由长官访择，具以名闻。朕当亲试，别加甄奖。①

"明《道德经》及《庄》《列》《文》子"，也被称作"明四子"，以此取士，即为"明四子科"，此诏便是其始置时的著令。此诏发于开元二十九年五月一日，其时距道举置科不足四个月，由此可见玄宗"求道"之心情何等急切。关于考试办法有皇帝"亲试"，也即是"亲策"，同时对及第者"别加甄奖"。从这一考试形式来看，已经超出了常科的性质，而具有"制举"的特点。

综合以上材料，从高宗上元元年武则天上表令内外百官皆习《道德经》并列入明经科科目，至玄宗时代其地位逐步提高，一再为之设科立目。可以说，唐朝皇帝的"崇玄"思想达到了一个几近鼎盛的状态。在中国的封建王朝中，再也没有哪个朝代像李唐一样对老子及玄学思想有过如此的崇拜。

二 奈良时代对策文与"斥老"思想

下面再来分析日本的"斥老"观念。完整反映奈良时代科举状况的《养老令》"考课令""学令"以及"选叙令"中，自始至终都没有提及老子的思想及其学说，这与唐代科举中的"崇玄"思想恰好形成鲜明的对比，而且这一状况一直持续到了奈良时代末期。

其实，老子道学与儒学的争论一直是奈良时代贵族知识阶层的"热门"话题之一，甚至作为考题出现在试策当中。在现存的奈良时代的为数不多的对策文文献当中，直接涉及老子思想学说的对策文有两篇，一篇为白猪广成的辨别"李孔精粗"的对策文；另一篇为下毛虫麻吕就"周孔儒老精粗"所作的对策文。而最能表明这一时期对待玄儒两家思想不同态度的要数白猪广成的对策文。白猪广成的这篇对策是针对"李耳嘉道，以示玄虚之理。宣尼危难而修仁义之教。或以为精，或以为粗。元理云为，仰听所以"的策问所作的对文。很明显，问文的精要在于要求应试者白猪广成就"老子学说"和"周

---

① （清）董诰等编：《全唐文》卷35，中华书局1983年版。

孔儒教"进行辨明，白猪广成的对文全文如下：

> 对：眷山林以被黄缁，道德之玄教也，是则柱下之风；入皇朝以施青紫。仁义之敦儒也，彼亦司寇之训。故清虚之理，焕二篇而同春日；旋折之踪，明五经而类秋月。诚能拯苍生之沈溺，继皇风之绝废。
>
> 伏惟圣朝德光万寓，化高五岳。动植苞其亭育，翔走荷其陶铸。烈风五日曾不鸣条，崇雨一旬徒无破块（疑"槐"之讹）。复乃南蛮裸壤，占青云以航海。北狄章身，蹈（疑脱一字）云以梯山。巍兮荡兮，其化如此。犹惧丹丘之教未备污隆，玄儒之旨有舒雄雌。欲思分其条目，辨其精粗。
>
> 窃以玄以独善为宗，无爱敬之心，弃父背君；儒以兼济为本，别尊卑之序，致身尽命。因兹而寻，盐酸可断。谨对。①

据小岛宪之考证，白猪广成对策于养老（717—723）年间②，故这篇对策文属于奈良时代前期的作品。对策文已经具有"三段式"的结构特征，第一段论述老子《道德经》和儒家"五经"之区别，说明题旨。第二段以"伏惟圣朝"套语起句，为"盛世赞美"部分，到了平安时代，这一部分进一步定型化。第三段为结论部分，表明了白猪广成对待儒老的观点，从"玄以独善为宗，无爱敬之心，弃父背君；儒以兼济为本，别尊卑之序，致身尽命"的表述，可以看出奈良时代的贵族知识阶层"崇儒斥老"思想是如何的坚决。同样，与白猪广成同为养老年间对策的下毛虫麻吕对策文同样以儒老思想为论题：

> 问：周孔明教，兴邦化俗之规；释老格言，致福消殃之术。为当内外相乖，为复精粗一揆。定其同不，覶此真讹。

---

① ［日］良岑安世等撰：《经国集》，《日本文学大系》第24卷，国民图书株式会社1928年版，第372—373页。
② ［日］小岛宪之：《上代日本文学与中国文学——以出典论为中心的比较文学考察》（下），塙书房1965年版，第1423页。

对：窃以眇观列辟，绕电履翼之皇；遐听风声，洞八连三之帝。虽历代千古，而源仍画一。但随时之便不齐，救弊之术亦异。原夫玄涉清虚，契归于独善；儒抱旋折，理资于兼济。是以泣麟降迹，刻鲁册之秘典；狼跋垂教，阐周编之雅箓。至如白毫东辉，演打刹之道；紫气西泛，望凝玄之期。斯诚事隐探颐之际，理昧钩深之间。然详搜化俗之源，曲寻消殃之术。既识淄渑之疑，亦有泾渭之派。但学谢《籝金》，徒迷同不之义；词瞑《屑玉》，宁述真讹之旨。谨对。①

下毛虫麻吕对策文尽管与白猪广成对策文理论不同，但其对文中"玄涉清虚，契归于独善；儒抱旋折，理资于兼济"的论断，可以说在观点上几乎与白猪广成如出一辙，其根本思想仍然是"斥老"的。对文末"学谢《籝金》，徒迷同不之义；词瞑《屑玉》，宁述真讹之旨"为对策者谦辞部分，到了平安时代也被定型化为对策文套语表现之一。《籝金》《屑玉》均为唐代通俗知识类书。小岛宪之指出，《籝金》《屑玉》等唐代通俗知识类书大概于718年被第七次遣唐使带回，对奈良时代的对策文产生了重要影响。②从下毛虫麻吕的引用来看，至少在养老年间，二书应该在律令官吏中间有了相当的普及，其传入日本的时间可能更早。

上面所引用的是出现在科举文体——对策文中的"斥老"思想。作为一种考试应用文体，它深刻反映了统治阶级的意志。可以说，奈良时代贵族统治者之所以要求"应考者"辨别"儒老精粗"的问题，是与奈良时代正处于律令制国家形成中这一现实是密不可分的。

其实，不仅仅是对策文，就是在一般的文学作品中也不乏反映当时贵族知识分子对待老子思想的作品。下面不妨从《万叶集》卷五所收山上忆良的一首和歌序《令反或情歌一首并序》中来分析其对

---

① [日]良岑安世等撰：《经国集》，《日本文学大系》第24卷，国民图书株式会社1928年版，第372—373页。

② [日]小岛宪之：《上代日本文学与中国文学——以出典论为中心的比较文学考察》（下），塙书房1965年版，第1423页。

待老子思想的态度。

> 或有人，知敬父母，忘于侍养，不顾妻子，轻于脱屣。自称倍俗先生，义气虽扬青云之上，身体犹在俗尘之中。未验修行得道之圣，盖是亡命山泽之民。所以指示三纲，更开五教，遗之以歌，令反其或。①

以上"歌序"深刻反映了山上忆良对待儒教、道教（主要是老庄思想）的态度。歌序中的"倍俗"先生或称"异俗"之人，即为弃世逃亡的"隐逸之士"②。从"指示三纲，更开五教，遗之以歌，令反其或"的论述中不难看出，这篇"歌序"明显是崇尚儒教而反对老庄的。众所周知，山上忆良曾于702年作为遣唐使"少录"渡唐，学习唐朝文化，这时距武则天上表建言明经科试《道德经》"策两首"已有近三十年时间，对待唐王朝社会的"崇玄"思想理应不会陌生。但反观这篇"歌序"中对待老庄玄学的反对态度，的确令人深思。

另一位奈良时代的著名学者、政治家，曾两次作为遣唐使赴唐的吉备真备所著《私教类聚》一书，共50卷，原文虽已亡佚，但是，其目录却被完整保存在《拾芥抄》中，诸如"示文籍事""人道大意事""可存忠孝事""可存信忠事""可慎饮食事""可劝身行事""不可奢侈事""可劝文事""可知弓射事"等计三十八条。其第三条为"仙道不用事"，这一条尤其应该引起我们的重视，这里的"仙道"毫无疑问指的是道教思想。前面已经提到，吉备真备曾经两次作为遣唐使赴唐学习，同山上忆良一样，对于唐皇帝的"崇玄"理应是耳闻目睹。但是在其著作中却出现了"仙道不用事"的内容，这确实是极其耐人寻味的事情。

三 唐日科举文化信仰差异及其社会根源

前面以科举文化信仰为背景，分析了老子玄学思想在唐代和日本

---

① ［日］井手至、毛利正守：《新校注万叶集》，和泉书院2008年版，第115页。
② ［日］辰巳正明：《万叶集与中国文学》第2册，笠间书院1993年版，第646页。

奈良时代的不同遭遇。那么，这种差异是如何产生的，其背后有着怎样的社会根源呢？下面我们就重点对这一问题进行集中分析。

众所周知，在我国，道教思想是在东汉中期以后逐渐成形的，至南北朝达到了一个空前的发展时期。到了唐代，由于道家鼻祖老子与唐朝皇室同姓而获得唐皇帝支持，进而发展到设立"道举""明四子"科等一系列"崇玄"举动。究其原因，主要是由于李唐政治日益强烈的"崇古"倾向和要求所致。众所周知，唐代文德政治的理想和目标就是追慕尧舜以下圣君明王的"治化"境界，形成文质彬彬、淳朴自然的人格状态和社会风俗。特别是在玄宗时代，当一切都达到了"极盛"之后，他所应该并且能够追求的似乎也只有这样的理想境界了。当然，这一境界也是儒家所一直标榜的理想境界，在这一点上，儒家和道家并没有本质区别。但是，要实现这一理想境界，仅靠儒家的东西，尤其是已经教条化了的儒家道术显然是不够的，必须借助老庄道家。甚至可以说，道家的东西或许更适合此时玄宗的需要。

奈良时代的情况则与唐代明显不同，首先，在社会经济发展方面，虽然从圣德太子时代就开始致力于模仿中国建立律令制封建国家，但是，在整个奈良时代，日本的社会还都处于律令制的形成之中，其社会经济基础远远不如唐代发达。奈良时代贵族认为，律令制国家的完善，只能依靠孔子儒家教化思想，因而，对老子玄学是存有戒心的，或者说，奈良时代统治者始终认为老子玄学思想是不适合当时的日本社会的。其次，在奈良时代，由于教育落后，文化尚不能普及下层人民，只有少数的贵族知识分子才具有接受中国文化的能力，而在贵族知识分子中首先得到传播的便是孔子儒家思想。据史书记载，早在公元3世纪，百济博士王仁就携带《论语》十卷，《千字文》一卷，共计十一卷去了日本。[①] 日本学者金谷治考证，在日本，很久以来，以朝廷为中心，一直以学儒教，读《论语》，尊孔子为主。[②] 最

---

① ［日］武田祐吉译注，［日］中村启信补订、解说：《新订古事记》，角川书店1986年版，第130页。

② ［日］金谷治：《孔子学说在日本的传播》，于时化译，《孔子研究》1987年第1期。

后，虽然道家以老子为开山鼻祖，但是，老子思想学说之于道教并不像释迦之于佛教，耶稣之于基督教，实际上道教与老子思想学说并不完全一致，而只能说是一个混合各种思想的"杂教"而已。或者说，道教并没有作为一种宗教传入日本。

小　结

以上以奈良时代对策文对忠与孝、老子玄学等中国思想文化的态度为中心，考察了日本律令社会早期接受中国思想文化的状况。

律令官人在面对忠孝孰先孰后，子道臣道何以两济等两难选择问题时，以《孝经》为代表的中国古代"忠孝一如"思想往往成为他们立论的重点，而"申明谭"等中国孝子故事也成为他们立论的主要依据。

对于老子玄学思想，律令制国家形成期中的日本社会一度持排斥态度，这与当时的社会状况和对中国思想文化的整体把握程度不无关系。

无论是辨析儒释道三家不同，还是定忠孝先后顺序等这些奈良时代试策的常用题目都是相对宏观的题目，它反映了律令社会早期吸收中国思想文化的特点。正如王晓平先生所指出的那样，奈良时代的对策文"是衡量那一时代文学水平的标尺，也是当时学术思想的缩影"[①]。随着社会的发展和汉学教育水平的不断提高，日本试策所关注的课题不仅逐步趋向具体，对中国思想文化的理解也自然越发深入。

[①] 王晓平：《日本奈良时代对策文与唐代试策文学研究》，《中西文化研究》2009年第16期，第84—95页。

结　　语

作为中日古代文化交流的重要形式之一，科举制在日本律令社会确立过程中发挥了重要作用。试策作为科举考试的重要试项，不仅为唐制科举长期使用，也是日本科举考试的稳定试项。学界长期以来对日本试策的关注不够，更缺乏对对策文这一科举应用文体在文学意义上的研究。

本研究以唐代试策文化东渐为视角，从日本贡举试策制度的考述出发，对奈良平安时代的对策文进行了文献学、文体学以及影响研究等多方面的综合考察。

一　本研究的重要结论

日本在律令制国家建设过程中模仿唐制建立了贡举选士制度。从《令义解》《令集解》等"律""令"释文的有关规定来看，日本贡举试策在试策数量、内容以及受到重视的科目等方面与《唐六典》的规定存在明显差异。

在试策数量上，《考课令》规定秀才、进士科分别试方略策二条和时务策二条，而唐制则为五条，日制在数量上大为减少。试策内容上的差异主要表现为日制加入了《文选》《尔雅》等内容，突出了其"文学科"的特性。虽然在秀才、进士二科发展上日制同样表现出不平衡，但与唐制进士科受到重视不同，日本贡举试策中秀才科"一枝独秀"。之所以产生如此差异，除了受当时的社会历史条件和汉学教育水平制约外，与当时天皇崇尚汉诗文、频繁游幸，亟须培养宫廷侍宴人才等社会风尚不无关系。

尽管有部分注释文可资参考①，但现存对策文整体上缺乏有效整理。小岛宪之氏对《经国集》收录部分对策文的考释参考价值巨大，但小岛氏释文仍有补释的必要，例如敦煌本《兔园策府》残卷对小岛氏在"秋旻"一词考释中的补释作用就值得关注。在对策文注释中，写本，尤其是敦煌写本的重要参考价值应当受到足够重视。

　　对策文在文体上表现出骈俪文特征。历来被作为"美文"进行欣赏和研究的骈文体，在日本汉文学史上具有独特地位。对于骈文的文体特征，可以从多角度进行分析，而对句和声律无疑是骈文文体研究的重要环节。从《文镜秘府论》到《作文大体》，日本"杂笔"（散文）创作论在"对句"（尤其是隔句对）和"调声"说上都有自己独特的发展。从对句和声律角度对对策文进行整体考察，不仅必要而且是对策文文体研究的必然。此外，作为具有公牍文性质的应用文体，对策文在形式体式上也独具特色。通过文体考察，不仅对策文的文体演变清晰可辨，唐日骈文风尚之区别和联系亦"一目了然"。

　　对策文是征引中国经史典故，以中国语言书写的中国故事，目的是考察律令官人的汉学修养。毫无疑问，对策文与中国文化关系密切。已经散佚的《魏征时务策》和敦煌科举类书《兔园策府》残卷对奈良时代的对策文影响深远。《兔园策府》除了在语句、出典，乃至于文章思想上影响对策文外，在对策文文献整理上的重要参考价值亦不容忽视。

　　作为儒家思想东传的重要载体，日本古代试策文学对中国思想文化的接受研究是对策文研究的重要一环。面对忠与孝孰先孰后的问题，《孝经》"忠孝一如"思想无疑渗入了律令官人的思想观念之中。然而，在辨别"李孔精粗"，即对待老子玄学的问题上，近江奈良时代的官吏却和唐代科举对玄学的态度相反，这一方面反映了律令社会

---

①　[日]小岛宪之、柿村重松分别对《经国集》和《本朝文粹》所收奈良时代部分策文以及平安前期策文进行了注释。小岛氏注释参见《上代日本文学与中国文学——以出典论为中心的比较文学考察》（上），塙书房1962年版；《国风暗黑时代的文学》（中），塙书房1986年版；《国风暗黑时代的文学》（补篇），塙书房2003年版等部分章节。柿村氏注释见《本朝文粹注释》，内外出版1922年版等。

早期对中国思想学术的接受状况,也与当时具体的社会历史环境不无关系。

　　以上是本书在对策文研究中的主要内容和重要观点。对策文在古代中日文学、文化交流中的作用值得大书特书,古代日本试策文学也理应受到学界重视,进入更多的当代中国学人的研究视野。

二　进一步研究的设想

　　试策文学无疑是"科举文学"研究中的"重镇",也是本书要解决的主要问题。除了"试策"之外,完整的"科举文学"研究还包括对省试诗——试律的研究。日本的"试律试策文学"研究自然成为接下来的研究课题。

　　与试策文学不同,日本现存的省试诗的例子不多(《经国集》收录平安初期省试诗23首,平安中后期例子更少),考察省试诗所需的诗判、改判等文献也不存于世,这会给研究来一定困难,但完整的试律试策文学研究才能反映"科举文学"的全貌,对日本试律试策进行综合深入研究是本课题接下来要攻克的难关。

　　在对策文的文体研究中,笔者注意到了中日两国学界在文体的定义、研究范畴等方面的差异。同时,日本学界在除"赋"体以外的骈文文体研究方面存在不足。基于中日文体学意义上的"日本骈文文体研究"也是在本研究过程中笔者时常思考的问题之一。"日本骈文文体研究"亦必然成为笔者长期日本汉文学研究计划的课题之一。

附　　录

对策文文献汇编汇校

编校说明

一、所据底本：

（一）与谢野宽、正宗敦夫等编：《经国集》，《日本古典全集》第1回，日本古典全集刊行会刊1926年版。

（二）黑板胜美编：《本朝文粹》《本朝续文粹》，《新订增补国史大系》第29卷（下），吉川弘文馆2003年版。

二、参校资料：

（一）《经国集》，《日本文学大系》第24卷，国民图书株式会社编辑兼发行1927年刊。

（二）小岛宪之：《国风暗黑时代的文学》（上），塙书房1967年刊。

（三）大曾根章介、金原理等校注：《本朝文粹》，岩波书店1992年版。

（四）柿村重松：《本朝文粹注释》，内外出版1922年版。

（五）《汉语大词典：缩印本》，汉语大词典编纂处编，上海辞书出版社2007年版。

（六）所用史书均采用中华书局点校本。

三、本文对原文作了重新断句，并加上新式标点符号。

四、限于篇幅，略去了校记过程。

五、所收对策文按照对策时间先后顺序编排，对策时间不明的以笔者考证时间为准，具体考证见本文第二章第一、第二节。

六、对于《经国集》的文字校订，参阅了以下写本：

京都上贺茂神社三手文库本

内阁文库庆长御本

静嘉堂文库胁版本

神宫文库本

奈良时代的对策文

百济君倭麻吕对策文二首

问：数步之内，空流兰蕙之质；十室之中，独伏骐骥之枥。而羽毛难辨，遂昧楚鸡；玉石易迷，浪珍燕砆。况复颙师恺悌，被轻于鲁公；马氏方圆，见重于魏王。帝难之旨，其斯谓欤？鉴识之方，宜陈指要。

百倭麻吕　《经国集》卷二十

对：窃以赤帝文明，知人其病；素王天纵，取士其失。然则珍砆不可辨矣，蓬性不可量矣。凤鸡别也，草情岂堪识也。但无求不得，负鼎朝殷，扣角入齐，择必所汰。四凶剪虞，二叔除周。况今道泰隆，雄德盛导焉。岁星可谈，占风雨而仰款；竖亥雨步，尽入提封之垠。遂使少微一星，应多士之位；大云五彩，覆周行之列。巍巍荡荡，合其时欤，不驱愚去，不召贤来。谨对。

问：伏阁之臣，精勤彻夜；还珠之宰，清俭日新。瞻彼二途，兼之非易。如不得已，何者为先？

百倭麻吕　《经国集》卷二十

对：臣闻茬百寮而顺二柄，宰九州而班六条。捐金挍玉，虞舜之清俭矣；栉风沐雨，夏禹之精勤矣。加以杨震作守，陈神知于枉道；冯豹为郎，侍天渔于阁前。飞誉目前，扬美身后。但清者禀根自天，勤者劳株由己。又饮水留犊之辈，经疏史少；驾星去虎之徒，古满今多。臣器非宋室，字是燕石。岂堪决前后之源，唯窃折梗概之枝。谨对。

庆云四年九月八日

葛井诸会对策文二首

问：仁智信直，必须学习，以屏其蔽，乃显精晖，学为何物，其理既然，迟尔吐实，以正指南。

葛诸会　《经国集》卷二十

对：臣闻人生天地，以学为先。所以木德之后，画龟图以学；星精之帝，摸鸟迹以习。然则学是修德之端，习亦立身之要。至若七十之达，会洙泗而钻洪教；五六之童，游舞雩而仰芳风。莫不慕道之士云合，振名四海；受业之人雾集，扬誉一代。乃识仁智学枝，不剪根则愚荡之蔽立至；信直习派，不堰源则贼绞之网必缠。谨对。

问：杀无道以就有道，仲尼之所轻；制刑辟以节放恣，帝舜之所重。大圣同致，所立殊途，垂教之旨，贞而言之。

葛诸会　《经国集》卷二十

对：窃以诸恶之意，先圣垂典；戮逆之旨，后哲宣轨。所以无为轩帝，动三战之跡；有道周王，示二叔之放。则知凶必殛，邪必正者也。但宣父焉杀之诫，欲行偃草之德，是既拥教；重华节恣之制，乃敬丕天之法，此亦将谟。两圣所立，殊途以同归；二训攸述，异言而混志。谨对。

和铜四年三月五日

刀利宣令对策文二首

问：设官分职，须得其人。而行殊轻重，能有长短。任成责，非当覆馈。授受之略，可得闻乎？

刀利宣令　《经国集》卷二十

对：窃以天垂七政，辨星纪于三百；地陈八座，条议式于三千。所以动异东西，调四时于玉烛；治兼刑德，济万机于金镜者也。夫百官分职，虞后致肃肃之美；十乱当朝，周王有济济之盛。士会还乡，众盗去于晋郊；大叔为政，群奸聚于郑蒲。轻重短长，略可言焉。伏惟皇朝，化平日域，德及天涯。执禹麾而招能，坐尧衢而访贤。逃周避汉之臣，雁行于丹樨；游颍隐箕之夫，鳞次于绛阙。无为轶于观象，有道笼于垂衣。是知钓潢同载，木运祚于七百；捐度成佐，金精灭于二世。得其人，兴画一之歌；非其任，有尸素之讥。案此而论，粗当分别。但东游天纵，犹迷两儿之对；西蜀含章，莫辨一夫之问。至于授洪务，维帝难之。况乎末学浅志，岂能备述。谨对。

问：烈火炎兵，畏之者归魂；柔水衰陵，押之者遂往。是以东里遗猛烈之言，西门尽严明之事。然藏孙为政，端木衔讪。廉范莅官，云中起咏。宽猛之要，冀叙厥猷。

刀利宣令　《经国集》卷二十

对：窃以飞龙不息，健猛之用显矣；行马无疆，顺宽之利享焉。禀天地之气者人也，含喜怒之诤者情也。禀同含异，理宜宽猛。猛能禁断，子产有烈火之喻；宽是兼爱，廉范放夜作之令。沛公入洛，帝许其宽容，仲由言志，素王乐于行行。

既载于经，亦见于史。义有二途，其揆一也。但理发解绳，前史美论；以宽济猛，圣人格言。是以水避高而趋下，民去急而就缓。因水民之赴就，明宽猛之梗概。欲使著弦之夫拥彗宽穿之庭，佩韦之臣束带太平之运。谨对。

主金兰对策文二首

问：孝以事亲，忠以奉国。既非贤圣，孰能兼此。必不获已，何后何先？

主金兰　《经国集》卷二十

臣金兰言：臣禀性庸愚，操行狂悖；本无学问，素疏翰墨。幸逢分明之运，滥从干禄之后。辄就招骏之肆，燕砆轻参求珠之庭。虽似孔父思齐之教，而违周任量力之义。三五所遗，鐕仰难穷；八九所传，广远易迷。况夫加之以玄旨，点之以七步。讵能尺绠汲渊井，寸管窥峻埌者乎？伏惟圣朝悬金镜而导俗，持玉烛而敷化；振雅□于胶庠，进贤能于帷扆。是以秀才进士，并争颖脱之说；蓬荜沉沦，但耻负担之贱。故跃纤鳞于苍波，励短翮于云路。敢因各言之义，不揆庸浅之才。实乖雅藻，犹冀君子之遗迹；非所克当，尚仰诱人之鸿教。盖鸟鸣似语，虫页成字。故粗写古迹，薄陈今旨。臣闻夫人之生也，必须忠孝。故摩顶问道，负笈从师。然后出则致命，表忠所天之朝；入则竭力，修孝所育之闱。是以参损偏弘孝子之风，政轲犹蕰忠臣之操。盖是事亲之道，莫尚于孝；奉国之义，孰贵于忠？资孝以事君，前史之所载；求忠于孝门，旧典之所编。故虽公私不等，忠孝向悬，扬名立身，其揆一也。别有或背亲以殉国，或舍私以济公。故孔丞割妻子之私，申侯推爱敬之重，即是能孝于亲，移忠于君。引古方今，实足为鉴。在父便孝为本，于君仍忠为先。探今日之旨，宜先忠后孝。谨对。

问：雕华绚藻，便贻殉末之愆；破玺焚符，终涉守株之讥。彬彬之义，勿隐指南。

主金兰　《经国集》卷二十

对：臣闻久野圆盖，悬日月以高覆；八极方舆，列山川以广载。于是牛首曰君，虵身称帝。然后文质之迹载敦，华实之轨弥阐。若乃专崇朴质，便涉守株之识；偏行文华，仍贻殉末之愆。然则斌斌杂半，得之（之疑为衍字）称君子；郁郁两兼，可为主治。文之与质，义等皮毛；朴之与雕，理同唇齿。二途递代，以照万祀。义杲兼两，理难废一。欲使非古非今，以操折中之理；行文行质，以平野史之义。五福常保，无为继于百王；六极永绝，有道传于千帝。相变之礼，迹隐难辨；彬彬之义，捐微易迷。臣实寻求不弹其本，乘流未达其源。然岂逢供庆而韬辞，仰芳猷而辍翰。谨对。

下毛虫麻吕对策文二首

问：既号天龙，无足而走；还称地马，无翼而飞。虽逐时文异，如泉利同。岂可起诈之子，檀放西蜀之伪；乾没之夫，专行东吴之私。斯滥群小，因冒公司。屡烦丹笔，徒圆黄沙。谓尔进士，应识公方。惩兹不轨，用何能尔。

下毛虫麻吕　《经国集》卷二十

对：窃闻砂石化为珠玉，良难可以疗饥；仓困实其抆京（抆京疑为互掠之讹），唯易迷以济命。是知写图而前，犹事血饮；调律而后，谁不食谷。自太公开九府之制，管父通万钟之式。龙文错于郭里，龟册入于币间。白金驰其奸情，朱仄竞其滥制。西蜀铜岳，徒擅佞（佞俗字）倖之门；东晋金沟，遂满夸奢之室。姬景舍轻，单穆陈攡子之讥；刘文放铸，贾生致转祸之谈。实由弃耕桑之务，争锥刀之末。伏惟圣朝握天镜，纽地矛。德音被于有截，至教翔于无垠；衔禾之兽屡臻，见缧之鳞荐集。今欲既停起诈之功，终折冶镕之途。诚使三农叶节，千箱盈庾。淮阳高枕，追长孺之芳趣；耶谷送归，发祖荣之清澈。则铢文曷惑，镪实无讹。顿屏磨屑之风，永绝炭挟之俗。谨对。

问：周孔明教，兴邦化俗之规；释老格言，致福消殃之术。为当内外相乖，为复精粗一揆。定其同不，覼此真讹。

下毛虫麻吕　《经国集》卷二十

对：窃以眇观列辟，绕电履翼之皇；遂听风声，洞八连三之帝。虽历代千古，而源仍画一。但随时之便不齐，救弊之术亦异。原夫玄涉清虚，契归于独善；儒抱旋折，理资于兼济。是以泣麟降迹，刻鲁册之秘典；狼跋垂教，阐周编之雅箓。至如白毫东辉，演打刹之道；紫气西泛，望凝玄之期。斯诚事隐探颐之际，理昧钩深之间。然详搜化俗之源，曲寻消殃之术。既识淄渑之疑，亦有泾渭之派。但学谢《籯金》，徒迷同不之义；词瞑《屑玉》，宁述真讹之旨。谨对。

白猪广成对策文二首

问：礼主于敬，以成五别；乐本于和，亦抱八音。节身陶性之用，实由斯道；御世治民之义，既尽于焉。虽因世损益，而百王相倚。利用礼乐，已有前闻。未决胜负，庶详其别。

白广成　《经国集》卷二十

对：臣闻三才始辟，礼旨爰兴；六情渐萌，乐趣亦动。固知阴礼之作基，绵代而自远；阳乐之开肇，逐古而实遐。但结绳以往，杳然难述；书契而还，炳焉可谈。寻夫礼是肥国之脂粉，乐即易俗之盐梅。莫不揖让尧舜，率斯道以安上；干戈履发，抱兹绪以化下。美善则丹蛇赤龙之瑞自臻，和谐则黄竹白云之曲弥韵。所以高及天涯，共日月而俱悬；远遍地角，与山川而齐峙。辟水火之利物，方梨橘之味口。纵无姜生之制地，有夏氏之应天。则敬异之旨悉卷，亲同之迹偏舒。诚乃俎豆之业，钟鼓之节。于理终须行两，在义宁容废一。谨对。

问：李耳嘉道，以示玄虚之理；宣尼危难，而修仁义之教。或以为精，或以为粗。其理云为，仰听所以。

白广成　《经国集》卷二十

对：窃闻眷山林以被黄缁，道德之玄教也，是则柱下之风；入皇朝以拖青紫，仁义之敦儒也，彼亦司寇之训。故清虚之理，焕二篇而同春日；折旋之踪，明五经而类秋月。诚能拯苍生之沈溺，继皇风之绝废。伏惟圣朝德光万寓，化高五岳。动植苞其亭育，翔走荷其陶铸。烈风五日，曾不鸣条；崇雨一旬，徒无破块。复乃南蛮裸壤，占青云以航海；北狄章身，蹈（疑脱一字）云以梯山。巍兮荡兮，其化如此。犹惧丹丘之教未备污隆，玄儒之旨有亏雄雌。欲思分其条目，辨其精粗。窃以玄以独善为宗，无爱敬之心，弃父背君；儒以兼济为本，别尊卑之序，致身尽命。因兹而寻，盐酸可断。谨对。

船连沙弥麻吕对策文二首

问：帝王御世，必须赏罚。用赏罚之道，虽褒贬善恶，或有辜而可赏者，或有功而可辜也。理可分疏，庶详其要。

船沙弥麻吕　《经国集》卷二十

对：臣闻圣帝临民，明王御俗。莫不随才授爵，简德分司。责其成功，罚其有辜。是以虞舜征用，举元凯而窜四凶；姬旦摄机，封毕邵而讨二叔。因知国之二柄，德之与刑。为政之基，莫甚于此。方今化高龙首，道洽鹑居。行礼措刑，扬清激浊。但连城之宝，尤称有瑕。况既非圣人，讵能无过？诚须赏疑从重，罚疑从轻。不可以誉浅罪轻，便以有功见弃；勋高绩重，终以小过掩功。必须考其真伪，察其虚实。则法禁行而不犯，赏罚明而不欺。

问：郊祀之礼，责简尚存。孟春上辛，有司行事。由是正月上辛，应拜南郊。历有盈缩，节气迟晚。立春在辛后，郊祀在春前。因以为疑，不知进退适用之理，何从而可？

船沙弥麻吕　《经国集》卷二十

对：臣闻登大宝而垂衣，审高居而宰极。莫不仵二仪之化育，法四气之环周；服苍玉于早春，建朱旗于孟夏。今圣抚运，晖光日新。明德内香，仁风外扇。由是禾秀瑞颖，时表岁精之名；龟启灵图，屡纪天平之号。犹思节有迟速，历亦盈虚。立春上辛，或递先后。斯乃奉遵穹昊，敬授民时。窃以启蛰而郊，明之鲁策；立春迎气，著在周篇。然则拜帝南郊，是存启蛰之后；迎气东北，非在立春之前。因此而言上，事在后。谨对。

天平三年五月八日

藏伎美麻吕对策文二首

问：郊祀之礼，责简尚存。孟春上辛，有司行事。由是正月上辛，应拜南郊。历有盈缩，节气迟晚。立春在辛后，郊祀在春前。因以为疑，不知进退适用之理。何从而可？

藏伎美麻吕　　《经国集》卷二十

对：臣闻哲王御宇，郊祀为先；明后临时，祮忘为务。故知拜天之礼，乃往帝之良规；报地之仪，实前王之茂范。虽复驰骤云昇，沿革不同。莫不就远郊而焚柴，因厚地而埋玉。遂使谟声远著，茂实遐流。踰千祀而永存，经百代而不朽。郊祀之设，无属上辛。事不得已，因为常会。然而日月回薄，盈缩时改其行；节气推移，迟速或变其序。立春后辛，祀日先春。不可以一致寻，宁须以同途量？且夫进退殊揆，闻诸邹衍之谈；推步定辰，勤在容成之说。唯愚谓适用之理，宜合时便；事备司存，何烦更议。谨对。

问：帝王御世，必须赏罚。用赏罚之道，虽褒贬善恶，或有辜而可赏者，或有功而可辜也。理可分疏，庶详其要。

藏伎美麻吕　　《经国集》卷二十

对：臣闻经邦导俗，贵在慎刑；调风御民，先务明赏。由是惮恶劝善，黜幽陟明。清彼奸凶之源，改斯雕弊之季。方今遐迩宁辑，内外元厘，化被八荒，德流四表。开三面以敷惠，虑一物之有伤。爰及刍荛，广垂下听。窃以赏疑从重，哲后之格言；眚灾肆赦，明王之笃论。至如管仲有隙，齐桓举而厚任；韩信有过，汉高舍而不验。若专弃有功，挂彼重科，既忽良才，不加褒赏。何以奖励来者，劝勤后人者哉。虽然不有典刑，稍长犯网，此而可舍，积习生常。若使宽布惠合，明慎赏罚，遵忠信而齐俗，班礼教而训民。兼复选于公之俦，委之庶狱；召黄霸之辈，宁以群州。然则上下克谐，褒贬得衷，清靖之风斯在，邕熙之化可期。谨对。

天平三年五月九日

大神直虫麻吕对策文二首

问：明主立法，杀人者处死；先王制礼，父仇不同天。因礼复仇，既违国宪；守法忍怨，爰失子道。失子道者不孝，违国宪者不臣。惟法惟礼，何用何舍？臣子之道，两济得无？

神虫麻吕　《经国集》卷二十

对：窃闻孝子不匮，已著六义之典；干父之蛊，式编八象之文。是知兴国隆家，必由孝道。故使烝烝虞帝，终受肥华之珪；翘翘汉臣，乃标万石之号。自尔阿刘淳孝，乃殒身而令亲；桓温笃诚，终振刀而杀敌。魏阳斩首，存荐祭之心；赵娥刺仇，致就刑之请。我国家登枢践历，握镜临图。仁超栖凤之君，道出驾龙之帝。取破觚于汉律，弃繁茶于秦刑。两璧决疑，从陶公之雅说；百锾遗训，协夏典之明科。囚人不祭皋繇之灵，狱气既销长平之酷。蒲鞭澄恶，行苇兴谣。犹恐屈志同天，则弥睽孝弟；推戈报怨，则多挂网罗。广迨刍荛，傍询政略。夫以资父事主，著在格言；移孝为忠，闻诸甲令。由是丁兰雪耻，汉主留赦辜之恩；缑氏刃仇，梁配有减死之论。若使酌恤刑之义，验纯情而存哀；讨议狱之规，矜至孝而轻罚。高柴出宰，良绩远闻；乔卿临官，芳猷尚在。则可能孝于室，必忠于邦。当守孝之时，不惮损生之罪；临尽忠之日，讵顾膝下之恩？谨对。

问：虞舜无为，垂拱岩廊之上；周文日昃，广延英俊之士。夫帝王之道，条贯岂异。劳逸之不同，而黔黎之怀辑。欲使变斯俗于彼俗，化奸吏于良吏，人民富庶，囹圄空虚，其术如何，悉心以对。

神虫麻吕　《经国集》卷二十

对：窃以逖览玄风，遐观列辟。结绳以往，洪荒之世难知；刻石而还，步骤之踪可述。至于根英易代，金石变声。咸以事迈芸缣，义彰华篆。焕焉在眼，若秋旻之披密云；粲然可观，似春日之望花苑。当今握褒御俗，履翼司辰。风清执象之君，声轶绕枢之后。设禹虞而待士，坐尧衢以求贤。鼓腹击壤之民，抃舞于紫陌；负鼎钓璜之佐，接武乎丹墀。方欲穷姬文日昃之劳，明虞舜垂拱之逸。驱风帝王之代，驾俗仁寿之乡。博採荛词，侧访幽介。夫以时异浮沈，运分否泰。文质之统兹别，张弛之宜不同。然则四乳登皇运，经三征之虐政；重华践帝世，近二皇之淳风。淳风之时，必须垂拱；虐政之世，何不经营。是知圣王与世以污隆，黎民从君而低仰。若能追有虞无为之化，则隆周勤己之治。表廉平，宣礼让。贲帛旌其英俊，悬棒绝其奸曲。劝之以耕桑，勗（勖的俗字）之以德义。则可金科不滥，囹圄恒清。九岁有储，千斯积庾。水鱼不犯，共喜南风之薰；门鹊莫喧，咸怀东后之化。谨对。

骏河介正六位上纪朝臣真象对策文二首

问：三韩朝宗，为日久矣。占风输贡，岁时靡绝。顷蓑尔新罗，渐阙蕃礼。蔑先祖之要誓，从后主之迷图。思欲多发楼船，远扬威武。斫奔鲸于鲲壑，戮封豕于鸡林。但良将伐谋，神兵不战。欲到斯道，何施而获？

纪真象　《经国集》卷二十

对：臣闻六位时成，大易焕师贞之义；五兵爰设，玄女开武定之符。人禀刚柔，共阴阳而同节；情分喜怒，与乾坤以通灵。实知天生五材，民并用之，废一不可，谁能去兵？若其欲知水者，先达其源；欲知政者，先达其本。不然何以验人事之始终，究德教之污隆。故追光避影而影俞兴，抽薪止沸而沸乃息。何则极末者功亏，统源者效显。观夫夷狄难化，由来尚矣。礼仪隔于人灵，侵伐由于天性。雁门警火，猃狁猾于周民；马邑惊尘，骄子梗于汉地。自彼迄今，历代不免。其有协柔荒之本图，悟怀狄之远算者，是盖千岁舞阶之主，江汉被化之君也。故不血一刃而密须归仁，不劳一戎而有苗向德。然则兕甲千重，虎贲百万。蹴踏戎冠之地，叱咤锋刃之间。徒见师旅之劳，遂无绥宁之实。我国家子爱海内，君临寓中。四三皇以垂风，一六合而光宅。青云干吕，异域多问化之人；白露凝秋，将军无耀威之所。兵器销而无用，戎旗卷而不舒。别有西北一隅鸡林小域，人迷理法，俗尚顽凶。傲天侮神，逆我皇化。爰警居安之惧，仍想柔边之方。秘略奇谋，俯访浅智。夫以势成而要功，非善者也；战胜而矜名，非良将也。故举秋毫者，不谓多力；听雷电者，不为聪耳。古之善战者，无智名，无勇功。谋于未萌之前，立于不败之地。是以权或不失，市人可驱而使；谋或不差，敌国可得而制。发号施令，使人皆乐闻；接刃交锋，使人皆安死。以我顺而乘其逆，以我和而取其离。孙吴再生，不知为敌人计矣。是百胜之术，神兵之道也。于臣之所见，当今之略者，多发船航，远跨边岸。耕耘既废，民疲于役之劳；纺织无修，室盈怨旷之叹。殆乘抚甿之术，恐贻害仁之判。诚宜择陆贾出境之才，用文翁牧人之宰。陈之以德义，示之以利害。然后啗以玉帛之利，敦以和亲之辞。绝其股肱之佐，吞其要害之地。则同于槛兽，自有求食之心；类于井鱼，讵有触纶之意。谨对。

问：上古淳朴，唯有结绳；中叶浇醨，始造书契。是知三五六经，由文垂教；未审七十二君，何字刻石？子贯穿坟典，该博古今。既辨三豕之疑，亦探百氏之奥。懋陈精辨，俟祛兹惑。

　　　　　　　　　　纪真象　　《经国集》卷二十

对：臣闻珠联璧合，镜圆盖以垂文；翠岳玄流，洒方舆以错理。黼藻法之而润色，含章因之以成工。文之时，义其大矣哉！上古道存，不宰德光而孚。觳饮鹑栖，恬然大化。迫于声绩可纪，孝慈著闻。始制书契，遂改绳政。龟浮龙出，伏羲创之于前；类物写迹，仓颉广之于后。指示写形之制，始阐其规；专注假借之流，爰挥其法。皇坟所以大照，帝典由其聿修。若其望锦载以盱衡，傃玄风而绎思。万八千岁，盘古之际难详；七十二君，皇极之猷可验。刻石纪号，禅云亭以腾英；展采观风，登嵩岳而传迹。仲父博物，其言匪妄；司迁良史，其书有实。然则施于王猷，用起六羽之后；征于滥觞，理存九翼之前。矧夫威禽呈象，河图负书。文字之兴，殆均造化。但经典散亡，群言繁乱。万古之下，难以意推。臣学非稽古，业谢专门。以闻阁之小才，叨明时之贡荐。高问难报，茫然阙对扬之敏；下春易斜，逡巡无厝言之地。谨对。

天平宝字元年十一月十日

散位寮大属正八位上勋十二等大日奉舍人连首名对策文二首

问：摸阳而立文道，写阴而树武略。所以揖让之君，干戈之帝，是依世革，实用斯绪。康时庇俗，庶听指要。

大日奉首名　　《经国集》卷二十

对：摸阳之道，既显之前策；写阴之理，又彰之昔典。斯实对问之休烈，损益之大旨。用之则上下和穆，舍之则贵贱崩离。就日望云之帝。握裒履翼之王，以文为道，以武为功。取经邦之权衡，辟维俗之规模。所以芳猷杂沓，若春兰之乱园；鸿绩缤纷，似秋菊之荡飙。乃知康时之道，其犹契合；庇俗之义，又似符同。伏惟圣朝名薰紫宵之上，道光丹阙之前。丰功不测，高驱五岳之外；厚利无方，广被四瀛之间。混车书而欣无为，垂衣裳而事息浪。思验文教之所辨，武机之所由。谅救溺之津梁，济流之舟棹。然则春之与秋，义等盐梅；文之与武，理同喉舌。故能括囊文华，包综武干。七功之高迹皆行，九德之深致咸用。观者莫测其源，听者讵知其际。喷纸含笔之夫，风流彻夜；运日连霓之士，精勤新日。由是使武不废文，文不偃武。则揖让之犹可谈，干戈之理未遂。谨对。

问：信近于义，是有若被可之谈；不信不立，是尼父应物之说。圣垂斯教，物恶不纳。立身之道，谨对其要。

大日奉首名　　《经国集》卷二十

对：臣闻信以交人，载之前书；义而事君，编于曩志。故泣麟叹凤之圣，钓鱼非罴之贤，莫不以信为本，以义为法。用之则上下芳菲，兴春花而流香；舍之则贵贱别离，共秋叶而惊色。握建言之嘉谋，辟进德之高轨。所以圣贤深化，满溢乾坤之外；贤俊茂迹，浮流宇宙之间。立身之道，既显之《屑玉》；对策之理，又表之《籯金》。是以臣之事君不妄，下之奉上不虚。斯实信义之深趣，仁智之大旨。犹风之靡草，盖其斯矣。伏惟圣朝继天化民，存道育物。颂声闻于天枢，歌声响于地轴。高仁丽天，安照侧陋之幽；广德镇地，不择尘溜之聚。今欲议其纲纪，辨其规模。鸿烈不坠，义在于焉。窃以斟露添海，义不易获；烈烛助阳，理实难求。岂能笔分青黄，若三冬之理达。略以文辨章句，知七步之谈藻。虽人物不同，信义相分。扬名建身，其要一也。然在士便可为信，于女仍须为义。于彼□有优劣，与此岂无长短。结期倚桥，是微生之深信；应物断义，复尼父之洪术。有前事不朽，足为准的。随世垂教，复可疑也。谨对。

平安时代的对策文

正六位上伊势大椽栗原连年足对策文二首

天地始终

问：混元肇判，方圆自形；或阳或阴，日高日厚。缛七耀而左旋，较万灵而右辟。斯则千品之源，三才之本者也。然而递成递坏，释氏之教斯存；有始有终，儒家之风不落。今欲法之释教，彼始自空；寻之儒风，其终焉在？虽默语别道，辞有颇异，而圣哲同致，何可错（下阙乎字）？子才为世出，识作物表。优劣异同，伫闻芳话。

栗原连年足　《经国集》卷二十

对：窃以阳清上动，悬二纪五纬而左旋；阴浊下凝，错丘陵江海以右辟。考形测数，可寓游心之端；推变研神，何得施虑之表。自皇雄画卦，取象于天；高密膺图，求步于地。虽陈数度，莫辨区条。故四术纷纶，异端之论蜂起；三家舛杂，臆断之辞抑扬。言多米盐，事为楚越。累代因袭，指掌未详。岂不以古今措刊错之烦，夷夏致传译之谬矣？夫以周星陨夕，汉梦发霄。象译之编爰传，龙缄之教遂辟。于是辨虚空之不极，说世界之无穷。接比十万，积累三千。日月（前疑有脱文，或三千当下属而前有脱文），等渤海之轮回；百亿阎浮，同尘沙之数量。是知章玄死骤，岂尽其边；隶首忽微，何知其算？至若天地终始，国界坏成。始以复终，终以复始。乍空乍住，俱坏俱成。灭则极于十年，增则留于八万。何则住劫云谢，灾难已多。烈火炎炎，洪波淼淼。聚为山岳，散为江河。事隐于玄名，理绝于深迹

（迹，原作蹟，疑为䞠字之讹）。然则区区庸陋，不能达其渊源；蠢蠢凡愚，不能详其旨趣。但混家之法，略而可言。天圆而宽，地方而小。形如鸟卵，运似车轮。载水而浮，乘气而立。日月之度，星辰之行。回地而晦明，丽天而旋运。考之实状，不失其宜；施之治方，尤得其理。又其上天下地，有始无终。不易之义攸诠，长存之说斯著。是则经典所纬，既有前闻；耳目所安，互无后异。管局之见，独滞儒宗。岂曰谈天，还同测海。谨对。

宗庙禘祫

问：龙凤别纪，五帝不相沿乐；金水递旋，三王不相袭礼。斯知质文之变，随时之义大哉；损益之事，追世之理深矣。圣朝务在勤恤，未建庙祠。德馨通神，颂声悷物。今欲寻芳训于姬孔，访旧章于马郑。设七庙而丰洁粢，则千古以启殷祭。然则明堂祖庙之异说，可据讵人；三五禘祫之盛理，萌在何世。详论义理，复陈可否？

栗原连年足　《经国集》卷二十

对：窃以遐观曩册，想太易之初；历讨绵书，寻混元之始。太昊少昊以往，既朴略而未闻；高阳高辛而还，渐昭彰而可见。虽复揖让膺图之主，干戈受命之君。沿革殊途，污隆异等。莫不建七庙而严祖考，放五教而治邦家者矣。夫孝者发于深衷，本于至性。行之在己，外无因物之劳；体之由心，内有殉情之逸。万德虽舛，以道为宗；百行虽殊，以孝为大。施之于国则主泰，用之于家则亲安。既可以施于一人，又可以移于四海。舒之则盈宇内，卷之则发怀中。圣人之德，无加于孝，人子之德，无加于孝。人子之道，可不钦哉？是以千帝百王，慎终追远；前贤往哲，事死如生。春雨既濡，方切怵惕之思；霜秋爰降，转增凄怆之心。然则事岂今哉，其来尚矣。洎马郑更进，三雍之论不同；义在可疑，两存之宜所贵。祭祀之典，虽兴于旷时；禘祫之仪，尤盛于周日。伏惟圣朝仁超四目，道冠九头。莫远不沾，雨露惭于渥泽；无幽不烛，日月谢于光辉。今欲资往圣之旧章，穷先贤之遗制。创立寝庙，新启烝尝。斯诚尊祖之芳猷，昭孝之茂范也。夫以明王定制，与世推移；哲后裁规，随时变改。非从地出，非自天生。必在逐宜，安可滞执。诚须建兹千岁之运，置庙立尸；侯彼五年之间，先祫后禘。合其昭穆，序其尊卑。来百辟于助祭，受万寿与繁祉。流灵德于歌咏，感圣神于管弦。何独游考室而赋斯干，向沛公而舞文始而已哉！年足学非今古，识谢方圆。璧雍缀文，同和迺之反侧；同台下笔，异曹植之立成。高问已来，庸才难报。谨对。

延历二十年二月二十五日监试

正六位上行石见椽道守朝臣宫继对策文二首
调和五行

大学少允从六位下兼越前大目菅原朝臣清公

问：二仪剖判，五行生成。扬四序而递旋，望七政以无谬。若使圣哲居世，风霜顺节；号令失时，金木变性。然则八眉握镜，滔天之灾未休；四肘临图，燋地之眚独历。岂为天地之应，终可无征；将谓殷唐之治，时有所缺。孙弘之对，必可有源；班固之书，何所祖述乎？吞乌之藻，无惭于罗生；吐凤之辞，不谢于杨氏。详稽往古之意，今（疑为令之误）可行于当（当下疑有脱字）。

道守宫继 《经国集》卷二十

对：窃以为亹亹圆象，悬日月以垂文；悠悠方仪，列山川而分理。于是四时更谢，寒暑往来；五德递迁，王相运转。尔乃皇雄画卦，天人之道爰明；高密锡畴，帝王之法既立。洎陈其性，则帝有不卑；能宝其真，则天有过叙。是以周王虚己，访奥秘于文师；汉帝兴言，穷精微于丞相。至唐尧受录，洪水滔天；殷汤膺图，亢旱燋土。运距杨九，时会百六。天地非无其征，唐殷非缺其治。是知乘运之谴，哲后不能除；膺期之灾，圣君不能救。故以孙弘之对，方看其源；班固之书，遂述其旨。伏惟圣朝仪天演粹，道备于礼经；扬德韬英，义光于易象。犹能欲明四时之理，穷五行之要。实治国之通规，为政之茂范。夫以木火亏政，风蝗所以兴灾；金水乘方，霜雹由其告谴。若乃三驱有制，则曲直成其功；四佞离朝，则炎上得其性。抗威禁暴，遂从革之能；发号柔神，申润下之德。卑俭宫室，稼穑所成；仪形寡妻，草木惟茂。礼敷义畅，龟麟可以献详；仁洽智周，龙凤于焉效祉。既而弘之以德，长无一变之灾；救之以道，安有五时之失。

然则巍巍之化，举目应瞻；荡荡之风，企足可待。谨对。

治平民富

问：民为邦本，本固邦宁；吏为民君，君良民足。是以汉帝宰极，委腹心于韩崇；齐侯务功，资羽翼于管仲。今欲扬澡帻褰帷之辈，引四知三异之人。习风教于孔氏，追升平于周室。得贤之颂，何行兴之？余粮之隆，其术安在？证据经典，以发蒙滞。

道守宫继　《经国集》卷二十

对：窃以明王抚俗，克念承天。所爱惟民，所宝惟谷。诚知民为国本，强国先于富民；下实上基，利上必于丰下。是以韩崇授职，久著腹心之功；管仲任官，长传羽翼之叹。故上行下化，类水如泥。所以紫变齐风，缨迁郑俗。但汉川照车之宝，寒不可衣；荆岫连城之珍，饥不可食。是故帝籍斯辟，仍怀九载之忧；茧观不亲，便盈七月之欢。方今政清宇宙，地广纮埏。淳风洽乎无垠，大道光乎有截。诚可抑止，未作劝勉。农功勤体，授力田之官；游手□□，行投裔之罚自然。浮伪戢于四海，雕文纪于百工。黄金息无用之求，翠羽弃非常之货。则千箱可积，万庾将储。室余栖亩之粮，家余如坻之粟。加以位以德进，官以才升。因贤致贤，由俊得俊。然则澡帻褰帷之辈，敛袵而风来；四知三异之俦，弹冠而雨集。庶绩凝乎多士，群寮整乎得人。朝无旷职之忧，野有击壤之咏。既而富教职术，方同宣尼；升平之功，何异周室。御马之方郁起，烹鲜之要可穷。巍巍而治，可不乐哉。谨对。

延历二十年二月二十六日监试

都良香策二条

神仙

参议正四位下行式部大辅春澄朝臣善绳问

问：玉楼金阙，列真之境难窥；紫府黄庭，群仙之游斯远。莫不控乘赤鲤，策驭青牛，飞液秘不死之餐，道引传长生之术。何以子晋驾鹤，独禀轻举之灵；曼都对人，空造诞漫之语。为道之感，备定于自然。将人之勤，求未有所至。骨录所属，既迷其方；形相攸存，亦昧其法。且慈心阴德，出自谁谈；吐故纳新，指为孰说。子养材柳市，振响杨庭。宣不凭虚，终通跖实。

文章得业生正六位上行播磨大目都宿祢言道对

对：窃以三壶云浮，七万里之程分浪；五城霞峙，十二楼之构插天。信遒列真之所宅，迹闭不死之区。群仙之所都，路入无人之境。若存若亡，言谈杳而易绝；隔视隔听，耳目寂而罕通。遂使人少麟角，辄比之于系风；俗多牛毛，妄喻之于捕影。是则井蛙浅智，当受笑于海龟；夏虫短虑，终昧辨于冬冰。求诸素论，长生之验实繁；访于玄谈，久视之方非一。故得扇南烛之东辉，后天而极；掇绛桑之赪葚，人道之真。琼娥偷乐，奔兔魄于泰清之中；玉女吹箫，学凤音于丽谯之上。鹤归旧里，丁令威之词可闻；龙迎新仪，陶安公之驾在眼。莫不垂虹，带拖霓裳，湏唾百川，呼吸万里。四九三十六天，丹霞之洞高辟；八九七十二室，青严之石削成。芝英五色，春雨洗而更鲜；松盖千寻，暮烟扶而弥耸。奇犬吠花，声流红桃之浦；惊风振叶，香分紫桂之林。斯皆事光彤编，余映无尽；义茂翠简，遗霭可探。但真途辽复，奇骨秘而独传；妙理希夷，凡材求而不得。虽则手谢可挥，王子晋之事不疑。然而口说斯虚，项曼都之语难信。即验爨朱儿而练气，当在天资，向玄牝而取精，非因人力。是故骨录攸存，好尚分于皮竺；相法既定，表候晃于形容。眼光照己，方诸之紫名相传；手理累人，大极之青文不朽。此类盖多，罩邓林而养枝叶；其流弥广，鼓渤澥而沸波澜。慈心阴德，闻诸青童之谈；吐故纳新，著自黄老之术。我后化蠨鞭草，声高吹筠。荫建木而折若华，御熏风而蹙庆云。势掩昆岳，蛇身绕而难周；德重蓬山，鳌背负而无力。自然望汾阳而接轸，不容发于帝放勋；嘲曲洛而飞轮，请开口于穆天子。谨对。

漏克

参议正四位下行式部大辅春澄朝臣善绳问

问：居诸于递转，昼夜轮回。命彼挈壶，掌此漏克。阴虫吐溜，注虬箭而不穷；历鸟流声，共鸡人而合唱。盖所以即宣阴阳之序，无愆天地之心，幽赞神明，轨成蠢物者也。但聚（木橐）之警，未记所由;巖鼎之勤,何缘所执。陆机孙绰之说,应有短长;卫宏霍融之论,岂无详略。汉永元之旧制,梁高祖之新规。并举纲要,陈其可否?

文章得业生正六位上行播磨大目都宿祢言道对

对:窃以蒸云溽露,陶炎凉而调年;驿日驰星,运昏名而成岁。是故中和之职,吹风律于阴阳;司历之官,分虬箭于昼夜。自古孕化湛运之君,临人宰物之后,莫不顺天道而垂法,叶神机而裁规。故役金徒于守漏,锱铢之间靡差;课铜史以候时,赢缩之理不失。悬泉飞射,以没刻为期;幽水澄清,以盈器取准。夏至冬至,缓急之度斯存;春分秋分,中正之法已立。鸡人晓唱,声惊明王之眠;凫钟夜鸣,响彻暗天之听。风雨而晦,与斗构而冥符;光景以移,共圭阴而相传。甲乙丙丁,五更之期能授;寅卯辰巳,百克之点自分。遂使天地之意,可得而知;鬼神之情,无隐其奥。斯盖物同灵造,自然而然,迹入精微至妙者乎?若夫守不假器,挈壶以指勤。慎勿失机,视克以从事。更阑人定,聚(木橐)之惊可知;月冷水冰,巖鼎之功攸在。且夫永元之制,难为长代之规。既失早旰之里,亦乖弇侈之实。霍融之谈,详而不密;卫宏之论,较而不详。登高作赋,陆机粗陈升降之仪;见器立铭,孙绰未尽短长之善。逮于梁高博陈,灵鉴昭然。上应天时,下参人事。反覆其二十三箭,调御彼三百六旬。群品裁成,朝坐之节有定;庶官兴治,晡食之候无亏。改旧失于往年,创新法于今日。袁司空之平议,足以可观;刘左丞之赞成,诚为有味。言道精非儿胲,辩论之口易穷;学异神聪,习诵之唇徒腐。食时之期忽过,顾淮南而有耻;春夕之漏频泻,望山西以惊魂。谨对。

策秀才菅原文二条　都良香

明氏族

问:锡姓分类,导俗之方著焉;命氏表功,轨物之迹至矣。是故鲁记系月,天子动建德之风;周官司春,小史从奠世之事。至于百王繁兴,有苗有裔;蒸民孳乳,乃父乃兄。灵抱渐长,线厘耸概日之干;神源增流,悬冰沸浮天之浪。正以系牒,寻昭穆而难穷;考之谱家，望门阀而易惑。阴阳清和之本，宜述其先；都辇安车之由，详发所出。前谢后谢，为异为同。北余孰真孰伪。子祖德在颂，架陆机于词涛；家风著诗，没潘岳于笔海。请分淄渑之味，莫以河汉其谈。

辨地震

问：贞牡孕气，奉泰一以输功；富妪资生，娩天三以通数。厚则厚矣，沈静为意；大实大焉，柔顺凝体。何以易彼本性，落蟾蜍于铜仪；失此常精，惊鸡雉于金运。寓言海水，闻其说而犹疑；据迹幽荒，依何物而为变。自玄律派远，控灵枝而东流；白马蹄轻，负宝叶而西入。恒沙众生，尽清余化之泽；娑婆世界，争钻遗致之坚。六六三十六，六种动之名难分；一一各三，三因缘之别奚辨？迷而未复，何方为南？

策尾张掾滋野良干文二条　都良香

僧尼戒律

问：慈悲为本，如来不赦违教之徒；爱愍在怀，世尊犹结犯戒之罪。故八万四千半月之说晓镜，二百五十一时之谈分明。竹园魔化之旨，当传因缘；苟山□积之踪，必加指告。大小讦请，饮食达喋之仪奚为；上中头陁，思惟住止之法具举。暨乎浇波时动，定水少澄澹之流；毒霜夜零，善牙有雕伤之病。黑惑之辈，自戾所天；白净之业，将坠于地。遂使菩提树俄无其根，栴檀香独擅其气。虽则逸马可系，既立象外之科。然而老牛难驱，欲设方内之禁。子思流龙宫，学罩鹿苑。宜谈毗尼之趣，以塞穿缺之源。

文武才用

问：治乱之运，递往递来；文武之兴，一彼一我。所以笔锋时用，则兵刃徒铦；氛雾乍涌，则柔露空晞。驰张之决，请鼓言泉；先后之事，宜激枢电。马郑张蔡，短长奚谈；程李韩彭，优劣未辨。亦夫下体上精，缛萃天文，□□□□者，星象也；忘躯赴敌，艰劳国事者，王臣也。百十八名相将，居于何处；一十八职大小，著其所掌。当今表里夷晏，旧烽之烬从风；南北萧条，古寨之尘埋坋。少年收气，无复烟戍之行；老将告功，唯见云阁之画。然则含毫之士有命，缓颊之夫无时。方欲驱虎旅于儒林，引鸿生于学馆。可乎不可，取定于雅论。

策秀才藤原佐世文二条　都良香问
决群忌

问：吉凶共域，实人事之自然；福祸同根，亦天意之恒分。故乐尽哀至，宠辱之间若惊；贺门吊庐，倚伏之方不定。虽乃达人大观，独有不忧之明。然而野俗少知，独婴物忌之累。所以死生存亡之论，唇吻东西；阴阳推步之家，户庸南北。至于末叶，斯弊滋彰。甚有者多，过诞者少。遂使动作依术，词语设方。非唯人伦，转及禽兽。未审露头进食，谁戒其然。值耳止餐，更有何意。千年满瓮之饮，取之奚言；一旦计钱之禁，违之何害。蝶迎军骑，定为何征；蛇恶翁龟，难晓厥理。并须引神经而别机，穷怪牒而推求。假日道不虚行，亦当灾得防遏。然孔宣尼之设教，富贵在天；王文山之通论，机详无闻。以此覆之，偏旁之说，理存浮虚，成败之机，关之冥数。加之吴季高之不信巫，延庆三代；陈伯敬之不言死，殒命一朝。今欲正讹俗之失，绝拘人之疑。取遗之宜，是非如决。子骂鬼口沸，搜神心深，伫得明论，以解幽蕴。

辨异物

问：上观天象，日月星辰回其光；下穷地形，山川水土通其气。群生大小，参差不同，品汇洪线，缤纷舛错。乃有东西南北，子午卯酉之殊方；溪谷丘陵，死生牝牡之异壤。奇禽怪兽，类聚群分，珍卉灵柯，白种千名。鳞物介物，宜包宜羹。察彼资生，于何弗有。张司空之千门万户，其志未该；东方朔之博古达今，所记且略。况亦年代旷远，谁解称云之由；土地寂寥，难分物产（疑脱"之"字）体。今欲无劳耳目，立辨群类之间；不出户庭，坐知万里之外。未详人面木牙猪肉牛乳之佳核，奴属婢屣下碇举帆之珍鲜。或交生于山涧之中，或杂插于沙渚之际。华发而实熟，更见无华载实之栽；灰积而火销，何有不灰种火之石。木客初化之于何年，枫人所生生自何物。鱼且有智，烟水浮臭罪之鳃；鸟又何哀，云岩栖流涕之羽。并一一举其郡县，明明论其形容。吾发鲸鱼而橦，汝为蒲牢之吼。

策文章生菅野惟肖文二条　都良香

分别生死

问：春花泣露，始映红鲜之荣；秋叶瘵风，终婴黄落之悲。即知生之有死，理之自然；盛之有衰，物之恒分。虽乃仰观俯密，幽明之故可知；然而穷本讨源，变化之方易惑。去无之有，假何物以为基桢；自有还无，指何处即为桑梓。夫精气渐尽，神识销亡。既曰销亡，则今识忘于昔识；亦云渐尽，则后身异于前身。何为羊氏之童，乞金镮于乳母；蒋家之子，求官职于慈亲。观夫人伦爱亡，能作鬼怪；不知禽兽长逝，为有魂灵。冥昧难探，耳目不接。举其近事，决彼远疑。且形也者无知之质也，神也者有知之性也。当其生也，有知者使，而无知者役；及其死也，有知者去，而无知者留。实验神为游散之宾，形即逆旅之馆。徒饰空遗之馆，其何益乎？追体已往之宾，其谁识之？今欲不建丘陇，不设奠祭，可不之决，于意云何？亦夫无以生为者，所以得生也；有以死戚者，所以得死也。然而负阴抱阳之徒，莫不悦其生恶其死；求利远害之类，犹欲去其亡就其存。未审倚何化门，物不相物于物；得何达观，情无妄情于于情。含经咀史，古今去来于唇吻之间；贯幽穿明，天地覆载于衿怀之里。宜于推旭卉之理，以发蒙荟之心。

辨论文章

为问：温子升、邢子才应有优劣；卢思道、薛道衡非无妍蚩。虽玄猿漏扈，檀艳逸于往日。孰与白鸥冰砲，传风流于后年。夫作文之类，迟速不同；构词之家，巧拙各异。相如则腐毫，乃美思之缓也；枚皋则应机，可观思之急也。思之缓者，其感至深；思之急者，其兴微浅。赴于时用，宜有所施。论之人才，何者为胜？亦夫方圆异器，长短殊能。虽云经籍满腹之儒，难逐文章随手之变。或以为缀属之美，当有天分；或以为裁制之士，唯在人习。若言有天分，则精神不可疲于闲练；假曰在人习，则慈父母须移于爱子。是非之愤，填于我胸；浅深之量，酌于汝意。文之无用者，虽美虽艳，累而剪之；义之有实者，虽米虽盐，细而言之。

问秀才三善清行文二条　菅原道真
音韵清浊

问：雕龙便手，映风月铅松；白凤惊神，缩山河于斧藻。盖以音也成文之称，取诸鼓吹其词；韵惟结格之名，用则玄黄其句。洎于问经汪洴曹王，安吐乖异之讥；濡翰纷纶，萧主独招不悟之叹。彼皆失功笼纽，逐儒林之老聋；忘道浮沈，为文苑之狂瞽者也。然则发枢机以翻铃键，谁家先转推轮；叩五音而押四声，何处始闻命律。霜凝火炽，阴阳非无象声；山厚水柔，南北可有优劣。亦夫列池避汉武皇帝之尊，未详烧章犯文司马氏之讳。焉在吴楚、燕赵、秦陇、梁益之异同，喉中、舌前、牙齿、唇吻之清浊。口谈分字，莫辞谷之劳；毛举指文，当从鸟澜之势。

方伎短长

问：仰观象，著望气之台，效其详；来相龟，从均霜之宅，知其壮。况复功成得地，止弋者要在阴谋；道入谈天，步历者归于明算。处治布卦，则指掌之间万方；禁架化人，则形骸之外千里。总而括之，班班各名一家；分以别之，殷殷递驰数术。国贵三五，欲闻太史之书；门异宫商，宜叙潜夫之论。奄迫关格之验，吉凶不明；松邑津楼之图，远近奚蘘。亦有仙藤绕树，通何气于折枝；白鹤衔珠，求何理于方智。鸟复水遏，为难免长吏之形；虎御云兴，讵得传少时之说。夫措而未举，拘小道之可必观；挟以能持，恐异端之为其害。施民用政，莫差短长于寸心。被物关身，当决深浅于渊虑。子之恰闻，有何不涉。

问秀才高岳五常策文二条　菅原道真
叙浇淳

问：闻而不可察者，其外万八千年；辨以可得知者，其间百七十代。为朴为器，虽在自然之必然；由运由人，非无见义之徒义。未审成康之刑措不用，还惑浇漓之既穷；尧舜之垂拱无为，更疑淳素之先往。不拘于理数，质文之再复何乎？宜决以情机，善恶之兼施难定。且夫自无入有，智周万物者，道德也；由我及人，化被群生者，仁义也。帝偏用德，宁知仁则未来；皇独行道，敢问德非所贵。嗟乎韭春水火，偷薄滋章；警策丽翰，敦宠逾远。济民之务，欲汲汲以勿休；治国之忧，可孜孜以匪懈。何以诸侯为邦之渐，仲尼缓期于一百年；天子施政之仁，班固成义于三九岁。吾子之论，外孙其辞。

证魂魄

问：营魂有智，兼精爽以载生；体魄惟灵，抱神明以通命。汉高祖之思沛，万岁若存；羊叔子之登山，百年未朽。然则附形附气之前后，儒士奚谈；情家性家之阴阳，道门安处。延年度纪，拘练之术栖心；摄理消摩，调和之方在手。唤其三呼其七，名字欲闻；安于肺静于肝，怒惊何遇。至如蔡生之见罗袖，村右通声；郑俗之执芳兰，暮春游乐。若谓禊者，能续犹畏，寻流水以逾荒。若为招，则如来更悲，叫昊穹以过礼。亦有假魄为鬼，复土者既入冥冥；名魂以神，归天者遂资显显。城阳会稽之祠庙，主之者谁？黄熊苍狗之异形，指是何变？既曰通博，莫嫌倦谈。

问秀才纪长谷雄文二条　菅原道真

通风俗

问：茫茫分野，应景福之昭回；悴悴黎民，系君王之政化。故方俗随人以立，陶情性于寒温；土风临境而吹，深刚柔于山水。然则角羽相集，青徐何缓其声；朱紫自分，黄发讵通其梦。甘陵黍膏之论，当解环于齿牙；苦县松罋之游，请披雾于唇吻。况复有治有乱，仲尼陈以乐善移风；能暑能寒，王制载其教不易俗。苟谓拘礼，移风之训安施；既无戏言，易俗之诫何用。二者惟异，一途可存。子之多才，有何不悟？

分感应

问：青铜百炼，令照者不逃其形；幽谷千寻，外传者无失其响。即知道之仿佛，若亡而又若存；事之希夷，在前而还在后。谓泉盖不识，临城何引赴节之流；为树已无情，东平何遗西靡之种。萧大夫海鱼之说，欲闻同类于书生；管秀才风虎之谈，何义相违于郑氏。且夫有德先臻者，祯符之应也；无时自动者，曲调之感也。昏明之共遇鳞凤，决稚川以摆春波；哀乐之偏系绚歌，通叔夜而飞晓月。既曰恰闻，莫为底滞。

藤春海策一条

立神祠

正六位上行少内记三善宿弥清行问

问：连山孕卦，殷荐之道形焉；大麓凝规，望祀之礼行矣。陈潢潦于铏鉶，则太帝飨其明德；荐苹藻于茅籍，则百灵观其肃色。泊乎祆神居莘，语土田之虚赐；疠鬼降宋，怒粢盛之不丰。海鸟避风，奏六变于钟鼓；河鱼沍浪，荐九献于坛场。六百八十所，无文之秩纷然；三万七千祠，乱神之祷郁起。夫以鬼神不歆非类之祀，则晋后应无人寝之梦；公侯必主因国之祠，则武子何蔑夺享之祟。磔狗而禜箕星，未辨止风之义；烹鹭而祭太一，安知求仙之微。苏岭鹿门，定立何日？樊坛木景，指为谁神？若乃皇英者舜之贤妃也，节表斑竹；夷齐者周之廉士也，性洁寒冰。何以湘山之神，忽淫奔于庸贱之客；首阳之庙，常贪求于肥硕之牲。岂死生道殊，情状俄变。将古今年久，神意遂讹。子谈高擢蓬，词宏踏壁。佇开叠映，思销纷蒙。

文章得业生正六位上越前少掾藤原朝臣春海对

对：窃以九变于七，渐茫昧于无为；一割生三，始鸿蒙于太易。林豹至贱，尚记上春之期；水獭微禽，靡爽季秋之节。况辨方正位，化阴阳以布和；飘海驾云，运日月而挥彩者乎？于是祥麟耀册，腾茂范于郊天；瑞马开图，阐崇规于类帝。甘泉盛礼，寿丘之典永传；璧水洁祠，镐池之流逾远。莫不尊黄琮而致敬，惟帝报功；旅青珪而明烟，惟天降德。乃知民者冥也，神者气焉。奉之则瓦砾生精，弃之则金铜失爽。是以明两仪之性者，不可惑之以妖邪；通万物之心者，不可诬之以神怪。方今神铃降祉，宝历登符。泽泛洮溟，仙居用乾元之九；尘飞轩霭，宸位冠明一之三。晋烟大明，诏义和以捧辔；斟酌瑞气，分蓂莆以扇厨。自然奏云门之雅音，神明下降；动咸池之正乐，幽祇上升。尚复崇严配之规，恐章仪之有阙；施褒扬之诏，探刍荛之无遗。夫以主盟废郊，黄熊惊入寝之梦；因国绍位，武子蔑夺亨之灵。狗属兑方，金自有制木之势；箕居震位，星既垂好风之容。烹鹭求仙之征，道存在瞩；血牲表诚之祭，自系非遥。至如苏岭鹿门之祠，樊坛木景之鬼。享主不朽，披怪牒而可知；神祠永传，载灵策而不秘。但事涉灵迹，理洞幽冥。形既同与不同，神固见与不见。太初彦云之祀，似有其冤；元礼孟博之徒，抑无其祟。然则魂魄迁变，验淫奔于湘山之神；狐狸飨贪，闻腥臊于首阳之庙。妖言托石，祟兆凭桑。金马碧鸡，青珠黄鸟。并是凭虚之说，本非踮实之谈。谨对。

问秀才小野美材文二条　菅原道真

名仁孝

问：仁施物之号，功在济时；孝事亲之名，德归于己。故远取诸物，近取诸身。仁孝之用，遐哉邈矣。未审方内方外之教，格量何殊；三德三行之仪，处置焉在。且夫紫脱天挺，长生之德。欲闻青州土寒，怀慎之诚爱验。若以从称为无讼，荀马共可失辞；若以务本为道生，参回岂非错叙。子杀身之诚，未忍研精；伤体之悲，犹勤刺股。疑而所问，一二言之。

辨和同

问：合同之论，其来尚矣。左丘明作传而不刊，范蔚宗修史而无弃。然则枢机易传，遍台之对具谈；翳荟能披，曼山之词详举。复有子者，父之血脉也。生民不继，何以别之。臣者君之股肱也，专一相济，孰为不可。门人之美风化，陆生何偏止于礼家；圣道之载光尘，贾氏何总归于权义。秀才之学，有何不通。文云理云，奋而勿滞。

菅淳茂策一条

鸟兽言语

从五位下行大内记兼周防权介三统宿祢理平问

问：浮阳上润，运四驷以翼功；凝阴下沉，错五龙以陶化。故排虚踮实，禀二气于殊途；抱识含灵，虽万类而同致。是以秦氏之祖，知百鸟之音；介国之人，觉六畜之语。然则子长迁之对村司，如疑如信；嵇叔夜之论葛公，为是为非。一十二律之外，吹何变以传通言之术；六十四画之中，用奚文以得解语之明。加之绀顶出世，道教冲融；金口随机，演说微妙。讼犬在门，配主人于何职；忧雁脱笼，痛肥者于谁家。迟子博古，拓惑于今。

散位正六位上菅原朝臣淳茂对

对：窃以阴阳精遘，万象所以差形；清浊气分，五虫由其殊性。是故慎枢机之发者，谓为人民；昧荣辱之主者，称曰禽兽。飞羽奔足，非吾党之所同辞；跖实排虚，岂尔辈之可共议。然而礼经载文，夷隶与貉隶分职；圣人垂教，鸟言将兽言存司。寻其迹，则葛庐之朝于鲁侯，辨牺牲于牛响；挹其流，则公冶之反自卫国，受缧绁于鸟声。赤马之恋黄驹，李南解其母子天爱；白雀之从众鸟，侯瑾叹其君子道消。或夷狄之人，习土俗而成艺；或法术之士，禀天机而多方。如彼猩猩能言，狒狒巧笑，鸜鹆黠而剪舌，鹦鹉慧而入笼。斯则素性所资，同类而异种矣；玄理攸往，言断而道穷焉。复有望华表而流语，霜翅宁非丁令威之新仪；跪草莽而献嘲，柔毛盖乃左元放之变态。顾㳺从禽于吴郡，闻蹲狐之记衰年；张骋促驾于晋朝，遭乘牛之诫乱世。皆是形神寂寞，一方不可以推；视听希夷，一孔不可以定者也。若夫马太史者，命世之才，专对扬于村吏；嵇中散者，养生之士，陶辩论于葛仙。讨芸缣而去惑，岂疑信之可停滞哉；披竹帛而澄心，抑是非之易研覆也。阳律阴律，凤管之所变通，奚言不候；卦辞爻辞，牺文之攸推策，何语靡明。自诞生七步，花承辐轮之趺；苦行六年，鸟栖乌瑟之髻。一音能说，佛语虽无二三；诸机所诠，法藏既有八万。饿犬讼冤于邻舍，配主人以大居士之官；瘦雁拔苦于樊笼，痛肥者乎王夫人之宅。淳茂才惭意圣，词谢笔精。虽袭余风于三页之家，未发丽事于五花之席。况乎理惭玄关，言超葱岭。每望乌㸠之不诡遇，徒抽羊柱而无雍容而已。谨对。

延喜八年八月十四日

后江相公策一条

论运命

正五位下行式部权少辅藤原朝臣博文问

问：下愚上智，蓍禾无定者人伦；福善祸淫，穷通难知者天道。遂使脍肝铺肉之暴戾，能极逸乐而纵情；矩步规行之谦恭，犹在栖遑而没齿。李萧远之通论，未足发明；司马迁之宏才，甚惑冥昧。方今欲劝普天于善道，遍开福佑之庭；防率土之淫心，尽削祸败之辙。若言禀之星辰，则教化终无其效验；定谓备于骨相，则倚伏何得以依违。如彼夏后人家，子男断足之殃合契；吴王让国，兄弟晦身之愿同符。斯固大阊命薄，为当结于胞胎；上帝听卑，殆似依其祈祷。亦死者更生，良药可改彼太山之籍；居者必害，凶宅何利于稚川之方。全失嫡孙之财，宋主可怪；共随王父之命，赵军持疑。已曰圆通，岂滞方略。

文章得业生正六位上大江朝臣朝纲对

对：窃以漆园傲吏，初发有涯之谈；四科英贤，爰驰在天之说。方圆修短之质，性灵群分；贵贱枯荣之姿，毛骨区别。神理不远，逆顺之征相符；天鉴孔明，祸福之兆如契。故修善余庆，播芳烈于缣缃；积恶受殃，传警戒于竹帛。景公言德，法星反守心之躔；王霸怀忠，坚冰结流澌之水。且汉文之明智，贾生损躯于长沙；光武之英雄，敬通失志于穷巷。颜子渊者，孔门之贤者也；郑康成者，汉室之儒士也。三千人之里，先逢短命之忧；七十年之余，才应秀才之举。李将军之苦战殊绩，不遇封侯；扬执戟之博物奇才，长疲下位。产犊之怪，遂免难于妖气之殃；失马之嗟，还脱害于烟尘之乱。先啼后笑，不达其道者生疑；乐尽哀来，不知其理者多惑。刘孝标之着论，密其本而疏其枝；郭玄立之置词，谈于源而浓于派者也。今圣主驭宸，贤佐在位。普天之下，福庭遍开；率土之滨，祸胎无闻。故禀之星辰，教化犹可致效验；备于骨相，倚伏岂敢有依违。何则尧舜之民，以尧舜之心为心；禹汤之国，以禹汤之虑为虑。已居可封之屋，谁遗不遇之愁乎。至于彼夏少康子男，断足之痛混迹；吴太伯兄弟，晦身之愿同符。是则大阊定薄命于胞胎，上帝许卑听于祈祷。崔文子之卖药,救痫得存活者万计;王僧绰之筑室,立意遇祸难者数人。然而命有长短,泰山之籍何刊;宅无吉凶,稚川之方可用。宋高祖之嫡孙,劭睿两失财禄之法;赵长平之军士,国命共余厌溺之悲。藉冕之书,理窟卷雾;王充之论,义渊收波。朝纲才惨墨妙,聪谢青精。笔有苦耕,虽叹进退之为牛后;词无警策,何思文章之立骆前。况乎晓梦难成,未尝皇侃之唾;夜月易上,还惊江泌之魂。谨对。

江澄明策一条

辨山水

从五位上行文章博士橘朝臣直干问

问:开阳密运,推景维而转晦冥;积正潜凝,布埏纮而分山水。斯皆表坤维之秀丽,吐雾兴云;韬坎德之灵长,控清引浊。于是锦图琼牒,所载多歧;土俗乡风,攸传异趣。登临靡际,称谓难详。故欲括区宇之地形,辨古今之名义。然则伏羲立姓,风山所基;孙权见铭,浪井焉存。嵩岳秘书之谷,谓谁隐居;泗滨浮磬之精,昏其名字。夔子之国,屈原之乡。既言俊异善生,何以崄邪复出。赤城之岭,云雾朗开;瀑布之岩,源流明见。便为神瑞,可有岁年。石犬吠于经过,犹迷刘宠之行路;渊鱼惊于茄角,未辨郑公之钓潭。子学府承家,词林累叶。叠奇文于峻极,华岳之势削成;探奥意于深渊,黄河之流横注。宜详明决,莫惜齿才。

文章得业生正六位上大江朝臣澄明对

对:窃以坤仪成形,三山五岳,镇天下而错峙;坎德运化,八水九河,亘地中而分流。故发源于滥觞,千里翻浮天之浪;创基于拳石,万丈耸干云之宵。莫不韬异含灵,孕奇怀怪。沃赤日而吞皓月,出灵雨而合阴阳。遂使张博望之到牛汉,沂十万里之涛;伯司空之凿龙门,遗二千年之迹。草木扶疏,春风梳山祇之发;鱼鳖游戏,秋水字河伯之民。韩康独往之栖,花药如旧;范蠡扁舟之泊,烟波惟新。盖岭之泉,听鸣弦而忽涌;石门之水,悬瀑布而遥飞。风涛晓喧,惊奔声于马颊;晴空暮净,点黛色于峨眉。投意绪于游鱼之浦,谁见含沟;张月弓于射之巅,未闻啮镞。歌山飘渺,其奈遏云之唇;舞水淼茫，想像转波之袖。山复山，何工凿成青岩之石；水复水，谁家染出碧潭之波。翠岚绕峰，镇送伍员之庙；斑竹临岸，还滞贾谊之船。郦县潭畔，菊蕊含露而已黄；泰山阿中，桂叶蒙霜而犹绿。胡雁一声，秋破商客之梦；巴猿三叫，晓沾行人之裳。斯皆仁智趣别，融结道殊，包天地之精，布神明之德者也。然则伏羲氏之立姓，风山峙于括地；孙大皇之见铭，浪井穿于遐乡。嵩岳有秘书之谷，云霞栖其隐居；泗滨得浮磬之精，史册编其名字。夔子旧国，为屈灵均之乡；俊异崄邪，具袁山松之记。赤城峻岭，瀑布悬流。云雾开于永明，神瑞呈于齐代。蹲狗路险，石犬吠刘龙之经过；射的潭深，泉雨惊郑玄之筯角。澄明词谢雕云，文惭夜月。义实少味，未入光禄之厨；学稼忘秋，何辩琅琊之稻。况乎呻佔毕之易惑，待松容而惊魂；妒短晷之无心，吹藜杖而遗恨。谨对。

藤雅材散乐策

辨散乐
邑上御制

问：散乐之兴，其来尚矣。俳优入鲁，还当断足之刑；鹈𪃎来朝，自为解颐之观。仰寻前日之伎歌，俯察当今之风俗。不关周礼旄人之所学，亦殊汉典远夷之所献。船太之新鞑鞨，人为美谈；鱼丸之世罗国，世称妙舞。未审扬鞭骑半蔀，指何方而逃去；傍柱负胡箓，为谁人而装备。安敕氏之临老，相扑难辨其师传；吏部王志惟新，傀儡欲闻其秘术。随月次而变体，拾遗之说为真为伪；冯圆座而放光，亚将之谈非毁非誉。子传儒家之累页，开汉苑之词华。宜学峡猿之奇态，莫泥水鸟之陆步。

散乐得业生正六位上行兼腋阵吉上秦宿弥氏安对
藏人文章得业生藤原雅材作云云

对：窃以人之禀性，贤愚区分；乐之理情，古今惟异。喜怒哀乐之相变，性之所适谓之情；动静治乱之不同，声之所和谓之乐。是以上有明王，戴德者不知手舞足蹈；国无庶事，夸仁者既亦心动言形。常不可刚强其情，常不可和柔其性。方圆不定，智水欲随神器之中；

进退难期，蒙云宜卷圣风之里。遂使愚蠢之人，饱恩醉德，陶染敦化；质朴之性，见舞闻歌，合应御游。金印紫绶之贵臣，规模茂真而飘袖；李部槐市之重客，庶几吉见而挥衣。实是供奉于中禁，慎密于外人者也。即知半鄐者非代劳之储也，人臣宁费鞭以驰矣；胡篆者是备武之器也，武士岂对柱而负焉。少年同宿之处，戏言应知；众口共启之时，谈笑难闻。安本忠之传相扑，劝酒以进亲卫之幕府；藤丑人之习傀儡，捧脯而弄承香之簾前。至于夫体随月次，光朗圆坐。若以案牍，偏谓变体，恨卷悔人之情；亦称相同，巧为放光，恐有等佛之罪。冯虚亡是之作，出自诵士之浮言；含笑解颐之论，岂是酎台之本业。我国家时反朴略，俗类华胥。万民皆就乐游，四方各戏技艺。譬尧德于就日，彼犹有惭；歌舜曲于熏风，其未尽善。自然乐而不淫，神而又妙。神乐之雪夜，虽怪短男之轻身；踏歌之春天，偷恨高冠之吞舌。氏安假虚钓名，课无责有。学摧心肝，虽叹多年刺骨之苦；问离视听，未通一日欠鼻之词。谨对。

应和三年六月　日

江匡衡策一条

寿考

正四位下行式部大辅兼文章博士尾张权守菅原朝臣文时问

问：春林秋到，桃李岂淹任风之艳乎；朝篱暮来，葵藿不改向阳之心矣。虽遒物之盛衰，节候能和，然而义之根源，缥缃或暗。况乎寿命考老者，耄及之身所惑也。逾常珍而讳老，每称六十九者，是仕谁朝？下兼清而上寿，频言一二三者，亦遇何主？五音四声之相配，犹迷久视于宫商之间；万岁一日之无疆，莫私殊俗于唇吻之内。见真形于曲仁里，则日月照几地之表里；朗妙音于歌父山，亦云雾蔽其龄之短长。余口以期期问矣，子心须一一对之。

文章得业生正六位上行越前大掾大江朝臣匡衡对

对：窃以濛鸿滋萌，其灵肇彰一十三头之降迹；溟涬始别，其治是有万八千年之遗名。虽为自然之然，被陶造化之化。于是或耆或耋，寿考之号已传；我父为兄，期颐之称自到。春去秋来之候，星霜几回；月盈日昃之光，昼夜多换。频谢青阳，桃颜之粧渐改；远期玄运，艾发之貌缓成。三老之象三辰也，正直刚柔之意是叶；五更之则五维也，貌言视听之基相苞。既而杖乡杖国之先后，芸缥载而无违；养庠养序之尊卑，竹帛垂而不朽。尚齿之仪，乡饮犹为教化之本；忧老之礼，君挥不待朝事之终。三级二级之爵赏，惊权制于一时；大学小学之等差，通常飨于万代。至彼梳鹤发而雪脆，抚鲐背而沙平。鸠杖后立，更谢祝噎之对；爵位高登，终有致仕之请。在绝域以思土，上疏之词可矜；客安邑而寄居，出敕之令何叹。多送岁月之冉冉，克至形容之皤皤。燕毛之有序，犹存四始之篇；马氏之据鞍，能退五溪之寇。然犹洪范之分九畴，为五福之先；荣期之张七丝，歌三乐之里。春霞数行，寻桃源而躅遥；秋露一团，酌菊水而龄远。太公望之遇周文，渭浜之浪叠面；绮里季之助汉惠，商山之月底眉。喻君体于松柏之质，带严霜兮弥贞；比自老于蒲柳之姿，望秋月而易落。求乎稚川之论，则丹沙虽为长生之要；访乎王烈之记，亦针艾不用久视之方。暮齿已到，纵有拔簪之怀；朝恩未酬，难从悬车之规者也。夫以讳老称六十九者，仕后魏而吏南充；遇主言一二三者，酌下若而得上寿。至彼五音四声之相配，万岁一日之无疆。宫商有调，久视之术何违；土俗异风，延龄之道各别者也。况复逢李耳兮见真形，心地自如日月之明；变桃颜兮歌妙曲，年纪既非云雾之暗。我后名轶稽古，化施当今。同降诞于寿丘，富春秋而天长地久；求登用于妫水，感山泽而就日望月。四目之为师，巢阁之凤仪庭；五老之人昂，负图之龙出浪。遂使祯祥不休，能叶帝德之美；符应有信，自固皇欢之基。遐方归仁，吹羌笛于塞上之月；远戍忘警，埋夜柝于关外之尘。谨对。

纪齐名策一条

陈德行

从五位上行式部少辅播磨朝臣淑信问

问：德以润身，黄道辅而为人伦之纪；行以先孝，丹府慎而为邦家之资。陈太丘之胜号，比桂树兮播芳；孔司寇之微言，满篇简兮称善。访之古今，足于嘉尚者也。若夫兰丛生庭，入家门而欲闻名字；

稻粱显县，还山阴而易迷街衢。陆惠晓之照镜，称誉之唇谁开；陈景公之报钱，郎署之姓何辨。况称盛美者，圣人之格言也；立温柔者，君子之雅操也。纵说观象之文，弃俭素而不可用欤；亦勒系日之笔，兼宽猛而不可行欤。早起思风于为山之材，莫遗疑冰于悬河之口。

正六位上行尾张掾田口朝臣齐名对

对：窃以一鸡未分之前，圆颅方趾之制不著；万象渐萌之后，河目岳鼻之规始成。搏黄壤而创功，娲簧之声远播；仰苍穹而陶性，牺瑟之响遥传。自后熏莸不同，贤夫与愚士各亩；玉石自异，圣哲将凡庸隔流。逮于寻声迹而品藻，依德行而褒扬。老聃之五千有言，上德不德；曾参之二十余章，择行无行。孔夫子之门客，颜渊为于四科之先；郭林宗之亲宾，羊陟居于八顾之一。珪璋琢器，冉牛发迹于姬周；杞梓呈才，荀龙扬波于帝汉。喜愠之色未见，会面则二十年；钦慕之怀无休，命驾亦一千里。谢仁祖之角立杰出，时贤呼曰一座之颜回；扬伯起之博学洽闻，世论推称关西之孔子。况复无染嚣尘，梁伯鸾之山栖萝绿；不论人物，阮嗣宗之林游竹青。秋霜三尺，吴札悬剑于苍柏之烟；晓浪一声，元礼移棹于绿苹之月。墙东逃名，辞溷埃而地望犹新；岭南补吏，酌贪泉而天性如旧。王别驾之至孝，干果熟而苦怀已深；陶微君之悠闲，白衣至而黄蕊初醉。周镇者晋之英贤也，衣湿于清溪之雨；陈重者汉之义士也，契芳于紫兰之风。是皆谓德谓行，芸缣载而无刊；有实有宾，竹牒编而不朽者也。然则兰丛生庭，罗氏还家之后；稻粱显县，官吏临田之时。陆惠晓之照镜，触物类而已明；陈景公之报钱，问姓名而可识。有盛美者至德之节也，温柔者淳性之资也。善利邦家，何损俭素之义；犹和世俗，可用宽猛之方。阴阳观象之文，仁风扇而无改；春秋系日之记，智水深而长流者也。我后明齐三象，化轶八麋。知往知来之臣，谢空桑而辅主；多才多艺之圣，谏刻桐而导君。自然瀛海波静，十万里之镜如莹；关城尘收，四五更之柝永弃。矢楛镞石，肃慎之人远臻；舣水梯山，越棠之鸟遥献。何只巍巍之美，冠万古而无极；穆穆之名，垂千祀而不尽而已。谨对。

江以言策一条

详春秋

正六位上行少内记藤原朝臣惟贞问

问：七九倚数，万类含之流形；庚辛统辰，庶品育以术性。是故春和施滋生，秋令降肃杀。群后则之，敷五教在宽；百王治之，理众厘有节。未审泥蚕四壁之法，时日犹暗商榷之中；清角五弦之功，候气空迷晋退之际。深居结草，春风之膳谁问其名；幽溪插山，秋露之味欲闻其说。况复玄理之道冥冥，青真之词杳杳。金阕临人而来，朱山之路何处；玉笙升天而去，黄华之方可传。平皋接武，垂笔露而申畅；虚室命盂，染墨池而子细。子儒林寻籍，虽非累叶之风；词苑擅名，早夸一枝之桂。应春冰其疑，莫秋雾其辨。

文章生正六位上大江以言对

对：窃以圆紫方黄，出于震而交泰；阳灵阴魂，定于先而范围。故木德施和，青祈之仁东作；金官用事，白精之令西成。盖则分为春秋，任其生肃。与二仪而运转，发五政而驰张。乘鸾临寓，露惠是故敷百华；驾骆驭民，霜威因其成百实。遂使仰望天经，虚柳中昏旦之时；俯寻地络，齐陈处孟季之位。湘南齐叶之草，结恨于春雨之朝；江东吴松之波，遣怀于秋风之夕。宫漏三声，商庚鸣而夜梦渐短；胡角一部，齐乙归而晓听方幽。严阿之冰渐融，绿萝之发衣煖。庭隅之霜新警，暗虫之声织寒。居席幕深，五柳门之烟袅袅；行衣晓薄，稠桑驿之月苍苍。周晨三首之盅，柏叶酌露；晋日二毛之镜，蓬鬓捉霜。几行胡雁之声，苏将军之词可听；双飞梁燕之翅，李都尉之思犹深。梅杏晴露，锦濯流莺之音；芦苇夜风，雪梳洲鹤之发。花复花，山雨洗而色色；叶复叶，溪岚吹而声声。东流二水之兰，酌华誉于元巳之浪；南阳九日之菊，传芳名于佳辰之风。斯皆三才资以裁成，万灵禀以镕范者也。然则较泥蚕于四壁，时日自可决寸心之中；调清角于五玄，夏风徐回十指之底。草堂春深，早薤之露迹暗；山厨秋静，晚松之烟意闲。即验冥冥玄理之理，周李说无穷；杳杳青真之真，汉竹编不朽。金阙自来，朱山之路雾霏；丹龟忽转，青天之迹云遥。平皋之武空接,准的应知;虚室之盅方倾,斟酌岂惑。我后俗反大素,化高尊庐。左个敷仁,就春日之迟迟;西堂见稼,望秋云之暖暖。周宬负凤之任,代乾圜之大临朝;越裳献雉之祥,重男方之译人贡。薪歌芰制,辞萝桂于鹤板之前;朱卷乌文,营宝税于象阙之下。谨对。

藤相公策一条

松竹

治部少辅从五位下弓削宿袮以言问

问:松抽灵干,云连嵩高之烟;竹抱贞心,风吹会稽之绿。是故德配乾位,方似圣人之云为;法取震炎,自作君子之范则。不审或速成而晚就,其人谁人之氏族;或九疑而千仞,其处何处之烟云。殷庭周庭,植棘植梓树之变化犹暗;一生一死,六年六十年之期约忽迷。至于笔海之浪,逐日竞起;词林之花,随春交开。荆峰花池之说,别时代而风罗;南条北叶之词,明根荄而露布。绿杨黄柳,行人去就之意如何?筑山穿池,道子封树之功几许?子仙籍是重,暂降蓬莱万里之云;高材不拘,谁待橡樟七年之日。去春甚迩,解冰何疑?

文章得业生正六位上行近江权大掾藤原朝臣广业对

对:窃以濛昧混沌之中,一鸡初生二三;圆盖方舆之后,万象遂别品汇。野草山木,毛发之种相分;春雨秋风,荣落之期自定。于是送岁送日,不改者松林之心;侵雪侵霜,无移者竹丛之色。秦始皇之拥盖,忽避岱岭之雨;汉高帝之正冠,长消薛县之烟。柯亭月闲,云遏蔡氏之曲;兰台日暮,风舞宋生之词。霜毛丹顶之禽,翅栖绿林之夕;骅骝骁骊之马,蹄踏玄池之春。复有费长房之龙鳞,葛陂之云永去;周景式之尘尾,石门之路空闲。秋风索索,子野之商弦让音;晓霜森森,南山之羽括吞舌。东平王之思旧里也,坟上之风靡西;天门山之传新名也,峡中之烟扫地。贞姿入梦,知灵效于十八年之后;劲节含音,叶律吕于十二月之中。梁王之好苑囿,先备西园之庭实;夏后之分贡赋,永为青州之土宜。王右军之游四郡,鳌海之浪渺渺;嵇中散之缔七贤,鹿严之月苍苍。盖乃风化所及,动殖遍禀者也。国家俗反九首,仁蒙万心。圣化风遐,二华之松献寿;叡德露下,细叶之竹受详。自然首文背文之鸟，长巢上林之云；羽氏翼氏之人，遥就中华之日。然则速成晚就之戒，方策载其人；九疑千仞之谈，圆丘为其处。殷庭周庭之变，梓树之词自明；一生一死之期，竹谱之文方决。即验时代可辨，披齐纪而区分；南北暗知，指族氏而诵咏。行人休止，犹避幽僻之烟；道子山池，谁迷斟酌之水。谨对。

江举周策二条

辨耆儒

参议从三位行式部大铺兼近江守菅原朝臣铺正问

问：儒教所施，博哉大矣。正君臣而分老少，重仁义以宣典章。九流百家之道，由是永开；政范礼序之源，自然久达。百王损益，一以贯之。斯文不堕，虽老可弘乎？未审年至八旬而写细书，宜辨彼名；学专三礼以谢明昭，将闻其意。治春秋推阴阳，儒宗得号者何代？出城门尽钟漏，易经好诵者为谁？况复居家而辞御史，谁龄未及乎一百年；食邑以赐爵侯，何赏应得乎八百户。或苞百行，或守一边。云圣云贤之道，分别不同；亦大亦小之义，优劣相异。克采其旨，详著彼文。既谓江家之流，庶不孟浪者哉。

文章得业生正六位上行播磨少掾大江朝臣举周对

对：窃以栗陆柏皇之前，无为无事；马图鸟字之后，礼云乐云。四门穆穆，教化之规斯彰；六艺洋洋，幽微之数必举。遂使道有浇淳，学有疏密。移风之化，随圣主而更新；就日之明，得贤圣而稽古。周文王之养耆老，已拓七百年之鸿基；唐太宗之求贤良，更置八千徒之虎馆。博带绕神，规矩之步继踵；高冠理鬓，庄敬之姿可观。崇儒重道之方，严严然尽峻礼；济世救民之术，荡荡乎施深仁。桓荣受天子之重礼，宁非侍读之力哉；孙弘居丞相之崇班，只是勤学之功也。抚白首而嗜文，照芸缣于北窗之雪；率青衿而劝学，编柳牒于东岸之烟。是以游鲁堂者，孜孜匪懈；仰魏阙者，济济实繁。秋萤功绩，车司徒之位高升；夜月才明，马相如之文远播。文章织出，为百家之枢机；道德莹成，为九流之龟镜。边韶者经笥也，眠则梦周公；孙绰者才冠也，赋则感晋帝。郑玄之至城东，饮三百杯而不醉；戴冯之升殿上，重五十席而自夸。夫以沈骥士之手写其书，八旬之龄虽老；洛阳子之心耽其学，三礼之诵自明。儒宗得号，董氏之才，已彰于汉朝；史籀专精，苦学之英，自闻于往日。况复寻其龄于崔御史，百年欠七而未满；闻其道于赐爵侯，八户重百以可尊。至于圣贤分别，大小优劣。儒行之道，深浅不同；礼典之文，长短无异。我后修文教而敦诗，偃武器而悦礼。仁及草木，怜霜艾怜冻梨；兴入风云，赏朋霞赏啸露。泛尧舟于舜海，载径寸之明珠；飞羽盖于翰林，举拔萃之翘楚。自然骏珍竞至。朝皇天者，皆十五儒，鹤板遥通。拓才地者，可百万里。谨对。

详循吏

参议从三位行式部大铺兼近江守菅原朝臣铺正问

问：国者以民为道，民者以国为家。择牧宰而能治，万民以安堵；随土俗以便化，千室以鸣弦。是以田亩丰而稼穑之资自足，仓廪填而礼法之仪即成，便是循良为有其吏也。夫云雾晴而越石不隐，施仁之俗宜知；水波却以东海已安，守信之人欲著。四虎之伏郭门矣，流民反业于何州？白乌之止政厅焉，乳子遗号于谁境？乃知布政教而放民歌，兄弟之前后奚在？下诏命以请吏表，春夏之风雨可详。至彼仁惠惟笃，德化犹深。奸人闻风而有愧，谁可载其蒿于一车？民子以江而为姓，何令思其德于后族。命斯邵父之迹，爱子自闻者也。

文章得业生正六位上行播磨少掾大江朝臣举周对

对：窃以龙飞九五，远振于跃浪之鳞；凤击三千，高举于凌云之翮。是以仗贤仗俊，尧舜之道昌焉；禁邪禁奸，禹汤之功大矣。自古出震乘乾之后，积仁湛运之君，莫不咨岳牧而裁规，赏宰守而縻爵。故汝南之为心腹，敕韩崇而分忧；淮阳之作股肱，命汲黯以全福。邓攸饮水，恩泽沸吴江之水；徐邈扇风，德音闻胡山之岫。蒲鞭所戒，轻刑则无科；竹骑所迎，感德则有信。缓急性异，一戴星一弹琴而治国；动静事同，或佩犊或携书以安民。孟伯周之扬声明也，珠还合浦之月；朱买臣之衣德采也，锦翻会稽之岚。乘熊轼而行县，五袴之歌自高；割虎符而宣威，三章之法能整。夫云雾自晴，越石何隐。施仁之世，可知彼人。水波已静，东海唯归。守节之时，易迷其吏。猛虎伏而无害，世翼致仁化于湘州；翔乌止而有心，卢绩施德义于渭境。然复前兄后弟，夏后氏之余化，再感州民；春风夏雨，良刺史之笃仁，先播土俗。一车载蒿以赐盗人，赵氏之所治，其仁既深。万民以江而为子姓，何州之所慕，其德难忘者乎？举周学无别白，业谢拾青。气韵非高，难追二龙跃云之迹；才情甚浅，何决三豕渡河之疑。暂出九冬之冰谷，漫诵六代之云英。谨对。

长保三年十二月二十五日

藤国成问藤明衡辨贤佐策问对一条

辨贤佐

国成问

问：登大统之尊者，必求贤臣；理庶绩之剧者，先资良佐。当今比俗胥庭，致君于尧舜。盖是得辅弼于戚里之亲，专舟楫于渊水之用也。感此新佐，寻其古风未审。仲父之在齐朝，二鸿可明其德；公旦之辅周室，比翼欲闻其详。立言立功，善家出于何处？不谋不约，有道犹视于谁人？一体相恃之义，宜详之。股肱四面营求之勤，勿秘于唇吻。节风雨调阴阳，先贤之应对谁知？畏法令禁桃李，往哲之鉴诚易迷。请课为山之业，方决蒙泉之疑。

藤原明衡对

对：窃以乾坤分象，君臣之义甫就；造化施工，贤愚之性不闻。信乃四海广则广矣，更待英彦之匡济；一人尊则尊焉，犹赖良弼之翼扶。浮兰楫于巨河，安波澜而导皇泽；构栋梁于大厦，抡材干而固鸿基。是以道称鱼水，义感龙云。四岳升而唐朝盛，八元进而虞氏宁。况复岩月通梦，因后素以求貌；渭河浪迹，遇西伯以彰名。鹤板频飞，谁栖黛岳而酌山杯之酒；驷轩旁至，宁辞紫围而弄葛弦之琴。汝南地寒，雪残袁邵公之门；圯上天曙，云开张子房之路。节操不移，卫地之竹烟青；德馨遍播，楚皋之兰岚紫。孙弘之宰汉室也，开三馆而崇士；魏征之仕唐家也，莹一镜而对君。手臂取喻，萧相国之多筹策；柱石建功，霍子孟之富文章。访之圆盖，三台之光昭晰；寻之方舆，五岳之势崎岖。遂使随前规而乐治化，曹公醉中园之霞；居外戚而好风流，庚氏登南楼之月。金阙理政，鸣环珮于青琐之晓风；黄阁忘私，垂仁惠于赤县之春浪者乎？夫以仲父之随霸王，譬往来于齐国之二鸿；姬公之辅圣帝，验祥瑞于昆峰之比翼。立功立言之义，载芸缣而永传；不谋不约之论，垂竹帛而无朽。股肱之为一体焉，聘迎之及四海矣。学海分浪寻源流，以可识；书林攒条就根苑，而何迷？节风雨而调阴阳，殷阿衡之词雾敛；施法令而禁桃李，郑子产之威霜严。明衡非凤章谢龙辅。临桑榆告老之克，憨慕橼樟之材；遇贤者佐政之朝，独耻屑愚之性。况乎平西之景忽阑，欲凤策之易迷；解冻之风随近，惭狐疑之难决。谨对。

藤明衡问藤正家辨关塞策问对一条

辨关塞

正五位下行出云守藤原朝臣明衡问

问：圣主之治四海，何废至险于域中；明主之统八埏，犹备固守于瀛表。是知小国之朝宗大国也，兆人之率从一人也。莫不据关塞以通行，历镇府而来往者也。不审月令之垂范，诚来之词欲闻；汉使之封函，温故之说难辨。弃繻之节须详其人，望薪之名莫秘其说。近土置尉矣，五人欤六辈欤；列仙好学焉，为梅生为松子。陆凯备敌之文，指何处而致上奏；五帝立县之制，属何郡而贻嘉猷。余是三阴之小宰也，子亦洛阳之高材也。割虎符而将去，暮逗留于文路之春月；珥蝉冕而新夸，莫停滞于疑关之暮云。

文章得业生正六位上行近江大掾藤原朝臣正家对

对：窃以黄河一曲，续断岸以飞梁；丹壑万寻，截危峰以启路。秦据四塞之固，禁不轨于边隅；鲁设六关之防，备非常于敌国。瞻戎楼于遐镇，听晨鸡而行营；设烽候于遥峰，惊秋雁以结阵。况复山河渺渺兮无限，关塞重重兮有禁。柳营春来，旌旗遥拂垂条之绿；榆城秋暮，戎马尽嘶落叶之红。岂容公孙饰辩，指非马而晨驱；孟尝衔音，窃鸣鸡以夜度者乎？若乃越关之罪难宥，不知款塞之诚，空心辄受。幼幼碧海，万穴于是朝宗；隐隐黄枢，百蛮由是重译。遥结和亲，昭君入胡之泪落月；久持忠节，苏武归汉之鬓戴霜。方今重扉忘桁，外户不扃。威加有截，包六合而为垣；泽被无疆，笼八纮以作宇。东西省一尉之劳，南北无一虏之虑。自可远通紫气，晚迎青牛；近蔽黄云，朝随白马。岂得泛鹥鹭旧国，不执符缠；越鹦鹉之远乡，曾无牒状。谁依捷径？我出正门至彼长城，绝地高关连天。龙荒忆俗，则雪肤千里；龟林凝寒，则木皮三寸。韦构毳幕，人传射鼠之风；膻肉酪浆，俗染乘羊之化者欤。我国家圣化洽于北胡之北，黄泽覃于西楚之西。济生民于寿域之月，万岁一日之俗云移；得贤佐于戚里之风，龙玲凤翼之士自进。若夫月令垂范，在缥缃而已明；汉使封函，载竹帛而不朽。弃繻之节，终军之志可知；望薪之名，末学之眼易迷。百里之置尉，偏备一人之职；仙家之有郎，定学二子之文。见西陵之备敌，则吴朝之申奏不违；寻张掖之属县，亦汉帝之制度无废。谨对。

藤实范问菅清房辨牛马详琴酒策问对二条

辨牛马

从四位下行治部大辅藤原朝臣实范问

问：以乾为马，然犹坤仪有牝马之贞；以坤为牛，然犹乾象垂牵牛之曜。旁禀其灵于二气，盖施其德于四时。故命青衣而列岗上，遗芳躅于孟春之初；作黄土而坚门前，验往训于穷冬之末。是则所以察万物之始终，知三农之迟速也。未审精粗异趣，可疑九方之情；任杜成讼，谁决二家之理。蒋衮云前，赐钱之功犹暗；建昌月下，理稻之义未明。且夫同种类而改形容者，贻异端于万代之后；占候而指祸福者，鉴未兆于千载之前。然则毛随去来之潮，寻起伏于何物？鞭悬东北之树，得财货者几年？三匹一槽之梦，指掌而欲问；一日三视之功，敝角者难知。子大器传家，函牛之鼎还少矣；利根禀性，斩马之刃犹钝焉。庶振高材于春官之策，勿惯寓言于秋水之篇。

文章得业生正六位上备中大掾菅原朝臣清房对

对：窃以二仪开辟之前，万象之形质未著；三才化成之后，百兽之品汇渐分。信乃马者阳畜也，契荧惑于天文；牛者阴灵也，配土德于地理。农皇抚俗之时，容貌仰一人之位；轩后膺图之世，服乘显至命之书。谓其利用，则耕驾遍九有之境；推其吉符，则氏族入万乘之家。汉代祖之初骑焉，继颓纲于二百年之后；晋宣帝之创业矣，传著姓于十八代之中。故白腹唱讴，钱复五铢之号；黄须免难，鞭舍七宝之珍。劳逸变玄黄之色，功能称稼穑之资。任朽索于善御，政理取喻；视游刃于良庖，形骸无全。复有二角及鼻者，公字之象也，赵直所以推蒋家之经；千里市骨者，王化之基也，燕昭由其营隗台之粧。随复百钧过规，东野之词欲败。然而五柠传术，西河之利长存。鲁国三老之客，待凤诏于金门之月；商飙七夕之星，役龙驾于银汉之波。逮于怀土之情，不异人伦；习俗之性，已任造化。胡塞地寒，骧首于塑风之气；吴郡天暖，吐舌于夜月之光者也。遂使绿草萋萋，声嘶华山之晓；红花漠漠，蹄蹈桃林之春。白马从事之立新祠，威信虽旧；青牛道士之归旧里，计会惟新。一道之桥下，长卿之铭尚残千寻之谷中。乌氏之富可量，岂止秦嬴政暴虐之日，齐桓征伐之年，垂老智于孤竹之露而已哉！国家圣运应一千之期，亲贤满三九之位。龙云上覆，抽英才于学校之林；虎风外啸，拂飞廉于蛮荒之地。何况仁波所沾，嘉瑞见马泽之畔；女水无竭，治化彰牛山之阿。若夫问九方于伯乐，则得精而忘粗；寻二家于于公，亦舍杜而用任。驰蒋山而赐钱，萧晃振勇力于南齐；居建昌而理稻，幸灵贻华辨于东晋。但毛随去来之潮，起伏已混九流之中；鞭悬东北之树，财货遂得三年之后。一日三视之器，传器之人，可决其名；三匹一槽之梦，占梦之家，宁迷其义哉！谨对。

详琴酒

问：琴者五音之统也，通德神明；酒者白药之长也，含灵天地。易象九五之文，君子获贞吉之利；诗篇三百之义，窈窕闻友乐之情。方今淳风返于栗陆之前，恩泽深于蓬海之底。喻圣道于尧年，中衢之蹲无尽；比化绩于舜日，南薰之歌长传。治世之美不光古乎？然则宣颖赏赐之珍，饰白玉欤？饰玄珠欤？谢譓独醉之室，入昆弟乎？入朋友乎？春蚕含丝，金气之断绝奚在？夜月共席，木像之献酬未明。况复重才薄位之喻矣！莫秘曲调于齿牙，二槛一口之饮焉，可分氏族于唇吻？小儿坠琉璃之器，作赋者谁家？鄙人迷箜篌之名，著论于何代？余之濛昧，子宜分明。

对：窃以阴阳分声，琴弦施调于时令；星辰定位，酒旗垂耀于天文。削而成器，源起峰阳之洞；忘其积忧，名类堂北之草。是以华绘雕琢，错以犀象之文；清醑浊醪，分其贤圣之色。自古龙图鸿烈之君，刑措圄空之世，莫不以之为移风易俗之导，以之为乡饮朝会之基。周文王之得新书矣，鸾凤翔歌章之词；汉高帝之归故乡焉，风云飞酣畅之席。维则礼典寻踪，献酬之序无爽。然而政绩取喻，弛张之义相分。五十六十，东西定坐立位（位下疑脱之字）；或和或乘，郡国辨理乱之音。法四时，而律吕方叶；薰五内，而形骸已宽。染浓气于寸丹，飘余响于泰素。苦热烦暑之天，弹则有曲中之雪；严凝沍阴之地，倾亦遇历外之春。故新声寥亮，指寒七绝之间；滋味醇和，耳暖三酌之后。萧思话之调石上，赐银钟于北岭之云；陶渊明之就业边，迎白衣于东篱之露。盖乃隐逸肥遁之栖，可以养其精志；幽冥感动之类，无以秘其形容。华阳夜天，清韵理而冤魂暗语；长平故地，膏泽流而怪气忽销。况复栾叔元之得神仙，成都县之雨飒飒；王敬伯之逢窈窕，通陂亭之月苍苍。周洛春阑，羽觞回桃花之浪；楚台秋暮，商弦入松叶之风者乎？即验宣颖赏赐之珍，加其饰者，非白玉则玄珠也；谢譓幽独之居，入其室者，□清风与朗月也。春蚕含丝之义，载芸缣而长传；夜爵刻木之恩，指柳哲而可识。重才薄位之喻矣，未能后学之鉴前修；二楹一口之饮焉，宁非马姓之忌牛氏。至于小儿误坠琉璃之器，鄙人不辨箜篌之名作。作赋家家，词海阔兮谁寻；著论处处，笔驿遥兮难到者也。清房才谢贾马，行异伯牛。拜祖庙而倾首，虽仰冥感于百年之后；望杨庭而销魂，何决高问于一日之中。况乎职非乐署，听鹤操而耳根可迷。义入醉乡对凤策，而眼花欲龙。谨对。

藤明衡问菅是纲江湖胜趣策问对一条

江湖胜趣

正五位下行式部少辅藤原朝臣明衡问

问：圆盖成质，左回之仪初开；方舆成形，右转之基遂定。是以坤灵坎德之正位，春皇彰卦；三江五湖之分流，夏后建功。鹦洲鹄岸，自叠浮天之浪；金塘珠泉，更成纳日之潭。谓其胜趣，最足阐扬。未审李冰立祠,云雾未开其地;桑树回岸,日月难照其疆。渡钱塘而挥刃焉,涛波之险夷宜决;剥桐枝而扣鼓矣,音声之远近欲闻。冬出夏没之石,殊号难识;仙乐百种之山,佳名足寻。布囊盛砂,往古之迹何在?磐石生竹,周回之程可详?子洙泗术业,河汉养才。宜课凤凰之文华,以答岩岩之词藻。

      文章得业生正六位上行美浓大掾菅原朝臣是纲对

  对:窃以混元未割,阴阳孕陶钧之机;玄理遂通,寒暑效造化之绩。轻清者上为乾道,日月丽天而昭明;重浊者下化坤灵,山水在地而错峙。长江带萦,发其源于岷山之阿;平湖镜徹,分其流于巴陵之境。白羊白马之美称,载蠹简而永传;荆州扬州之胜形,垂芸缥而不朽。遂乃包括百川,呼吸万里;并合阻障,朝宗溟海。暖雨染兮菰蒋芊芊,伍员之庙锁烟;商飙戒兮芦荻索索,范蠡之舟堆雪。挣澓罗筌,沙村之人乐业;飞帆鼓棹,波邮之客陶心。岸松倒影,紫鳞游泳于千年之绿;浦桃泻妆,彩鸳荡扬于数片之红。清风朗月之夜,袁彦伯之词动魂;阴云重雾之天,卢思道之文惊眼。况乎垂钓客子,数点之渔火烧波;叩舷泛游,一曲之商歌唱月。交甫之得佩,知神意于十步之后;虞舜之投珠,施德辉于万代之间。又弱柳春浓,黄金濑之水浸弦;寒叶秋脆,青草山之岚浮锦。季鹰忆鲈,不忘滋味于素节八月之天;曼蒨卖药,遂验遐算于金骨千龄之日。诚是百谷之王,群流之先者也。我后德四三皇,仁六五帝。梯山航海之远宾,贡琛于龙阙之下;罗帷蕙带之逸客,飞缨于凤池之前。瀛表咸浴恩波,寰中皆夸惠泽之秋也。彼李冰立祠,彭门之户易辟;华树回岸,庐山之岫何迷。钱塘挥刃,则波浪遄休;桐枝叩舷,亦音声何秘。冬出夏没之石,不藏绿水之庭;仙药百种之峰,无泥罗山之途。布囊盛砂之计,轨躅长存;磐石生竹之美,周回岂暗。谨对。

藤明衡问藤有信明城市策问对一条
       明城市

    正五位下行式部少辅兼文章博士藤原朝臣明衡问

  问:神农驭俗,建市廛以利苍生;大禹临邦,筑城郭以安赤县。

前圣后圣，率由宏规，莫不致宇宙之静，盖通天下之有无者也。钓池上而买鱼矣，波月未明其人；来阿南而类雉焉，岭雾犹蔽其处。云阁之霞高耸，出谁家之篇章？月氏久薰，表几时之酷烈？洛阳畜廛之金，在南欤在北欤？山下夷门之石，为二哉为三哉？用布贸丝，可详古典；击鼓唱节，欲闻前主。子禀芳种于儒林，养高材于翰苑。须振凤凰之文彩，以惯鹦鹉之言词。

文章得业生正六位上行丹波大掾藤原朝臣有信对

对：窃以二仪剖判，物类于是区分；九变裁成，民庶目斯郁起。天皇地皇，肇居众中之大；羲氏燧氏，爰为海内之尊？圣王筑城，八挺所以宁居；明王建市，黎民为之乐业。秋□效功，礼经之文孔章；日中通货，易传之说不朽。遂乃亘万里以成险，分九廛以连闾。守在四瀛，周文王之道德覃；闻遍诸夏，韩伯休之廉洁大著。崇埔崎崒，长云之势穷目；列肆嵯峨，飞尘之色满望。翠柳烟闲，马放胡塞之月；青槐荫□，人学鲁国之风。营洛邑以命宴，周公醉浪上之花；仕汉家以习方，费氏尝壶中之药。阙重闉而朝万国也，远垂强干弱枝之规；分曲阜而补乏绝也，自彰就贱嫌贵之义。丹墀青琐，歌吹之声沸天；绀幰旗亭，罗縠之彩照地。家孟喻胡之论，去就有时；齐地不夜之光，昭晰如昼。行带以为固，墨子之谈在耳；阅书以无忘，王充之智贻名。珠冕玉佩，趋金阙之者接辙；绫鹤锦鸳，粥绮队之者交眉。我圣朝在巢比俗，大庭移风。处紫官以主枢机，开金门以聘贤俊。雨露施泽，蛭蚁之居含恩；日月同明，烛龙之乡夸惠。彼访隆汉之代宗，则祭祀之余卖鱼；认绛岭之神仙，忽往来之间如雉。云阁制篇，烟霞何藏。其□□□□□贡，芬郁可知。彼时洛阳蓄金，斜日更临宫室之西；山下峙石，暗雾岂隔洞户之外。用布贸丝，标其文于盐铁之论；击鼓唱节，录其号于缣缃之典。

藤敦基问藤广纲辨论渔猎策问对一条

辨论渔猎

大内记藤原敦基问

问：上古之时，邈哉远矣；蒸民益宽，禽兽甚多。遂人之宅海内也，教黎甿以渔；伏羲之王天下也，命兆庶以獦。实是安不忘危，仁必有勇之故欤？然则草泽之为名区，可详歌啸之客；石室之在乐野，欲闻栖居之人。晋文公之入大泽，辞赐者如何？齐宣王之游社山，不拜者为谁？台下垂钓，遇何鳞族？车前举旌，射何毛群？豫章之人见鱼，形体之大小宜辨；楚国之士得鸟，翱翔之高低难量。既谓涉猎之才，可通跖实之旨。

藤广纲对

对：窃以巢居穴处之昔，三驱之威未施；春蒐夏苗以来，四时之礼无误。随天维之所推迁，獭祭鱼豺祭兽；收地宜之所生育，有山虞有水虞。遂乃王者公侯，率由斯道；黎元庶类，不失其时。上可以供宗庙，下可以宴宾客。何况取鱼忘筌，周易之象太著；获麟绝笔，鲁史之文长传。拵㵎成浐，水泉山泽之赋非一；笼山络野，狐兔麋鹿之获区分。复有楚王之好畋游，云梦之鸟坠地；虞氏之施洪德，雷泽之人让居。走角飞羽，纵横于矰缴之间；千介万鳞，踊跃于网罟之里。吕尚者周之贤才也，严光者汉之逸士也。文王礼遇之时，初出渭阳之月；代祖躬迎之后，遂归富春之风。鱼者以水为浅，穿穴于其中；鸟者以林为短，重巢于其上。故钓者形俯，弋者头仰。三闾独醒，空吟江滨之水；二老忽见，永隐野王之云。左慈引鲈之术，曹公惊心；西巴放麑之仁，孟孙宥过者也。彼草泽风闲，刘保之啸可听；石室尘旧，勾践之迹足寻。至于遇晋文而辞赐，对齐宣而不拜。廉洁独显，大泽之浪洗心；姓名犹明，社山之月照首。台下含均矣，白蛟之鳞甚鲜；车前中射焉，毛群之类何暗。豫章人之见鱼，深望重渊之庭；蒲且子之得鸟，不奈百仞之高。广纲虽受儒林之累叶，犹少智水之余流。欲思弓裘以锐笔锋，犹如画虎而类狗；将衔丝纶以泝学海，未知潜鱼之为龙。况乎长杨诵词，谢子云而股战；落棠顾景，望西日而魂摧。谨对。

承历三年十二月二十五日

菅在良问藤友实野泽佳趣策问对一条

野泽佳趣

正五位下行式部少辅兼大内记阿波权介菅原朝臣在良问

问：野者邦国之所配也，疆场立分；泽者水草之所错也，光润成功。是以九有圻土之君焉，回权舆于牧外；五行释名之家矣，混滥觞于川源。地仪之道不期然乎？若夫丹丘变形之石，其器如何？黄池赐饮之公，其兆不审。学讴谣而忘归之声，为履霜为回雪；因天獬而致祭之获，文狸欤白雀欤？一角之鱼，令何人至何处？红眼之水，教几女投几姿？窈冥守气，至道之精难分；幽玄托心，真府之验可辨。

　　　　　　　文章得业生正六位上行能登少掾藤原朝臣友实对

对：窃以九野未定以往，二耀混明；八泽相辟以降，三材异品。故玄王桓拨之朝，群禽归一面之化；伯禹菲食之昔，众庶营三农之勤。孔父之遇西狩也，获麟之笔遗文；高祖之达前途也，斩蛇之刃成业。然而戎车三百乘，至周牧而伏凶；猎徒千万骑，幸楚梦而称获。后有明王施仁，遗贤无暂留之迹；哲后理政，祥兽有数出之蹄。精兵挑战之军，遂争汗马之劳；虞人列次之职，各守法象之官。然犹素商秋暮，归燕之翅双飞；碧汉夜深，鸣鹤之声高达。横野将军之居榆塞也，武略虽闻；彭泽先生之占柳门也，贤名犹彰。方今烟草蔓蔓，钜鹿县之露夏深；云雁唱唱，彰蠡湖之浪秋冷。殷帝通梦，傅严之月光清；吕氏传词，芒砀之云色紫。生而繁茂，嘉谷表刘汉之详；吐而玲珑，明珠发清越之响。田子设礼之时，结金兰而思契；路氏嗜学之昔，截青蒲而成功欤！复夫丹丘为器之石，甘露之瑞得其名；黄池访兆之公，流霞之色传其味。学讴谣于秦妓，遏云之响长留；寻田獬于周王，长月之性尚暗。但垂神圣而时出之鱼，词海广兮难辨；化女子而冬温之水，智泉浅而无知。窈冥守气，已闻崆峒之山；幽玄托心，自在学校之林。友实竹帛功疏，纵耻鄙野之至性矣；蓬赢境异，犹仰皇泽之重罩焉。春风虽和，疑冰结兮难解；西日欲暮，愚谷暗兮易迷。谨对。

菅在良问江匡时述行旅策问对一条

述行旅

在良问

问：处外得中，易象立贞吉之美；体国经野，周官传方位之仪。是以行人之占露宿也，待委积而达前程；旅客之过月馆也，顾乡国而思后会。行旅之基义大矣哉！若夫魏太祖之远征也，为东为西；汉武帝之征行也，遇男遇女。良金在歧，未辨贪廉之性；磁石累路，将闻经过之姿。复高邮县遥，置几驿而得嘉称？宜都地僻，指何山而遗幽趣？居槛兮常落之人，其变不审；入舟兮（原本缺"兮"，今补之）思子之兽，其名如何？早课朝华夕秀之才，莫滞离上艮下之趣。

江匡时对

对：窃以水土山川，错峙之仪早著；秦吴燕宋，远近之迹常存。云往云还，诚是士之常也；行也旅也，岂非俗之事哉！是以玉门秋深，行行而行不尽；剑阁年暮，步步而步犹余。北马思土，蹀朔风而犹悲；南牛恋乡，喘夜月而未息。皇华无私，自极天地之险；行李有限，谁过九千之程。终童之弃繻也，遂乘使者之轺；买臣之衣锦也，暂收大守之绶。涉塞垣而从军，纪功于燕然之巅；逾关陇而守险，忍渴于疏勒之城。张博望之穷九河也，通查于牛汉之月；杨将军之度五岭也，分符于闽越之风。然犹高渐离击筑于易水之上，壮士反袖而伤嗟；羊叔子立碑于岘山之阳，行人霑衣而于唈。邛棘九折之云，一为忠臣，一为孝子；胡城万里之雪，谁生而降，谁老而归。国色之出汉阙也，金屑慰马上之情；王佐之辞渭滨也，玉璜当车右之任。况亦绿耳嘶而欲去，草长王孙之原；紫髯掉而不留，木下郎将之泊。吴人之观鲁乐也，闻雅颂而自知；陈氏之入斋宫也，免负担而可足。然则魏太祖之远征矣，伐蛮夷而可详；汉武帝之征行焉，遇妓女而暂止。良金遗歧，被鹿裘而知廉耻；磁石累道，披蠹简而忘谟谋。至于高邮县之嘉称，宜都山之幽趣。文峰高兮不寻，笔驿荒而易惑。咋虎说兮忽去，盍谐居槛之意；夜萤暗兮难知，争辨入舟之名。匡时略非竖亥，智异夸子。河汉词浅，徒泥学海之千里；橡樟材疏，岂望邓林之一朵。问离视听，顾西日而慕鲁阳焉；道迷方隅，向暮风而忘指南矣！谨对。

纪贯成问花园赤恒详和歌策问对一条

详和歌

从四位下行和歌博士纪朝臣贯成问

问：夫和歌者，志之所之也。心动于中，言形于外。是以春花开朝，争浓艳而赏玩；秋月朗夕，望清光而咏吟。诚是日域之风雅，人伦之师友者也。不审野相公告别矣，为西为东；在中将叹老焉，对月对日。混本西制，未知其旨；俳谐古辞，欲闻其训。又临难波津之什，献何主？至富绪河之篇，报谁人？子性禀柿本，累页之风久扇；志学山边，词峰之月高晴。宜课七步之才名，莫泥六义之应对。

和歌得业生从七位上行志摩目花园朝臣赤恒对

对：窃以素盏乌尊之到出云国，望仙姬而始作三十一字之咏；清三原朝之游吉野宫，访洛媛而忽赠五七七句之词。夫和歌之起，自古而尔焉。寻渊源于气岸，艳流涌神世之间；拾华实于性圃，浓香施俗尘之中。天孙者藩城之君也，烟客命松容而形言；海童者潮汐之女也，骚人沥藻思而消魂。曲水初三之日，酌羽爵而叩疑；斜汉第七之秋，代织女而惜别。非诗非赋，只凝习俗之风情；分贤分愚，诚是诸人之露胆。遂使皋蒲腐而水萤流，尽入幽玄之兴；宫树红而山蝉鸣，高振神妙之理。风云草木之非一，课六艺而编次；哀乐怨别之区分，劳寸心而裁成。燕寝夜长，添清吟于寒砧之韵；野寺日暮，动远情于岭钟之声。征夫游子之不我土，寄旅雁而驰思；兰棹桂楫之恋故乡，付微波而通词。然则小野宰相告别矣，挂片帆于北海之波；在原中将叹老焉，欹孤枕于西楼之月。难波津之什，献大鹪鹩之天皇；富绪河之篇，报丰厩户之太子。混本之夕制，记风土而易觉；俳谐之古辞，访日域而犹详。我后德被上下，盛生视听。南熏风馥，春日野之草普靡；北拱星晴，天石门之雾高寒。千代亦千代，平沙长而期苔蒸之岩；万岁复万岁，飞尘积而生云悬之山矣。谨对。

藤敦光问藤资光乡国土俗策问对一条

乡国土俗

从四位下行大学头兼文章博士周防权介藤原朝臣敦光问

问：方策既载九州，为圣皇之藩篱；秘箓长传十洞，作列贡之窟宅。乡国之土俗各异，黎民之贡赋不均。诚是会同有礼，如众星之横北辰，朝宗分仪类，细流之赴东海者也。然则孝义立号，莫秘明主于五帝之中；廉耻著名，可称善舞于二人之际。壅塞何处，甘雨之濑气未晴；来游几方，吉云之境风犹暗。文宾之居大丘，其业不审；景公之临少海，其词如何？千秋一会之语，交友在谁？一日千里之行，寿算难量。子神仙列籍，藐姑射之云通徙；才德含辉，郑公乡之月照地。既习宏辩于悬河，宜披濛昧之郁色。

文章得业生正六位上行能登少掾藤原朝臣资光对

对：窃以气象肇启，未辨清浊之名；形质既萌，渐定玄黄之位。自尔郡县村邑之区分，马齿取喻；林薮原隰之名汇，龙鳞著名。一万二千家，街衢绵联；五万四千里，山川绮错。莫不施风教于华夷，识土俗于乡者也。轩辕膺箓之时，鸡犬之音相闻；营丘割封之后，鱼盐之利自通。禹贡所输，州民差赋敛之筐篚；周礼攸制，地官掌户口之图籍。养乡养国之惠，君命惟严；杖国杖乡之仪，臣节无扰。燕昭王之筑隗台也，四方之贤俊才来；汉高祖之归沛郡也，一座之老父酣悦。献酬频催，若下之霞荡醉；曲调高和，郢中之雪唱歌。至如彼旧里退身，邈陬持节。疏大传之出东都矣，陈祖席于门闾；张博望之入西域焉，转仙查于河汉。秦吴境遥，游子行千里之月；刘阮迹僻，遗孙隔七世之尘。复有老子往兮，古庙长留，九井之春花片片；范蠡去兮，扁舟何在，五湖之晓波茫茫。会稽太守之锦傲装，宁非思故乡哉！延陵季子之剑未解，犹为使上国也。胡地秋深，马嘶柳塞之风；辽城日暮，鹤惊华表之露。固知缛光长篇，义标奇绝而已。我后一六合以称尊，四三皇以居大。逾轶沙漠之贡琛，府无虚月；异亩同颖之嘉瑞，国屡丰年。又贤才充朝皆元凯，其行隐逸出野，谁箕颖其心者乎？夫以明主之建孝义，惠泽仁厚；善舞之辞廉耻，游波体轻。访壅塞于荆州，阳县境胜；检来游于汉日，东方地幽。文宾至业，孜孜不违；景公之词，堂堂犹美。千秋之会就友道，以可知；一日之行指寿域，以易悟。谨对。

藤敦光问菅宣忠通书信得珠宝策问对二条

通书信

从四位上行式部大辅藤原朝臣敦光问

问：书以述言，非书则不传信；信以导志，非信则无通书。书藏之箧笥，遥赠万里之风云；置之襟怀，久移数回之凉燠。递抒膠膝之情，同达缱绻之思。未审梁帝所叙，若是为一首，若是为二首；蜀客所知，不过八字欤，不过九字欤。闻高节以欲相看，可相当世之英俊；思佐命以得自荐，岂泥专对之宏才。持烛而非其意矣，举贤之相难详；藏壁而嘉其虑焉，入学之号易惑。犯朔风践寒地，谁人赠言于永丰侯？陈钟石泛沧浪，几客论赋于竟陵王？余则（则下疑有脱字）七旬而词华春废，何游心于经书之林？子是以八代而文藻日新，将继迹于儒雅之囿。耄既及焉，疑宜决矣。

散位正六位上菅原朝臣宣忠对

对：窃以龙背负卦以来，易象斯著；鸟迹制字之后，书契聿宣。自尔经天地纬阴阳，故绳木弃而不用；则日月移风俗，故典坟兴而长存。诚是仁义之陶钧，道德之囊龠者也。遂使通书信于万里之外，宣王化于八埏之间。发皇华以赴绝域，持使节以向他乡。邻国揖让之时，喻其志；仁人饯送之日，赠以言。缄题既开，见银钩之灿烂；章句新缛，弄华牒之鲜艳。刘氏之展一纸焉，贤行被世；宋客之得百函矣，敏思轶人。马上染毫，阮瑀驰名于魏室；军中掌疏，张华擅美于晋朝。盈尺之素加封，乡思频动；回文之锦织字，闺情未休。王独坐之却豪右也，交绝兮无得私谒；嵇中散之谢人间也，性慵兮不能相训。千端万绪，陶侃之笔翰如流；明镜宝剑，秦嘉之交彩宜照。彼衔王命以远征，尽臣忠以久劳。关山重兮晚云渺渺，系苍鹰而飞词；原野遥兮春草萋萋，托黄犬而传问。何啻边营九月，胡风断降将之肠；羁旅三年，陇水洗游子之梦而已哉！我国家凤巢呈瑞，龟畴表祥。舟车所通，垂衣之化遍及；图籍所载，执珪之礼旁臻。况复贤俊来自魏齐，宁烦驺使之一至。隐逸出从箕颍，讵待鹤板之三征。然则简文帝之答新瑜，所叙只在三首；王子均之长戎旅，攸识不过十字。访当世之英俊，则岂非干国之臣；寻专对之宏才，亦定为善邻之使。郑人之遗书也，燕相播褒；杜氏之入学也，神通传号。赠书于永丰侯，载云缣而未朽；论赋于竟陵王，披竹简而可明。谨对。

得宝珠

问：明王驭俗，哲后乘时。其德至渊泉，其宝出江海。是以黄轩膺箓，象罔得稀世之珍；夏禹受图，淮夷输佳土之贡。珠之为用，邈矣大哉！若夫诣阙而募五百金矣。会稽之云，犹隐姓名，入洞而行数十里焉；洛水之月，未照虚所，魏后取珰应对（其后疑有脱字）。未审郑人买柜，义理如何？侯王听朝之履，谏臣为谁？仙客耀日之裳，飞禽难辨。玩好非重，莫秘宝器于楚国；体骨惟轻，宜显厚赐于石家。才既琢磨，请勿凝滞。

　　对：窃以道格上天，则天不吝宝；德苞厚地，则地不潜珍。有感而应，无胫而来。见明珠之晶莹，含夜光之赫奕。信回拾庭而怀之，少昊之佳瑞早呈；投湖而沈之，有虞之圣化云显。圆通标名，所喻者鲁二十篇；光彩加物，所照者魏十二乘。庄叟著书之处，骊龙睡渊；晋侯鼓琴之时，玄鹤舞砌。华盖朝映，甘泉宫之霞交妆；翠簾暮摇，昭阳殿之风成响。孝武帝之宴池上，藻鱼振鳞；郑交甫之游江滨，荆鸡比卵。至于佳人冶容，群臣列位。玄鬓理簪，如晓星之映云表；青绶系珮，似秋露之泣丛端。复有伏波将军之验秘方也，南土珍怪惊眼；合浦太守之施善政也，东京之美誉传踪。弹飞鸟以与云渺邈焉，千仞之岩有摧色；生巨蚌以与月亏全矣，百丈之水无掩辉。精锐兮威信长遗，汉皇之剑添饰；慷慨兮感思未尽，渊客之盘连光。即验会稽之市贩，朱仲著名；洛水之行人，青简载处。寻应对于卞后，选珰以取中；访卖粥于郑人，买柜以称善。景公为履，晏子之谏可闻；仙客耀裳，飞禽之蹄易识。如彼玩好非重，体骨惟轻者。万国之贡琛，旁分百家之篇章非一。披而决之，蒙何惑矣。宣忠久乐颜苍，再沂膺门。学非研精，谁吞成子之石；词谢文彩，未握灵蛇之珠。况乎流年难驻，隔桃源而送龄；岭日已斜，顾柳谷而遗恨。谨对。

参考文献

日文

（一）研究著作

［日］良岑安世等撰：《经国集》，载［日］正宗敦夫等编《日本古典全集》第1回，日本古典全集刊行会1926年版。

国民图书株式会社编集兼发行：《经国集》，《日本文学大系》卷24，1928年。

国民图书株式会社编集兼发行：《本朝续文粹》，《日本文学大系》卷24，1928年。

《古风土记》（下卷），《日本古典全集》，日本古典全集刊行会1928年刊。

《家传》（上），《群书类从》第4辑，经济杂志社1959年版。

［日］黑板胜美编：《本朝文粹·本朝续文粹》，《新订增补国史大系》卷29（下），吉川弘文馆2003年版。

［日］黑板胜美编：《令集解》，《新订增补国史大系》卷23，吉川弘文馆1943年版。

［日］黑板胜美编：《本朝文集》，《新订增补国史大系》卷30，吉川弘文馆1966年版。

［日］黑板胜美编：《朝野群载》，《新订增补国史大系》卷29（上），吉川弘文馆1964年版。

［日］大曾根章介、金原理校注：《本朝文粹》，《新日本古典文学大系》卷27，岩波书店1992年版。

神宫司厅藏：《古事类苑》（普及版），吉川弘文馆1976年版。

［日］柿村重松：《本朝文粹注译》，内外出版1922年版。

［日］柿村重松：《上代日本汉文学史》，日本书院1947年版。

［日］都良香撰：《都氏文集全释》，中村璋八、大塌雅司校注，汲古书院1988年版。

［日］菅原道真撰：《菅家文草·菅家后集》，川口久雄校注，《日本古典文学大系》第72辑，岩波书店1966年版。

［日］近藤瓶城编：《朝野群载》，《改定史籍集览》第18册，临川书店1959年版。

幼学会编：《孝子传注解》，汲古书院2004年版。

［日］后藤昭雄等校注：《江谈抄·中外抄·富家语》，《新日本古典文学大系》32辑，岩波书店1966年版。

［日］黑板胜美编：《公卿补任》，《新订增补国史大系》第53卷，吉川弘文馆1938年版。

［日］小岛宪之：《上代日本文学与中国文学——以出典论为中心的比较文学考察》（上），塙书房1962年版。

［日］小岛宪之：《上代日本文学与中国文学——以出典论为中心的比较文学考察》（中），塙书房1964年版。

［日］小岛宪之：《上代日本文学与中国文学——以出典论为中心的比较文学考察》（下），塙书房1965年版。

［日］小岛宪之：《国风暗黑时代的文学》（上），塙书房1968年版。

［日］小岛宪之：《国风暗黑时代的文学》（中上），塙书房1986年版。

［日］小岛宪之：《国风暗黑时代的文学》（中中），塙书房1979年版。

［日］小岛宪之：《国风暗黑时代的文学》（中下），塙书房1985年版。

［日］小岛宪之：《国风暗黑时代的文学》（下一），塙书房1991年版。

［日］小岛宪之：《国风暗黑时代的文学》（下二），塙书房1995

年版。

［日］小岛宪之：《国风暗黑时代的文学》（下三），墙书房1998年版。

［日］小岛宪之：《国风暗黑时代的文学》（补篇），墙书房2003年版。

［日］小岛宪之：《日本文学的汉语表现》，岩波书店1988年版。

［日］小岛宪之、木下正俊等校注：《万叶集》第2册，《新编日本古典文学全集》第7辑，小学馆1995年版。

［日］冈田正之：《近江奈良朝汉文学》，养德社1946年版。

［日］久木幸男：《日本古代学校研究》，玉川大学出版部1990年版。

［日］野村忠夫：《律令官人制研究》（增订版），吉川弘文馆1970年版。

［日］野村忠夫：《官人制论》，雄山阁出版1975年版。

［日］桃裕行：《上代学制研究》（修订版），《桃裕行著作集》（一），思文阁出版1994年版。

［日］福井重雅：《汉代官吏登用制度研究》，创文社1988年版。

［日］村上哲见：《科举之话——考试制度与文人官僚》，讲谈社2000年版。

［日］东野治之：《正仓院文书与木简研究》，吉川弘文馆1977年版。

［日］大曾根章介：《王朝汉文学论考——〈本朝文粹〉研究》，岩波书店1994年版。

［日］藤原佐世撰：《本朝见在书目录》，宫内厅书陵部藏室生寺本，名著刊行会1966年版。

［日］山岸德平：《日本汉文学研究》，《山岸德平著作集》，有精堂1972年版。

［日］川口久雄：《敦煌与日本文学》，《敦煌之风》，明治书院1990年版。

［日］松浦友久：《日本上代汉诗文论考》，《松浦友久著作选》

(三)，研文出版 2004 年版。

［日］宫崎市定：《科举》，中央公论社 1963 年版。

［日］川口久雄：《平安朝日本汉文学史研究》（上），明治书院 1959 年版。

［日］川口久雄：《平安朝日本汉文学史研究》（中），明治书院 1960 年版。

［日］川口久雄：《平安朝日本汉文学史研究》（下），明治书院 1961 年版。

［日］滨田宽：《平安朝日本汉文学的基底》，武藏野书院 2006 年版。

［日］上田雄：《遣唐使全航海》，草思社 2006 年版。

［日］波户冈旭：《上代汉诗文与中国文学》，笠间书院 1989 年版。

［日］加藤周一：《日本文学史序说》，筑摩书房 1975 年版。

（二）研究论文

［日］福井重雅：《前汉对策文书再探——董仲舒对策的预备考察》，《社会文化史学》1995 年第 8 期。

张娜丽：《敦煌发现的自注童蒙书——以〈蒙求〉〈兔园册府〉为中心》，《御茶水女子大学中国文学会报》2003 年第 4 期。

［日］佐藤道生：《平安时代的策问与对策文》，《"心"之形——东西文献资料中所见"心性"的表像》，庆应义塾大学出版部 2005 年 7 月号。

［日］伊泽美绪：《"遗脱"的对策文——〈本朝文粹·散乐策〉再探讨》，《古代中世汉文学论考》，2003 年 7 月号。

［日］伊藤宏明：《〈徐州刺史杜嗣先墓志〉杂感》，《鹿儿岛大学法文学部纪要人文学科论集》第 63 辑，2006 年 2 月。

［日］滨田宽：《对策考——策判与菅原道真〈请秀才课试新立法例状〉》，《早稻田大学大学院教育学研究科纪要》（别册），2001 年第 3 期。

［日］三品泰子：《对策文〈鸟兽言语〉与九世纪的史官——作

为语言分节的十二律、六十四卦、三十一文字》,《古代文学》(43),2004年12月。

[日]山田尚子:《匡房的后继——〈本朝续文粹〉所收〈述行旅〉策》,《艺文研究》(94) 2008年第6期。

[日]三品泰子:《习书木简中的文字缘——万叶集之"缘字"与对策文的作文》,《古代文学》2005年第12期。

[日]三木雅博:《"忠"与"孝"的阋斗与中国孝子谭——从〈经国集〉对策文到平家、近松》,《国语与国文学》2011年第10期。

[日]大堀英二:《道守宫继对策文——律令官人的儒教理解与汉诗》,《日本文化与神道》,2005年。

[日]大曾根章介:《平安时代的骈俪文——以〈本朝续文粹〉为中心》,《日本汉文学论集》,汲古书院2008年版。

[日]松浦友久:《上代日本汉文学中的赋系列——以〈经国集〉〈本朝文粹〉为中心》,《国语与国文学》1963年第10期。

[日]本田精一:《兔园策考——村书的研究》,《九州大学文学部东洋史研究会会刊》1993年第1期。

[日]山田尚子:《对策的变容——故事与论述》,《和汉比较文学》第37号,和汉比较文学会,2006年。

中文

(一) 研究著作

程千帆:《唐代进士行卷与文学》,上海古籍出版社1980年版。
傅璇琮:《唐代科举与文学》,陕西人民出版社1986年版。
陈飞:《唐代试策考述》,中华书局2002年版。
高明士:《日本古代学制与唐制的比较研究》,学海出版社1986年版。
高明士:《隋唐贡举制度》,文津出版社1999年版。
王晓平:《亚洲汉文学》,天津人民出版社2009年版。
王晓平:《日本中国述闻》,中华书局2008年版。

王晓平：《东亚文学经典的传播与翻译》，中华书局2014年版。

王道成：《科举史话》，中华书局1988年版。

（宋）王钦若等编：《册府元龟》，中华书局1984年影印本。

阎步克：《察举制度变迁史稿》，辽宁大学出版社1997年版。

（元）马瑞临编撰：《文献通考》，文渊阁《四库全书》本，上海古籍出版社1987年影印版。

（宋）李昉等编：《文苑英华》，中华书局1966年版。

（唐）吴兢编撰：《贞观政要》，上海古籍出版社1978年版。

汪小洋、孔庆茂：《科举文体研究》，天津古籍出版社2005年版。

郑阿才、朱凤玉：《敦煌蒙书研究》，甘肃教育出版社2002年版。

陆坚、王勇主编：《中国典籍在日本的流传与影响》，杭州大学出版社1990年版。

王勇等著：《中日"书籍之路"研究》，北京图书馆出版社2003年版。

王勇、大庭修主编：《中日文化交流史大系·典籍卷》，浙江人民出版社1996年版。

严绍璗：《汉籍在日本的流布研究》，江苏古籍出版社1992年版。

（五代）王定保撰、姜汉椿校注：《唐摭言校注》，上海社会科学出版社2003年版。

王维坤：《中日文化交流的考古学研究》，陕西人民出版社2002年版。

张弓主编：《敦煌典籍与唐五代历史文化》（上、下卷），中国社会科学出版社2003年版。

［日］后藤昭雄：《日本古代汉文学与中国文学》，高兵兵译，中华书局2006年版。

［日］弘法大师撰：《文镜秘府论校注》，王利器校注，中国社会科学出版社1983年版。

［日］古濑奈津子：《遣唐使眼里的中国》，郑威译，武汉大学出版社2007年版。

［日］堀敏一：《隋唐帝国与东亚》，韩昇、刘建英译，云南人民

出版社 2002 年版。

滕君等编著：《中日文化交流史：考察与研究》，北京大学出版社 2011 年版。

吴云、冀宇校注：《唐太宗全集校注》，天津古籍出版社 2004 年版。

高文汉：《中日古代文学比较研究》，山东教育出版社 1999 年版。

黄留珠：《中国古代选官制度述略》，陕西人民出版社 1989 年版。

龚延明：《中国古代职官科举研究》，中华书局 2006 年版。

杨学为主编：《中国考试史文献集成》第二卷（隋唐五代），高等教育出版社 2003 年版。

杨学为：《中国考试制度史资料选编》，黄山书社 1992 年版。

翟国璋主编：《中国科举辞典》，江西教育出版社 2003 年版。

刘海峰、李兵：《中国科举史》，东方出版中心 2006 年版。

毛礼锐、沉灌群主编：《中国教育通史》，山东教育出版社 1986 年版。

（梁）萧统编，（唐）李善注：《文选》，上海古籍出版社 1986 年版。

［日］斯波六郎编：《文选索引（全三册）》，李庆译，上海古籍出版社 1997 年版。

（唐）欧阳询撰，汪绍楹校：《艺文类聚》，上海古籍出版社 1995 年版。

（唐）徐坚等：《初学记》，中华书局 2004 年版。

罗积勇、张鹏飞校注：《唐代试律试策校注》，武汉大学出版社 2009 年版。

（南朝梁）刘勰：《文心雕龙》，万卷出版公司 2008 年版。

褚斌杰：《中国古代文体概论》（增订本），北京大学出版社 1990 年版。

章必功：《文体史话》，同济大学出版社 2006 年版。

马骏：《日本上代文学"和习"问题研究》，北京大学出版社 2012 年版。

《辞海》（缩印本），上海辞书出版社1989年版。

(二) 研究论文

王晓平：《日本奈良时代对策文与唐代试策文学研究》，《中西文化研究》2009年第16期。

陈飞：《唐代试策的形式体制——以制举策文为例》，《文学遗产》2006年第6期。

陈飞：《唐代试策的表达体式——策问部分考察》，《文学遗产》2008年第1期。

陈飞：《唐代"秀才科"考辨》，《文献》2002年第3期。

吴承学：《策问与对策——对一种考试文体的文学与文化研究》，四川大学中文系《新国学》1991年第1期。

萧瑞峰：《日本有没有实行过科举制度——读日本汉诗献疑》，《文史知识》1995年第7期。

刘乃亮：《也谈日本的科举制度》，《石油大学学报》（社会科学版）1999年第8期。

吴光辉：《日本科举制的兴亡》，《厦门大学学报》2003年第5期。

高明士：《日本没有实施过科举吗?》，《玄奘人文学报》2004年第3期。

吴光辉：《科举考试与日本》，《东南学术》2005年第4期。

汪小洋、孔庆茂：《科举文体文化与文学发展》，《江苏广播电视大学学报》2005年第4期。

葛继勇：《〈兔园策府〉的成书及东传日本》，《甘肃社会科学》2008年第5期。

葛继勇：《佚存日本的〈魏征时务策〉钩沉——日本出土木简对中国佚书复原研究的意义》，《文物》2003年第12期。

周唯一：《〈文选〉策诏文源流及艺术特色》，《中国文学研究》2005年第2期。

钟涛：《〈文选〉制策文散论》，《柳州师专学报》2003年第2期。

屈直敏：《敦煌本〈兔园策府〉考辨》，《敦煌研究》2001 年第 3 期。

刘进宝：《敦煌本〈兔园策府·征东夷〉产生的历史背景》，《敦煌研究》1998 年第 1 期。

周丕显：《敦煌古钞〈兔园策府〉考析》，《敦煌学辑刊》1994 年第 2 期。

李宇玲：《平安朝文章生试与唐进士科考》，《日语学习与研究》2009 年第 2 期。

张守军：《浅谈元、白对策文》，《辽宁教育学院学报》1997 年第 2 期。

邹维：《遣唐使与中日古代文化交流》，《兰台世界》2012 年第 15 期。

刘银红：《隋唐时期中国典籍在日本的流传与影响》，《图书与情报》2001 年第 3 期。

王勇：《隋唐时代的"书籍之路"》，《甘肃社会科学》2008 年第 1 期。

后　记

　　本书是在本人的博士学位论文基础上改写而成。在作品即将付梓，自己数年的心血和付出即将得到回报之际，在此写几句话，简单回顾一下从博士学位论文选题到获得博士学位再到成书的曲折过程。

　　本人自2011年9月入王晓平先生门下攻读日本文学暨中日比较文学方向博士研究生，至2015年6月获得博士学位，差不多花了将近四年时光。回顾四年博士生涯，可谓是酸甜苦辣，五味杂陈。

　　首先，我要感谢导师王晓平先生。虽然先生素来"严以律己，宽以待人"，但先生丰富的学识，精益求精的治学态度，使我无时无刻不感到一种无形的压力，不敢有一丝一毫的懈怠。翻开四年前的课堂笔记，先生的第一堂课讲"学术规范、学术思想和学术使命"。"打破三十年来日本研究中'日方主动'的态势，不仅需要对日本文化有深度认识，更需要对中国文化有深入的了解。要有国际视野，掌握日本材料，更要有中国情怀，在学术研究中做到'专精'和'广博'相结合，以跨文化的实证方法，推动日本文学研究的'学术化'。"先生的教诲振聋发聩，言犹在耳。

　　记得在课堂上先生曾要求我们以"学术背景、学术设计和学术期待"为题进行发言。对出身日语专业，以教日语为业的我来说，尽管对中日古典文学喜爱有加，但中文功底薄弱、学术积累少之又少。虽然在学习日本文学的过程中，我对曾长期作为日本文学主流的汉文学作品产生了浓厚兴趣，但限于主客观条件，进一步的阅读尚且不能，更遑论深入的学术研究了。尽管多年前的硕士学位论文亦涉及汉诗文，算是对日本汉诗文有了初步认识，但对于在中日古典型文化关系中地位特殊的古代日本汉文学、文化，究竟该如何去把握、研究，我深感迷茫，急于找到出路。

博士生涯让我受到了全新的学术训练，开阔了视野，改变了过去固有的思维模式和研究思路。记得在刚接到博士录取通知书尚未入学的时候，先生就在一次电话中给我列出了有关修辞、文论等方面的书目供暑假中学习，同时叮嘱我阅读诸如钱钟书《管锥编》《谈艺录》等比较文学方面的书。说来惭愧，我长期主要把精力放在文本方面，思辨能力较差——这可能也是外语专业出身者的通病，尤其对修辞、文论、文献、文体等理论知识关注较少。通过博士学位论文的写作，我深深地体会到了这些知识是如此重要，对我来说，真是久旱逢甘雨。

日本奈良平安时代的试策文学——对策文研究，是一个极具挑战性的题目。我国学界长期以来受到文史分科研究的影响和苏联文学观念的束缚，对文学概念的理解存在偏差，其表现之一就是诸如对策文、愿文、上梁文等应用文体长期以来很难进入文学研究者的视野，对我们的近邻日本古代模仿我们的文体创作的对策文这一应试文体，就更少关注。不独中国学界，日本学界亦是如此，除了作为制度史研究的资料，长期以来鲜少有从文学视角出发对对策文进行综合研究的成果出现。

鉴于以上原因，选择这样一个课题确实需要一定的勇气，正是由于在博士阶段所受到的学术训练，让我这个日语出身者勇敢地接受了这个挑战。至今记得当初决定选择做这个题目时，老师亲口告诉我说："做这个题目就别想三年能毕业了，四年能完成也算是放一颗卫星了。"我当然知道这个题目的难度，也深深理解老师说这话的含义，但既然决定了，开弓没有回头箭，就只能向前。现在可以自豪地说，我没有辜负老师对我的期望。在论文即将成书之际，回首四年拼搏奋斗的历程，一千多个日日夜夜，每一天都"像是在昨天"。

在这里，我还想不惜笔墨，记录一下自己作为"国际交流员（CIR）"于2013至2014年在日本工作的时光。还记得当初得知自己被推荐去日工作时，我曾有过犹豫，因为毕竟当时正是我博士生涯的关键阶段，去做国际交流员意味着要像日本普通公务员一样"朝九晚五"，这一年时间自然就不能安心做论文了。现在我要为我当初的勇敢庆幸，这一年的在日时光对我来说是如此的重要。这一年里，我与三重县的孩子和普通居民"亲密接触"，为他们讲述中国文化、中国故事，成为名副其实的民间交流大使。更为重要的是，在这一年里，我把一切节假日和闲暇时光都用在了泡图书馆上，不仅搜集到了重要的资料，充分阅读了论文写作所必需的文献，还花大量时间进行思考，对论文的框架设计进行了缜密考虑。这些工作，为回国后论文的顺利写作打下了坚实的基础。可以说，没有这一年的在日工作学习经历，就不会有现在呈现在大家面前的这部书。日本三重县环境生活部多文化共生课，这个我曾经的职场，还有那些来自美国、英国、巴西以及日本的同事，谢谢你们的包容和陪伴！

我还要感谢担任论文答辩主席的南开大学王立新教授及其他专家学者。他们严肃认真的学术批评给我留下了深刻印象。王教授及答辩委员会诸位专家学者对论文在原始材料的梳理和跨文化实证研究方法的运用等方面给予了充分肯定。答辩过程中诸位专家在指出了论文的不足和有待加强的地方的同时，从知识背景等角度分析了这些问题产生的根源，并给出了今后改进的意见。更令我感动的是，在答辩后的恳谈会上，王立新教授再次对论文给予了肯定，并建议尽早出书，言语间透露了一个前辈学者对后学的勉励和期望，这给了我在学术道路上继续走下去的勇气和动力。

博士的四年，说短暂也短暂，说漫长也漫长，一千多天，每一天都如乐谱上一个音符，共同谱写着我的博士生涯这首乐曲。这是一首激扬、欢快之曲，更是一首拼搏、奋斗之曲。有欢乐，也有烦恼，收获了喜悦，也付出了艰辛。

博士生涯的乐章虽然已经落幕，但学术之路没有终点。一个个问题得以解决，一个个新的、亟待攻克的难题也接踵而至。吾生也有崖，吾知也无崖。既然选择了这条路，就只能义无反顾地向前。

痛并快乐着！

感谢恩师王晓平先生的悉心指导和谆谆教诲！感谢天津师范大学

比较文学与世界文学学科诸位先生的热心帮助！也感谢朝夕相伴、共同度过美好时光的同学们！

　　当然还要感谢我的家人。记得论文在选题的时候，我征求过妻子的意见，尽管对我的研究内容不是十分了解，但妻子给予了充分的理解和支持。论文写作过程中，妻子更是承担了全部家务、教育孩子等工作，她自己还要完成繁重的教学任务，辛劳可想而知。感谢妻子多年来的默默支持，没有她的任劳任怨、无偿付出，我也难以取得今天的成绩。

　　还要感谢女儿，她不仅聪明好学，还超级懂事，小小年纪就学会了为父母排忧解难，成了我们的开心"小苹果"。多亏家人的长期陪伴，书稿的完成，功劳至少有她们的一半。

　　最后，感谢中国社会科学出版社刘芳博士为此书的出版所付出的努力。